Grundkurs Finanzmathematik

Von
Professor Dr. Egbert Kahle
Universität Lüneburg
und
Ak. Rat Dr. Dieter Lohse
Universität Hannover

3., durchgesehene Auflage

R. Oldenbourg Verlag München Wien

Die Deutsche Bibliothek – CIP-Einheitsaufnahme

Kahle, Egbert:
Grundkurs Finanzmathematik / von Egbert Kahle und Dieter Lohse. – 3., durchges. Aufl. – München ; Wien : Oldenbourg, 1992
ISBN 3-486-22223-6

NE: Lohse, Dieter:

Gesamtherstellung: R. Oldenbourg Graphische Betriebe GmbH, München

ISBN 3-486-22223-6

Inhaltsverzeichnis

Einleitung und Arbeitsanweisung

Der vorliegende Grundkurs Finanzmathematik ist eine methodische Darstellung der mathematischen Grundlagen von langfristigen Geldgeschäften und ihrer Umsetzung in Formeln beziehungsweise EDV-Programme.

Dieser Grundkurs stellt die Weiterentwicklung des Lehrbuches der Finanzmathematik dar, das die Autoren 1972 herausgebracht haben. Die Entwicklung auf dem EDV-Sektor hat dazu geführt, daß manche Verfahrensweisen heute anders aussehen als früher; besonders auf bestimmte rechentechnische Vereinfachungen kann bei Anwendung der EDV verzichtet werden.

Der Grundkurs richtet sich an Studenten der Universitäten und Fachhochschulen, die sich mit den Voraussetzungen der Investitionsrechnung vertraut machen müssen, ebenso wie an Sachbearbeiter in Geld- und Kreditangelengenheiten in Banken, Versicherungen und allen anderen kaufmännischen Bereichen sowie an die Teilnehmer von Ausbildungsgängen, die zu Berufen in diesen Bereichen hinführen, wie Auszubildende in kaufmännischen Berufen, Wirtschaftsoberschüler und Berufsaufbauschüler; darüber hinaus wendet er sich an jeden an langfristigen Geld- und Kreditbeziehungen Interessierten, wie etwa Bauherren oder Arbeitnehmer, die Rentenberechnungen anzustellen haben.

Es werden deshalb nur mathematische Anforderungen gestellt, die über den Umgang mit einfachen Gleichungen, Potenzen, Wurzeln und – für einige Spezialfragen – Logarithmen nicht hinausgehen. Für viele Rechenvorgänge wird außer der Erklärung der Abläufe und der Entwicklung geeigneter Formeln auf ein EDV-Programm verwiesen, das zusätzlich auf einer Diskette verfügbar gemacht wird. Zur Vorbereitung der finanzmathematischen Kerngebiete werden im ersten Kapitel die erforderlichen mathematischen Grundlagen wiederholend bereitgestellt. Für den Benutzer, der nur ein bestimmtes Teilproblem mit Hilfe des Buches lösen will, ist die Erarbeitung dieser Grundlagen im vorhinein entbehrlich; er kann auf sie im Bedarfsfalle leicht zurückkommen. Wer sich dagegen das Gesamtgebiet systematisch erarbeiten will, sollte dieses Kapitel nicht überschlagen.

Die Hauptgebiete der Finanzmathematik – Zinsrechnung, Rentenrechnung, Tilgungsrechnung und Kursrechnung – werden in je einem eigenen Kapitel dargestellt; hinzu tritt ein Abschnitt über Abschreibungen. Die Vorstellung des Stoffes erfolgt aus methodischen Gründen zweigeteilt: in der rechten Spalte werden die mathematischen Ableitungen und die Rechnungen durchgeführt, die linke Spalte enthält begleitenden Text und andere Hinweise.

Jedem Lernschritt folgt ein Anwendungsbeispiel; dadurch ist sowohl eine Überprüfung des Erlernten als auch eine Einsicht in den Zusammenhang zwischen Theorie und Praxis finanzmathematischer Gegebenheiten gewährleistet. Im Anschluß an wesentliche Beispiele erfolgt der Hinweis auf ein entsprechendes Programm der Programmdiskette. (Die Programme der Diskette sind in BASIC abgefaßt.)

Zahlreiche Übungsaufgaben am Ende eines jeden Kapitels erlauben es dem Adressaten, die sichere Beherrschung der Lerneinheit zu überprüfen. Für alle Übungsaufgaben gibt es Musterlösungen, die im 9. Kapitel stehen; die Musterlösungen umfassen dabei Lösungsweg und Ergebnis. Dabei ist darauf hinzuweisen, daß die angegebenen Musterlösungen mit einem Rechner erstellt wurden, der sehr hohe Genauigkeit zuläßt. Bei anderen Rechnern oder Programmen können durch Rundungen Abweichungen in den letzten Stellen vorkommen. Der Anhang enthält neben einer Formelsammlung Tabellen für die wichtigsten Rechenfaktoren und Größen.

1. Mathematische Grundlagen

1.1. Die Logarithmenrechnung

Der Schwerpunkt der Finanzmathematik liegt auf dem Rechnen mit Potenzen. Die Verknüpfung in Potenzform hat zwei Arten der Umkehrung: Das Wurzelziehen und die Logarithmenbildung.

$$y = x^z$$

$$\sqrt[z]{y} = x \qquad \log_x y = z$$

Diese Umkehrungen sind immer möglich für $y > 0$ und $z \neq 0$ bzw. $y > 0$, $x > 0$ und $x \neq 1$, was im gesamten Buch stets vorausgesetzt wird.

Beispiel:
Der Logarithmus von 64 zur Basis 4 ist 3.

$64 = 4^3 \rightarrow \log_4 64 = 3$

Eine positive Zahl kann durch verschiedene Logarithmen mit verschiedenen Basen dargestellt werden.

Beispiele:

$\log_2 8 = 3$
$\log_6 216 = 3$

Anderseits gilt:

$\log_2 64 = 6$
$\log_8 64 = 2$

In der Mathematik bedient man sich am häufigsten der Logarithmen zur Basis 10, Briggssche Logarithmen genannt, und der Logarithmen zur Basis e = 2,7182818284590···, die natürliche Logarithmen genannt werden.

$\log_{10} x = \lg x = y$ Briggsscher Logarithmus

$\log_e x = \ln x = y$ natürlicher Logarithmus

Beispiel:
Man bestimme den Logarithmus von 1000 zur Basis 10.

$1000 = 10^3 \rightarrow$
$\log_{10} 1000 = 3 = \lg 1000$

Im folgenden wird für Logarithmus zur Basis 10 nur "Logarithmus" verwendet.

Beispiel:
Der Logarithmus von 0,1 lautet −1.

$0{,}1 = 10^{-1} \rightarrow \lg 0{,}1 = -1$

Die Beziehung zwischen den Briggsschen und den natürlichen Logarithmen lautet:

$$\lg x = \frac{1}{\ln 10} \cdot \ln x$$

$$\lg x = 0{,}4343\ldots \cdot \ln x$$
$$\ln x = 2{,}3026\ldots \cdot \lg x$$

Für das Logarithmenrechnen gelten folgende **Rechenregeln:**

a) Der Logarithmus eines Produkts ist gleich der Summe der Logarithmen der Faktoren.

$$\lg (x_1 \cdot x_2) = \lg x_1 + \lg x_2$$

b) Der Logarithmus eines Quotienten ist gleich der Differenz aus dem Logarithmus des Zählers und dem Logarithmus des Nenners.

$$\lg \left(\frac{x_1}{x_2} \right) = \lg x_1 - \lg x_2$$

c) Der Logarithmus einer Potenz ist gleich dem Produkt von Exponent und Logarithmus der Basis.

$$\lg (x^a) = a \cdot \lg x$$

d) Der Logarithmus einer Wurzel ist gleich Logarithmus des Radikanden dividiert durch den Wurzelexponenten. Dem entspricht:

$$\lg \sqrt[b]{x} = \lg x : b$$

$$\lg x^{\frac{1}{b}} = \frac{1}{b} \cdot \lg x$$

Bei der Rechnung im dekadischen Zahlensystem eignen sich die Briggsschen Logarithmen besonders gut zur Darstellung und logarithmischen Bearbeitung dieser Zahlen.
Jede positive Zahl kann dargestellt werden als Produkt einer Zehnerpotenz und eines Faktors zwischen 1 und 10.

Beispiele:
$246 = 2{,}46 \cdot 10^2$
$0{,}246 = 2{,}46 \cdot 10^{-1}$
$0{,}000246 = 2{,}46 \cdot 10^{-4}$

Auf Grund der Rechenregeln ergibt sich dann beim Logarithmieren, daß man nur die Logarithmen der Zahlen zwischen 1 und 10 braucht, um alle anderen ermitteln zu können.

$\lg 2{,}46 = 0{,}3909$
$\lg 246 = 0{,}3909 + 2 = 2{,}3909$

$\lg 0{,}246 = 0{,}3909 - 1 = -0{,}6091$

Bei der Darstellung von Logarithmenwerten kleiner als 1 ist die getrennte Schreibweise üblich. Dabei werden folgende Bezeichnungen verwendet:

$$\lg 0{,}246 = 0{,}3909 - 1$$

Kennziffer, Exponent der Zehnerpotenz;

Numerus, Faktor vor der Zehnerpotenz;

Mantisse, Zahlenwert des Logarithmus des Numerus.

$\lg 0{,}246 = 0{,}3909 - \mathbf{1}$

$\lg(\mathbf{2{,}46} \cdot 10^{-1}) = 0{,}3909 - 1$

$\lg 0{,}246 = \mathbf{0{,}3909} - 1$

Die Werte der Briggschen und der natürlichen Logarithmen können bei jedem besseren Taschenrechner **direkt** abgerufen werden.

Beispiel:

Man errechne $\sqrt[4{,}5]{220}$ auf logarithmischem Wege.

$$x = 220^{\frac{1}{4{,}5}}$$

$$\lg x = \frac{1}{4{,}5} \cdot \lg 220 = \frac{1}{4{,}5} \cdot 2{,}3424$$

$$= 0{,}5205$$

$$\rightarrow x = 10^{0{,}5205} = \underline{\underline{3{,}315}}$$

1.2. Die arithmetische Folge und Reihe

Unter einer **Zahlenfolge** versteht man eine Menge von Zahlen

$$a_1, a_2, a_3, \cdots, a_n, \cdots,$$

die in einer bestimmten Reihenfolge angeordnet sind. Die zur Folge gehörenden Zahlen nennt man deren **Glieder.**

Ist die Zahl der Glieder einer Folge endlich, so handelt es sich um eine **endliche Folge,** andernfalls um eine **unendliche Folge.**

Beispiele für unendliche Folgen:

a) 0, −1, 0, −1, 0, −1, ...
b) 3; 3,3; 3,33; 3,333; ...
c) 1, 3, 6, 10, 15, 21, ...
d) 3, 7, 1, 15, ...

Beispiele für endliche Folgen:

a) 2, π, 0, 3, 8, 46
b) −2, −1, 0, 1, 2, 3
c) 125, 100, 75, 50, 25, 0
d) 4, 4, 4, 4

Ist die Differenz zweier beliebiger benachbarter Glieder eine Folge konstant, so spricht man von einer **arithmetischen Folge.**

Beispiel: endliche arithmetische Folge

3 \ / 7 \ / 11 \ / 15
4 4 4

$a_i - a_{i-1} = d = \text{const}$ $\rightarrow$ arithmetische Folge

Für die Beziehung der Glieder einer arithmetischen Reihe untereinander gilt:

$$a_2 = a_1 + d$$
$$a_3 = a_2 + d = a_1 + 2d$$
$$\vdots$$
$$a_n = a_{n-1} + d = a_1 + (n-1)\,d$$

Für das n-te Glied a_n einer arithmetischen Folge gilt:

$a_n = a_1 + (n-1)\,d$

Ein Ausdruck der Form

$a_1 + a_2 + a_3 + \cdots + a_n + \cdots,$

bei dem die Zahlen $a_1, a_2, a_3, \cdots, a_n, \cdots$ eine Folge bilden, heißt **Reihe.**

Beispiele für unendliche Reihen:

a) $1 + \frac{1}{2} + \frac{1}{3} + \frac{1}{4} + \dots$

b) $1 + \frac{1}{2} + \frac{1}{4} + \frac{1}{8} + \dots$

c) $1 + 3 + 5 + 7 + \dots$

Ist die Folge endlich, so spricht man von einer **endlichen Reihe,** andernfalls von einer **unendlichen Reihe.**

Beispiele für endliche Reihen:

a) $1 + 2 + 3 + 4 + 5$

b) $1 + \frac{1}{2} + \frac{1}{3} + \dots + \frac{1}{100}$

c) $\pi + \pi^2 + \pi^3 + \frac{1}{2} + 3$

Zur Vereinfachung der Schreibweise von Reihen verwendet man für eine endliche Reihe:

$$\sum_{i=1}^{n} a_i = a_1 + a_2 + a_3 + \dots + a_n$$

und für eine unendliche Reihe:

$$\sum_{i=1}^{\infty} a_i = a_1 + a_2 + a_3 + \dots + a_n + \dots$$

Beispiele:

$$\sum_{i=1}^{4} 2^i = 2^1 + 2^2 + 2^3 + 2^4$$

$$\sum_{i=1}^{\infty} \frac{1}{i} = 1 + \frac{1}{2} + \frac{1}{3} + \frac{1}{4} + \dots$$

Der Zahlenwert einer endlichen Reihe wird erklärt durch:

$$S_n = a_1 + a_2 + a_3 + \dots + a_n = \sum_{i=1}^{n} a_i$$

Die **arithmetische Reihe** ergibt sich als Summe der Glieder einer arithmetischen Folge. Der Wert dieser Summe kann bestimmt werden, falls die Reihe endlich ist. Zu diesem Zweck kann eine Formel entwickelt werden, indem man die Reihe einmal in steigender und einmal in fallender Weise, übereinander schreibt und beide addiert.

Beispiel:

$3 + 7 + 11 + 15$

$n = 4 \rightarrow S_4 = \sum_{i=1}^{4} a_i = 36$

$$\begin{array}{rl} S_n = & a_1 + a_1 + d + \dots + a_1 + (n-2)\,d + a_1 + (n-1)\,d \\ S_n = & a_1 + (n-1)\,d + a_1 + (n-2)\,d + \dots + a_1 + d + a_1 \\ \hline 2S_n = & 2a_1 + (n-1)\,d + 2a_1 + (n-1)\,d + \dots + 2a_1 + (n-1)\,d + 2a_1 + (n-1)\,d \end{array} \Bigg\} +$$

Das Ergebnis wird zusammengefaßt und umgeformt.

$$2S_n = n\,[2a_1 + (n-1)\,d]$$

$$\boxed{S_n = \frac{n}{2}\,[2a_1 + (n-1)\,d]}$$

Unter Verwendung von

$$a_n = a_1 + (n-1)\,d$$

erhält man eine weitere Formel für S_n.

$$\begin{aligned} &2a_1 + (n-1)\,d = \\ &= a_1 + \underbrace{a_1 + (n-1)\,d}_{a_n} \\ &= a_1 + a_n \end{aligned}$$

Es ergibt sich:

$$\boxed{S_n = \frac{n}{2}\,(a_1 + a_n)}$$

Beispiel:

Das erste Glied einer arithmetischen Reihe sei 2, die Differenz zweier benachbarter Glied sei 3, die Reihe hat 15 Glieder.

$$a_1 = 2 \quad d = 3 \quad n = 15$$

Ist nur der Summenwert S_n gesucht, wendet man vorteilhaft die erste Formel an:

$$\begin{aligned} S_n &= \frac{n}{2}\,[2a_1 + (n-1)\,d] \\ &= \frac{15}{2}\,(4 + 14 \cdot 3) \\ &= 15 \cdot \frac{46}{2} = \underline{\underline{345}} \end{aligned}$$

Ist außerdem auch a_n gesucht, dann ermittelt man zweckmäßigerweise erst dieses

$$\begin{aligned} a_n &= a_1 + (n-1)\,d \\ &= 2 + 14 \cdot 3 = \underline{\underline{44}} \end{aligned}$$

und verwendet diesen Wert in der zweiten Formel.

$$\begin{aligned} S_n &= \frac{n}{2}\,(a_1 + a_n) \\ &= \frac{15}{2}\,(2 + 44) = \underline{\underline{345}} \end{aligned}$$

Sind das erste und letzte Glied einer arithmetischen Reihe (a_1 und a_n) sowie die Differenz d bekannt, so läßt sich die Anzahl n der Glieder – auch Länge der Reihe genannt – berechnen:

$$a_n = a_1 + (n-1)\,d$$

$$a_n - a_1 = (n-1)\,d$$

$$\frac{a_n - a_1}{d} = n - 1$$

$$\boxed{n = \frac{a_n - a_1}{d} + 1}$$

Beispiel:

Wie viele durch 7 teilbare Zahlen liegen zwischen 21 und 84?

$$a_1 = 21$$
$$a_n = 84$$
$$d = 7$$
$$n = \frac{84 - 21}{7} + 1 = \frac{63}{7} + 1 = \underline{\underline{10}}$$

Ebenfalls läßt sich n bestimmen, wenn außer dem Anfangs- und Endglied einer Reihe der Summenwert S_n bekannt ist.

$$S_n = \frac{n}{2}(a_1 + a_n)$$
$$\frac{S_n}{a_1 + a_n} = \frac{n}{2}$$
$$\boxed{n = \frac{2 \cdot S_n}{a_1 + a_n}}$$

Beispiel:

Die Summe einer arithmetischen Reihe sei 69, ihr Endglied 19, ihr Anfangsglied 4. Wie viele Glieder hat die Reihe?

$$S_n = 69$$
$$a_n = 19$$
$$a_1 = 4$$
$$n = \frac{2 \cdot S_n}{a_1 + a_n} = \frac{2 \cdot 69}{4 + 19} = 2 \cdot \frac{69}{23} = \underline{\underline{6}}$$

Sind das letzte Glied a_n, die Differenz d und die Summe S_n einer arithmetischen Reihe bekannt, dann verwendet man die drei nebenstehenden Gleichungen, um hieraus die zwei Variablen a_1 und n zu bestimmen.

$$S_n = \frac{n}{2}(a_1 + a_n)$$
$$n = \frac{2S_n}{a_1 + a_n}$$
$$n = \frac{a_n - a_1}{d} + 1$$

Man setzt die Bestimmungsgleichungen für n einander gleich und multipliziert aus.

$$\frac{2S_n}{a_1 + a_n} = \frac{a_n - a_1}{d} + 1$$
$$\frac{2S_n}{a_1 + a_n} = \frac{a_n - a_1 + d}{d}$$

Die ersten beiden Glieder der rechten Seite heben sich auf.

$$2S_n \cdot d = (a_n - a_1 + d)(a_1 + a_n)$$
$$= a_n a_1 - a_n a_1 + a_1 d + a_n d - - a_1^2 + a_n^2$$
$$= - a_1^2 + da_1 + da_n + a_n^2$$

Da a_1 hier die einzige gesuchte Größe ist, läßt sich diese Gleichung als Spezialfall der Normalform der quadratischen Gleichung $x^2 + pq + q = 0$ ansehen.

$$\underbrace{a_1^2} - \underbrace{da_1} + \underbrace{2S_n d - da_n - a_n^2} = 0$$
$$x^2 + px \quad + \quad q \quad = 0$$

Es gilt dann:

$$a_1^{(1.2)} = \frac{d}{2} \pm \sqrt{\frac{d^2}{4} - (2S_n d - da_n - a_n^2)}$$

Wir erhalten also zwei mögliche Lösungen für a_1; n ermitteln wir durch Einsetzen, wobei sich ebenfalls zwei Lösungen ergeben.

$$n^{(1.2)} = \frac{2S_n}{a_1^{(1.2)} + a_n}$$

$$n^{(1.2)} = \frac{S_n}{\frac{d}{2} \pm \sqrt{\frac{d^2}{4} - (2S_n \mathrm{d} - \mathrm{da}_n - \mathrm{a}_n^2)} + a_n}$$

Beispiel:

Das letzte Glied einer arithmetischen Reihe sei 24, die Differenz der Glieder betrage 4, die Summe der Reihe sei 84. Wie lang ist diese Reihe?

$$a_n = 24$$
$$d = 4$$
$$S_n = 84$$

Der erste Schritt besteht in der Ermittlung des ersten Gliedes a_1.

$$a_1^{(1.2)} = \frac{4}{2} \pm \sqrt{\frac{4^2}{4} - (2 \cdot 84 \cdot 4 - 24 \cdot 24 - 4}$$
$$= 2 \pm \sqrt{4 - (8 \cdot 84 - 28 \cdot 24)}$$
$$= 2 \pm \sqrt{4 - 0}$$

Man erhält zwei Lösungen.

$$a_1^{(1)} = 2 + 2 = 4$$
$$a_1^{(2)} = 2 - 2 = 0$$

Durch Einsetzen berechnet man die Werte für n, von denen einer eventuell unzulässig ist.

$$n^{(1)} = \frac{2 \cdot 84}{4 + 24} = 6$$
$$n^{(2)} = \frac{2 \cdot 84}{24} = 7$$

Unzulässige – wenn auch formal richtig ermittelte – Lösungen liegen dann vor, wenn n keine natürliche Zahl (0, 1, 2, 3, ...) ist, denn die Länge n einer arithmetischen Reihe muß definitionsgemäß eine natürliche Zahl sein.

1.3. Die geometrische Folge und Reihe

Ist das Verhältnis zweier benachbarter Glieder $a_i : a_{i-1}$ ($i \geq 1$) einer Folge konstant, so spricht man von einer **geometrischen Folge.**

$a_i : a_i = q = \text{const}$
→ geometrische Folge

Die nebenstehenden Gleichungen verdeutlichen den Zusammenhang zwischen den Gliedern einer geometrischen Folge.

$$
\begin{aligned}
a_1 &= a_1 \cdot q^0 \\
a_2 &= a_1 \cdot q^1 \\
a_3 &= a_2 \cdot q^1 = a_1 \cdot q^2 \\
&\vdots \\
a_i &= a_{i-1} \cdot q^1 = a_1 \cdot q^{i-1} \\
&\vdots \\
a_n &= a_{n-1} \cdot q^1 = a_1 \cdot q^{n-1}
\end{aligned}
$$

Das allgemeine Glied a_n einer geometrischen Folge lautet:

$$a_n = a_1 \cdot q^{n-1}$$

Man spricht von einer **steigenden geometrischen Folge, wenn** $q > 1$ gilt, von einer **fallenden geometrischen Folge,** wenn $0 < q < 1$ gilt.

Bei geometrischen Folgen mit wechselndem Vorzeichen gilt $q < 0$.

Beispiel einer geometrischen Folge mit wechselndem Vorzeichen:

2, – 4, 8, – 16, 32
$q = -2$

Für $q = 1$ ist die geometrische Folge eine Menge gleicher Zahlen.

$q = 1$
$a_1 = a_2 = a_3 = \ldots = a_n$

Für $q = 0$ ist eine geometrische Folge nicht definierbar, da das Ergebnis einer Division mit 0 nicht definiert ist.

Zur Ausschaltung dieser beiden letzten Fälle treffen wir für das gesamte Buch die Voraussetzung: $q \neq 0$, $q \neq 1$.

Bildet man aus allen Gliedern einer geometrischen Folge eine Reihe, so heißt diese **geometrische Reihe.**

$$S_n = \sum_{i=1}^{n} a_1 q^{i-1} = a_1 + a_1 q + a_1 q^2 + \ldots + a_1 q^{n-1}$$

Um den Wert S_n einer endlichen geometrischen Reihe zu berechnen, bildet man $S_n - S_n q$.

$$\left.\begin{aligned} S_n &= a_1 + a_1 \cdot q + a_1 \cdot q^2 + \ldots + a_1 \cdot q^{n-1} \\ S_n \cdot q &= \quad a_1 \cdot q + a_1 \cdot q^2 + \ldots + a_1 \cdot q^{n-1} + a_1 \cdot q^n \end{aligned}\right\} -$$

$$S_n(1-q) = a_1 \qquad - a_1 \cdot q^n$$

$$S_n = \frac{a_1 - a_1 q^n}{1-q}$$

Häufiger findet man eine Schreibweise, bei der diese Formel mit $\frac{-1}{-1}$ erweitert ist.

$$S_n = a_1 \cdot \frac{1-q^n}{1-q}$$

$$\boxed{S_n = a_1 \cdot \frac{q^n - 1}{q-1}}$$

Summe einer endlichen geometrischen Reihe

Oft hat man unendliche geometrische Reihen zu behandeln. Für den Reihenwert wird statt S_n dann S oder S_∞ geschrieben. Man erhält S_∞ als Grenzwert für $n \to \infty$ aus der Formel

$$S_n = a_1 \frac{q^n - 1}{q-1}$$

$$S_\infty = \sum_{i=0}^{\infty} a_1 \cdot q^i$$

$$= \lim_{n \to \infty} a_1 \cdot \frac{q^n - 1}{q-1}$$

$$= \lim_{n \to \infty} a_1 \cdot \frac{1 - q^n}{1-q}$$

Dieser Grenzwert hängt im wesentlichen von dem Grenzwert $\lim\limits_{n \to \infty} q^n$ ab, der sich sofort angeben läßt.

$$\lim_{n \to \infty} q^n = \begin{cases} \infty \text{ für } q > 1 \\ 0 \text{ für } |q| < 1 \\ \text{existiert nicht für } q \leq -1 \end{cases}$$

Nun kann S_∞ in Abhängigkeit von q angegeben werden.

$$\boxed{S_\infty = \begin{cases} \infty & \text{für } q > 1 \\ a_1 \cdot \dfrac{1}{1-q} & \text{für } |q| < 1 \\ \text{existiert nicht für } q \leq -1 \end{cases}}$$

Beispiel:

Gegeben ist die Folge 243, 81, 27, 9, ... Wie groß ist der Wert ihrer Summe bei einer unendlichen Zahl von Gliedern?

$$a_i : a_{i-1} = q = \frac{1}{3} \to |q| < 1$$

$$S_\infty = a_1 \cdot \frac{1}{1-q}$$

$$= 243 \cdot \frac{1}{1 - \frac{1}{3}} = 243 \cdot \frac{3}{2}$$

$$\underline{\underline{= 364{,}5}}$$

Ist eine geometrische Reihe endlich, so läßt sich bei gegebenem S_n, q und a_1 ihre Länge n ermitteln durch Umformung der Formel

$$S_n = a_1 \frac{q^n - 1}{q - 1}$$

$$S_n = a_1 \frac{q^n - 1}{q - 1}$$

$$q^n - 1 = \frac{S_n (q - 1)}{a_1}$$

$$q^n = \frac{S_n (q - 1)}{a_1} + 1$$

$$= \frac{S_n (q - 1) + a_1}{a_1}$$

Diese Gleichung wird logarithmiert.

$$n \cdot \lg q = \lg [S_n (q - 1) + a_1] - \lg a_1$$

$$\boxed{n = \frac{\lg [S_n (q - 1) + a_1] - \lg a_1}{\lg q}}$$

Die Länge der geometrischen Reihe läßt sich auch durch Umformung der Formel

$$a_n = a_1 \cdot q^{n-1}$$

ermitteln, wenn a_1, a_n und q gegeben sind.

$$a_n = a_1 \cdot q^{n-1}$$

$$q^{n-1} = \frac{a_n}{a_1}$$

$$(n - 1) \lg q = \lg a_n - \lg a_1$$

$$n - 1 = \frac{\lg a_n - lg\, a_1}{\lg q}$$

$$\boxed{n = \frac{\lg a_n - \lg a_1}{\lg q} + 1}$$

Beispiel:

Von einer geometrischen Reihe sind folgende Werte bekannt: $a_1 = 8$; $a_n = 216$; q = 3; $S_n = 320$.

Gesucht ist die Anzahl der Glieder dieser Reihe.

a) Es wird von a_1, q und S_n ausgegangen.

$$n = \frac{\lg [S_n (q - 1) + a_1] - \lg a_1}{\lg q}$$

$$= \frac{\lg [320 (3 - 1) + 8] - \lg 8}{\lg 3}$$

$$= \frac{\lg 648 - \lg 8}{\lg 3}$$

$$= \frac{\lg (648 : 8)}{\lg 3}$$

$$= \frac{\lg 81}{\lg 3} = \frac{\lg 3^4}{\lg 3}$$

$$\underline{\underline{= 4}}$$

b) Es wird von a_1, q und a_n ausgegangen.

$$n = \frac{\lg a_n - \lg a_1}{\lg q} + 1$$

$$= \frac{\lg 216 - \lg 8}{\lg 3} + 1$$

$$= \frac{\lg (216 : 8)}{\lg 3} + 1$$

$$= \frac{\lg 27}{\lg 3} + 1 = \frac{\lg 3^3}{\lg 3} + 1$$

$$= 3 + 1 = \underline{\underline{4}}$$

In gleicher Weise wie n kann der Quotient q einer geometrischen Reihe ermittelt werden, wenn drei der vier anderen Werte S_n, a_1, a_n, n gegeben sind.

Als Ausgangsbeziehung wird zunächst verwendet:

$$a_n = a_1 \cdot q^{n-1}$$

$$q^{n-1} = a_n : a_1$$

Durch Wurzelziehen erhält man q. Zur Berechnung der Wurzel bietet sich – falls q, a_1, a_n positiv sind (vgl. die Voraussetzung auf Seite 5) – die Verwendung des *Logarithmenrechnens* an.

$$\boxed{q = \sqrt[n-1]{\frac{a_n}{a_1}}}$$

$$\lg q = \frac{1}{n-1} \cdot (\lg a_n - \lg a_1)$$

Sind statt a_1, a_n und n die Werte a_1, a_n und S_n gegeben, dann ist von der nebenstehenden Gleichung auszugehen.

$$S_n = a_1 \cdot \frac{q^n - 1}{q - 1}$$

q^{n-1} wird ersetzt durch $\frac{a_n}{a_1}$ aus der Beziehung $a_n = a_1 \quad q^{n-1}$

$$= \frac{a_1 \cdot q \cdot q^{n-1} - a_1}{q - 1}$$

$$= \frac{\frac{a_n}{a_1} \cdot a_1 \cdot q - a_1}{q - 1}$$

$$= \frac{a_n \cdot q - a_1}{q - 1}$$

Es wird umgeformt:

$$S_n (q - 1) = a_n \cdot q - a_1$$

$$S_n \cdot q - S_n = a_n \cdot q - a_1$$

$$S_n \cdot q - a_n \cdot q = S_n - a_1$$

$$q (S_n - a_n) = S_n - a_1$$

$$\boxed{q = \frac{S_n - a_1}{S_n - a_n}}$$

Beispiel:

Von einer geometrischen Reihe sind bekannt: $a_1 = 4$; $a_n = -8192$; $n = 12$; $S_n = -5460$.

Der Quotient q ist zu berechnen

a) unter Verwendung von a_1, a_n und n:

$$q = \sqrt[n-1]{\frac{a_n}{a_1}} = \sqrt[11]{\frac{-8192}{4}} = \sqrt[11]{-2048} = \underline{\underline{-2}}$$

b) unter Verwendung von a_1, a_n und S_n:

$$q = \frac{S_n - a_1}{S_n - a_n} = \frac{-5460 - 4}{-5460 - (-8192)} = \frac{-5464}{2732} = \underline{\underline{-2}}$$

Übungsaufgaben zu Kapitel 1

Zu Abschnitt 1.1.

1. Geben Sie den Logarithmus an von:
   a) 32 zur Basis 2 c) 729 zur Basis 3 e) 625 zur Basis 5 g) 512 zur Basis 8
   b) 36 zur Basis 6 d) 729 zur Basis 9 f) 256 zur Basis 4 h) 121 zur Basis 11
2. Geben Sie die Basis an für den Logarithmus:
   a) 8 der Zahl 256 d) 4 der Zahl 1896 g) 2 der Zahl 100
   b) 2 der Zahl 256 e) 3 der Zahl 125 h) 3 der Zahl 27
   c) 4 der Zahl 81 f) 5 der Zahl 243
3. Geben Sie den Briggsschen Logarithmus an von:
   a) 100 b) 100 000 c) 0,01 d) 1
4. Gegeben sei: lg 2 = 0,30103, lg 3 = 0,47712. Ermitteln Sie:
   a) lg 600 c) lg 36 e) lg 15
   b) lg 0,06 d) lg 12 f) lg 0,75
5. Berechnen Sie logarithmisch:
   a) $y = 3^6$ e) $y = \sqrt{2025}$ i) $y = 3{,}5 \cdot 4{,}3^2$
   b) $y = 4^4$ f) $y = \sqrt[3]{0{,}03}$ k) $y = 7 \cdot 1{,}06^4$
   c) $y = 7^5$ g) $y = \sqrt[3]{0{,}017}$ l) $y = 12 \cdot 1{,}08^6$
   d) $y = 12^3$ h) $y = 8^{\frac{1}{3}}$

Zu Abschnitt 1.2.

6. Von einer arithmetischen Reihe sind gegeben:

a) $a_1 = 48$; $d = -8$; $n = 20$	d) $a_1 = 12$; $d = {}^1/_2$; $n = 43$
b) $a_1 = 3$; $d = 7$; $n = 12$	e) $a_1 = 85$; $d = {}^-17$; $n = 6$
c) $a_1 = 106$; $d = -4$; $n = 19$	f) $a_1 = 7$; $d = 7$; $n = 7$

Berechnen Sie a_n und S_n!

7. a) Eine arithmetische Reihe hat als 1. Glied die Zahl 12, als 20. Glied die Zahl 88. Wie groß ist das 13. Glied?
   b) Das 1. Glied einer arithmetischen Reihe hat den Wert 6, das 5. den Wert 42. Wie groß ist das 12. Glied?
   c) Das 1. Glied einer arithmetischen Reihe hat den Wert 7, das 9. den Wert 111. Wie groß ist das 6. Glied?
   d) Das 8. Glied einer arithmetischen Reihe hat den Wert 31, das 16. Glied den Wert 55. Wie groß ist das 1. Glied?

8. Von einer arithmetischen Reihe sind gegeben:

a) $a_1 = 6$; $a_n = 90$; $d = 7$	c) $a_1 = 184$; $a_n = 79$; $d = -7$
b) $a_1 = -15$; $a_n = 0$; $d = 3$	d) $a_1 = 12$; $a_n = 108$; $d = 8$

Berechnen Sie die Länge der Reihe!

9. Von einer arithmetischen Reihe sind gegeben:

a) $a_1 = 5$; $a_n = 77$; $S_n = 410$	c) $a_1 = 17$; $a_n = -13$; $S_n = 32$
b) $a_1 = 12$; $a_n = 6$; $S_n = 63$	d) $a_1 = 40$; $a_n = 620$; $S_n = 6930$

Berechnen Sie die Länge der Reihe!

10. Von einer arithmetischen Reihe sind gegeben:

a) $a_n = 36$; $d = 3$; $S_n = 216$	d) $a_n = 75$; $d = 7$; $S_n = 404$
b) $a_n = 60$; $d = 5$; $S_n = 385$	e) $a_n = 84$; $d = 8$; $S_n = 480$
c) $a_n = 10$; $d = -2$; $S_n = 400$	

Berechnen Sie die Länge der Reihe!

Zu Abschnitt 1.3.

11. a) Gegeben ist die Reihe $1 + 3 + 9 + \cdots$ mit 8 Gliedern. Wie groß ist das letzte Glied, und wie groß ist die Summe der Reihe?
    b) Ein Ball fällt aus einer Höhe von 135 m und steigt nach jedem Aufschlag auf zwei Drittel der Höhe, aus der er gerade gekommen ist. Wie hoch steigt er nach dem 6. Aufschlag? Welche Strecke hat er bis zum 7. Aufschlag zurückgelegt?
    c) Gegeben ist die Reihe $7 + 28 + 112 + \cdots + a_5$ mit 5 Gliedern. Wie groß ist das letzte Glied, und wie groß ist die Summe der Reihe?
    d) Die Reihe $5 - 25 + 125 - 625 + \cdots + a_9$ hat 9 Glieder. Wie groß ist das 9. Glied, und wie groß ist die Summe der Reihe?
    e) Eine Rakete steigt in der ersten Sekunde 2 m, in der nächsten 4 m, in der nächsten 8 m. Welche Geschwindigkeit hat sie, wenn die Beschleunigung 15 Sekunden lang gleichmäßig anhält? Welche Strecke ist dann zurückgelegt?

12. Berechnen Sie für 11.b), wie groß die vom Ball zurückgelegte Strecke ist, wenn er zur Ruhe gekommen ist.

13. Ermitteln Sie die Summe der unendlichen geometrischen Reihe:

a) $1 - \frac{1}{2} + \frac{1}{4} - \frac{1}{8} + \ldots$ d) $5 + 2 + \frac{4}{5} + \ldots$

b) $6 + 4 + \frac{8}{3} + \ldots$ e) $3 + \frac{3}{2} + \frac{3}{4} + \ldots$

c) $0{,}7 + 0{,}07 + 0{,}007 + \ldots$ f) $1 + 0{,}9 + 0{,}81 + \ldots$

14. Schreiben Sie folgende Dezimalzahlen als Bruch:

a) $0{,}4\overline{5}$ b) $0{,}\overline{6}$ c) $1{,}2\overline{3}$ d) $8{,}\overline{1}$ e) $0{,}\overline{22}$

15. Ein Pokerspieler besitzt 1800 DM. Der Grundeinsatz für ein Spiel beträgt 5 DM. Als Steigerung wird jeweils eine Verdoppelung des Einsatzes der Vorrunde vereinbart. Wie oft kann der Spieler steigern, bevor er passen muß, weil er kein Geld mehr hat? Wieviel setzt er dann ein?

16. Berechnen Sie die Länge der geometrischen Folgen aus den gegebenen Werten.

a) $a_1 = 7$; $q = 3$; $a_n = 1701$ e) $a_1 = 20$; $q = 3$; $S_n = 2420$
b) $a_1 = 12$; $q = 1{,}5$; $a_n = 307{,}55$ (aufgerundet) f) $a_1 = 2$; $q = 7$; $S_n = 800$
c) $a_1 = 600$; $q = 1{,}1$; $a_n = 3661$ g) $a_1 = 250$; $q = 1{,}15$; $S_n = 5076$
d) $a_1 = 1$; $q = 4$; $a_n = 4096$ h) $a_1 = 25$; $q = 1{,}2$; $S_n = 134{,}2$

17. Von einer geometrischen Reihe sind die nachfolgenden Werte gegeben. Ermitteln Sie den Quotienten q.

a) $a_1 = 7$; $a_n = 448$; $n = 4$ c) $a_1 = 200$; $a_n = 19100$; $n = 26$
b) $a_1 = 13$; $a_n = 1\,529\,437$; $n = 7$ d) $a_1 = 5$; $a_n = -1215$; $n = 6$

18. a) Jemand erhält in seinem ersten Arbeitsjahr insgesamt 6000 DM, im letzten Jahr dieser Tätigkeit erhält er 15 000 DM. Insgesamt hat er 115 000 DM bekommen. Wie groß war die jährliche Steigerungsrate?

b) Von einem Objekt werden im ersten Jahr der Nutzung 2000 DM, im letzten Jahr der Nutzung 200 DM abgeschrieben. Die Summe aller Abschreibungen beträgt 5000 DM. Wie groß ist die Veränderungsrate der Abschreibungen? Wie groß ist der Abschreibungssatz auf den Buchwert? Wie groß ist der Anschaffungswert (Buchwert von der ersten Abschreibung)?

c) In Australien wurden einmal 5 Kaninchenpaare ausgesetzt. In einem bestimmten Jahr n wurden 1 Million Kaninchen geschätzt. Aus dem Fraßschaden wurde in dem gleichen Zeitpunkt geschätzt, daß die gesamte Zahl an Kaninchen, die bis dahin gelebt hat, 1,6 Millionen betragen haben muß. Wie groß ist die jährliche Nettovermehrungsrate? Das ist eine näherungsweise Berechnung; richtiger wäre – was hier nicht erfolgen soll – eine Berechnung mittels der natürlichen Exponentialfunktion.

d) Gegeben ist die geometrische Reihe $2 + 64 + 2048 + \cdots$. Es sind zwischen je 2 Glieder 4 neue Glieder so einzusetzen, daß eine neue geometrische Reihe entsteht. Wie heißt der neue Quotient?

2. Die Zinsrechnung

2.1. Die einfachen Zinsen

Die Überlassung von Kapital auf Zeit wird mit Zinsen entgolten. Wird im Zeitpunkt t_0 ein Betrag K_0 zur Verfügung gestellt, so sind die zu zahlenden Zinsen Z

t_0: Anfangszeitpunkt
K_0: Anfangskapital
Z: Zinsen

proportional zur Zeit t und
proportional zum Kapital K_0.

Der Proportionalitätsfaktor heißt

Zinssatz i oder

$$i = \frac{p}{100} = p\%$$

Zinsfuß p.

$$p = 100 \cdot i$$

Eine Verzinsung von 8% bedeutet:
$i = 0{,}08$; $p = 8$
Sind K_0 und i gegeben, so ergibt sich der Betrag der Zinsen als arithmetische Reihe, wenn der Zeitraum in gleichbleibende ganze Zeiteinheiten eingeteilt ist. Dabei ist i als Jahreszinssatz anzusehen (p als Jahreszinsfuß), n gibt die Zahl der Jahre an.

$$\boxed{Z = K_0 \cdot i \cdot n}$$

i = p% p.a.

i: **Jahreszinssatz**
n: **Anzahl der Jahre**

Man kann die Zinsen auch in Abhängigkeit von der Zahl der Tage T angeben, wobei das Jahr im allgemeinen zur rechnerischen Vereinfachung mit 360 Tagen gerechnet wird.

T: Zahl der Tage
1 Jahr = 360 Tage

$$\boxed{Z_T = \frac{K_0 \cdot i \cdot T}{360}}$$

Wenn die Zinsen am Ende des Zeitraumes dem Kapital zugeschlagen werden, dann beträgt das Kapital nach n Jahren:

$$K_n = K_0 + K_0 \cdot i \cdot n$$

$$\boxed{K_n = K_0 (1 + i \cdot n)}$$

Die Kapitalvermehrung um die einfachen Zinsen erfolgt also nach dem Bildungsgesetz der arithmetischen Folge mit $K_0 = a_1$ und $K_0 \cdot i = d$.

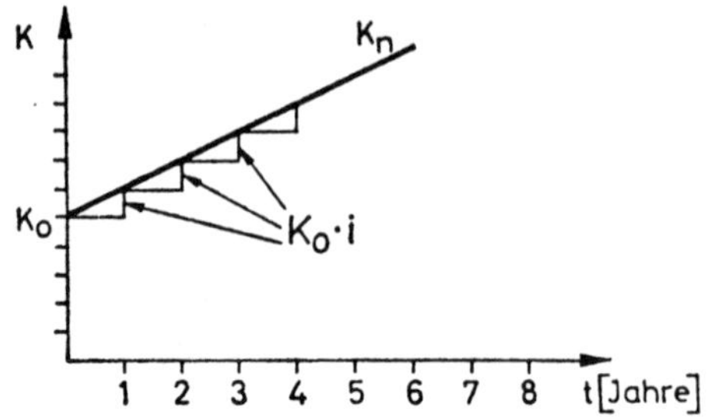

Beispiel:

Bei einem Kapital K_0 = 1000 DM betragen die einfachen Zinsen für 1 Jahr bei einem Zinssatz von $i = 0{,}045$ (= 4 ½%) 45 DM.

$$Z = K_0 \cdot i \cdot n = 1000 \text{ DM} \cdot 0{,}045 \cdot 1 = \underline{\underline{45 \text{ DM}}}$$

Das Endkapital K_n beträgt:

$$K_n = K_0 + Z = K_0 (1 + i \cdot n) = \underline{\underline{1045 \text{ DM}}}$$

Bei einem Zinssatz von $i = 0{,}05$ und einer Dauer von 10 Monaten ergeben sich für dasselbe Kapital K_0 die Werte $Z = 41{,}67$ DM und $K_n = 1041{,}67$ DM.

$$Z = 1000 \text{ DM} \cdot 0{,}05 \cdot \frac{10}{12}$$

$$= 1000 \text{ DM} \cdot \frac{0{,}5}{12} = \frac{1000}{24} \text{ DM}$$

$$= \underline{\underline{41{,}67 \text{ DM}}}$$

$$K_n = 1000 \text{ DM} \left(1 + \frac{0{,}05 \cdot 10}{12}\right)$$

$$= \underline{\underline{1041{,}67 \text{ DM}}}$$

Die Umkehrung der im obigen Beispiel durchgeführten Rechnung ist anzuwenden bei der Beantwortung von Fragen, wie sie in den folgenden zwei Beispielen gestellt werden.

Beispiel:

Bei welchem einfachen Zinssatz (Zinsfuß) wachsen 2000 DM in einem Jahr auf 2110 DM an?

$$Z = K_n - K_0 = K_0 \cdot i \cdot n$$

$$Z = 110 \text{ DM}$$

$$110 = 2000 \cdot i \cdot 1$$

$$i = \frac{110}{2000} = \underline{\underline{0{,}055}}$$

$$p = \underline{\underline{5{,}5}}$$

Beispiel:

Jemand kauft einen Rasierapparat für 79.95 DM Barpreis und zahlt 19.95 DM an. Den Rest zuzüglich 2 DM Ratenzahlungsaufschlag zahlt er nach 3 Monaten. Welcher Zinsfuß wurde ihm berechnet?

$$79{,}95 \text{ DM} - 19{,}95 \text{ DM} = 60 \text{ DM}$$

Für die Restsumme von 60 DM sind in 3 Monaten 2 DM Zinsen zu zahlen.

$$K_0 \cdot i \cdot n = Z$$

$$60 \cdot i \cdot \frac{1}{4} = 2$$

$$60i = 8$$

$$i = \frac{8}{60} = \frac{2}{15}$$

$$i = 0{,}1\overline{3}$$

$$\underline{\underline{p = 13\frac{1}{3}}}$$

Es ergibt sich eine Verzinsung von $13^1/_3$%.

Exkurs: *Kalenderzeit und rechnerische Zeit*

Beim Berechnen der Zinsen kann man die reale Kalenderzeit, wobei das Jahr 365 oder 366 Tage hat, in der kalendermäßigen Monatsverteilung zugrundelegen, oder man kann das Jahr mit 360 Tagen und jeden Monat mit 30 Tagen ansetzen. Gewöhnlich wird die zweite Form angewendet und soll im folgenden, wenn nicht ausdrücklich anders verlangt, unterstellt werden. Beim Auszählen der Zinstage wird der erste Tag (Einzahlung von K_0) nicht mitgezählt, der letzte Tag wird mitgezählt. Der Unterschied zwischen kalendermäßiger und rechnerischer Zeit ergibt sich z. B. bei der Berechnung der Zeit vom 15.9.1986 bis 15.2.1987 wie folgt:

kalendarisch: $15 + 31 + 30 + 31 + 31 + 15 = 153$ Tage $= T_k$

rechnerisch:

$$\begin{array}{rcl} 1987.2.15 &=& 1986.14.15 \\ 1986.9.15 &=& 1986.\ \ 9.15\ - \\ \hline && 5.0 = 150 \text{ Tage} = T_r \end{array}$$

Die Differenz beträgt 3 Tage. Die Auswirkung auf die Verzinsung ergibt sich beispielsweise bei einem Zinssatz $i = 0{,}06$ und $K_0 = 3000$ DM als Differenz von 0,45 DM (weniger als $\frac{1}{100}$ des Betrages).

$$Z_k = K_0 \cdot i \cdot \frac{T_k}{365}$$

$$Z_r = K_0 \cdot i \cdot \frac{T_r}{360}$$

$$Z_k = 3000 \text{ DM} \cdot \frac{0{,}06 \cdot 153}{365} = \underline{\underline{75{,}45 \text{ DM}}}$$

$$Z_r = 3000 \text{ DM} \cdot \frac{0{,}06 \cdot 150}{360} = \underline{\underline{75 \text{ DM}}}$$

Äquivalente Zahlungen

Man spricht von **äquivalenten Zahlungen,** wenn die Differenz der Zahlungsbeträge durch die unterschiedliche Fälligkeit derart ausgeglichen wird, daß kein Zinssaldo entsteht.

Dieses Problem ist typisch für Umschuldungen oder Kreditprolongationen.

Beispiel:

Bei einfacher Verzinsung bedeutet das, daß 1000 DM fällig in einem Jahr bei einem Zinsfuß von 8% p.a. (i = 0,08) äquivalent sind mit 1080 DM in zwei Jahren und mit 925,93 DM heute.

$$K_1 = 1000 \text{ DM}$$

$$K_2 = 1000 \text{ DM } (1 + 0{,}08) = 1080 \text{ DM}$$

$$K_0 = 1000 \text{ DM} \cdot \frac{1}{1 + 0{,}08} = 925{,}93 \text{ DM}$$

Dieses Prinzip wird auch auf mehrere fällige Beträge angewendet.

Beispiel:

Jemand schuldet 1000 DM mit Zinsen von 4% p.a. für 1½ Jahre fällig in 6 Monaten und 2500 DM fällig in 9 Monaten ohne Zinsen. Er will heute 2000 DM bar bezahlen und den Rest in einem Jahr. Es wird mit einem Kalkulationszinssatz von i = 0,05 gerechnet.
Wieviel muß in einem Jahr bezahlt werden, damit für keinen der Beteiligten beim Kalkulationszinssatz ein Zinsvorteil entsteht?

Die zinstragende Schuld beläuft sich im Fälligkeitszeitpunkt auf K_n = 1060 DM.

$$K_n = 1000 \text{ DM } (1 + 0{,}06) = 1000 \cdot 1{,}06 \text{ DM} = \underline{\underline{1060 \text{ DM}}}$$

Auf der Zeitachse kann man die Zahlungen ordnen:

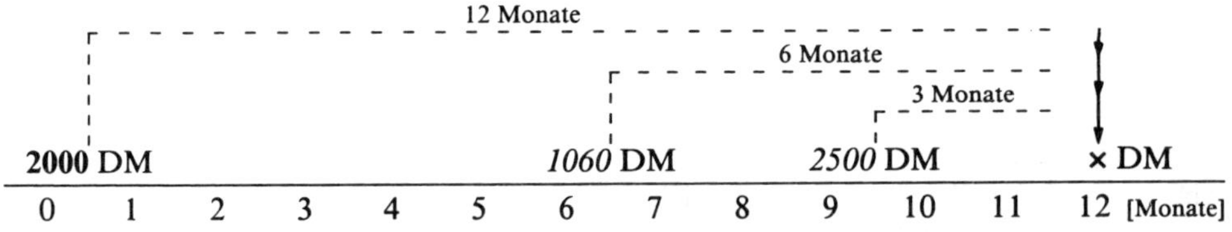

Wir stellen gegenüber die *alte Schuld* (kursiv) und die **neue Schuld** (fett); die gestrichelte Linie gibt die Verzinsungsdauer zum Kalkulationszins an.

$$\mathbf{2000} \text{ DM } (1 + 0{,}05 \cdot 1) + \mathbf{x} =$$

$$= \mathit{1060} \text{ DM} \left(1 + 0{,}05 \cdot \frac{1}{2}\right) + \mathit{2500} \text{ DM} \cdot \left(1 + 0{,}05 \cdot \frac{1}{4}\right)$$

Dabei sind die Monate auf Jahresbruchteile umgerechnet. Es wird ausmultipliziert und nach x aufgelöst.

$$2100\text{ DM} + x = 1060 \cdot 1{,}025\text{ DM} + 2500 \cdot 1{,}0125\text{ DM}$$

$$x = 1086{,}50\text{ DM} + 2531{,}25\text{ DM} - 2100\text{ DM}$$

$$\underline{\underline{x = \mathbf{1517{,}75}\text{ DM}}}$$

2.2 Die Zinseszinsrechnung bei nachschüssiger Verzinsung

Der allgemeine funktionale Zusammenhang zwischen Endwert des Kapitals, Anfangskapital, Zinssatz und Zeit stellt sich gegenüber der einfachen Verzinsung anders dar, wenn die Zinsen am Ende eines Zeitabschnitts dem Kapital hinzugefügt und in den Folgeperioden mitverzinst werden.

$$K_n = f(K_0, i, n)$$

$$K_n = K_0 (1 + i \cdot n)$$

einfache Zinsen

$$K_n = ?$$

nachschüssige Zinseszinsen

Im folgenden sei als vereinfachte Schreibweise eingeführt:

$$1 + i = q$$

Zur Entwicklung der Beziehung zwischen K_0 und K_n wird eine Zeitreihe aufgestellt.

Zeit	K_i		Formel
t_0	K_0	=	K_0
t_1	K_1	=	$K_0 \cdot q$
t_2	K_2	=	$K_1 \cdot q = K_0 \cdot q^2$
t_3	K_3	=	$K_2 \cdot q = K_0 \cdot q^3$
⋮	⋮		
t_n	K_n	=	$K_{n-1} \cdot q = K_0 \cdot q = K_0 \cdot q^n$

Die Kapitalbeträge K_i bilden eine geometrische Folge mit dem Quotienten $q = 1 + i$, allerdings mit $n + 1$ Gliedern, da nicht mit K_1, sondern mit K_0 begonnen wird.

$$K_n = K_0 \cdot q^n$$

Die Frage, wie groß K_0 ist bei einem gegebenen K_n, q und n, wird durch die Umformung der Gleichung beantwortet.

$$K_n = K_0 \cdot q^n$$

$$K_0 = \frac{K_n}{q^n} = K_0 \cdot \frac{1}{q^n}$$

$$K_0 = K_n \cdot q^{-n}$$

Zur Vereinfachung der Schreibweise setzt man:

$$\boxed{\frac{1}{q} = v}$$

$$\rightarrow K_0 = K_n \cdot v^n$$

Für die Werte von q^n und v^n gibt es Tabellen (vgl. Anhang Tabelle I, II), dort für $0{,}01 \leq i \leq 0{,}12$ und $n = 1, 2, 3, \cdots, 50$).

Für den Begriff "nachschüssige Verzinsung" wird auch der Begriff **dekursive Verzinsung** angewendet.

Beispiel:

Am 1. 1. 1971 wurden 500 000 DM zu 6% p.a. auf der Bank eingezahlt. Wie hoch war die Summe aus Kapital und Zinseszinsen am 31.12.1979?

$K_0 = 500\,000$ DM
$i = 0{,}06$
$q = 1{,}06$
$n = 9$

Lösungsweg:

$K_n = K_0 \cdot q^n$

$q^n = 1{,}06^9 = 1{,}689478$

$K_n = 500\,000 \cdot 1{,}684478$

$= \underline{\underline{844\,739{,}10 \text{ DM}}}$

*****BASIC-Programm KN.2**

Beispiel:

In 20 Jahren sind 50 000 DM fällig; man erhält 4,5% p.a. Zinsen; wie hoch ist der Barwert?

$K_n = 50\,000$ DM
$i = 0{,}045$
$n = 20$

Es gibt zwei Lösungswege:

a)

$K_0 = K_n : q^n$

$q^n = 1{,}045^{20} = 2{,}411\,713$

$K_0 = 50\,000 : 2{,}411\,713$

$= \underline{\underline{20\,732{,}15 \text{ DM}}}$

b) Unter Verwendung des Abzinsungsfaktors v (Tabelle II):

$K_0 = K_n \cdot v^n$

$v^n = \frac{1}{q^n} = 0{,}4146429$

$K_0 = 50\,000 \cdot 0{,}4146429$

$= \underline{\underline{20\,732{,}15 \text{ DM}}}$

*****BASIC-Programm K0.2**

Die unterschiedliche Entwicklung von K_n bei einfacher Verzinsung und bei Zinseszins wird graphisch besonders deutlich:

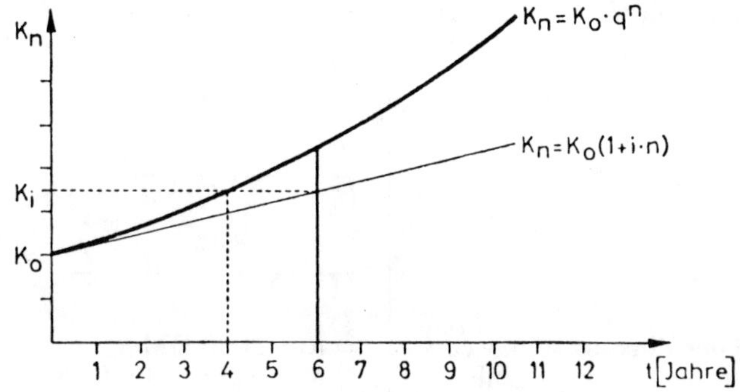

K_n wächst bei einfacher Verzinsung linear, bei Zinseszinsen progressiv. Die obige Skizze zeigt als Beispiel:

Ein K_i, das bei einfacher Verzinsung nach 6 Jahren erreicht wird, wird bei Zinseszinsen bereits nach 4 Jahren erreicht (gestrichelte Linie).

Um bei gegebenem Zinssatz i die Dauer zu ermitteln, die für die Entwicklung von K_n aus K_0 notwendig ist, verwendet man die Beziehung $K_n = K_0 \cdot q^n$, die umgeformt wird.

$$K_n = K_0 \cdot q^n$$

$$q_n = \frac{K_n}{K_0}$$

$$n \cdot \lg q = \lg K_n - \lg K_0$$

$$\boxed{n = \frac{\lg K_n - \lg K_0}{\lg q}}$$

Beispiel:

Wie lange dauert es, bis 5000 DM bei 4,5% p.a. auf 25 000 DM angewachsen sind?

$$K_0 = 5000 \text{ DM}$$
$$K_n = 25000 \text{ DM}$$
$$i = 0{,}045$$

$$n = \frac{\lg 25000 - \lg 5000}{\lg 1{,}045}$$

$$= \frac{4{,}3979 - 3{,}6990}{0{,}0192}$$

$$\approx 36{,}6$$

*****BASIC-Programm N.2**

Ebenso kann man aus $K_n = K_0 \cdot q^n$ durch Umformung die Verzinsung ermitteln, die bei einer bestimmten Laufzeit n notwendig ist, um von K_0 aus K_n zu erreichen.

$$K_n = K_0 \cdot q^n$$

$$\frac{K_n}{K_0} = (1+i)^n$$

$$1 + i = \sqrt[n]{\frac{K_n}{K_0}}$$

$$\boxed{i = \sqrt[n]{\frac{K_n}{K_0}} - 1}$$

Beispiel:

Wie hoch muß der Zinssatz sein, wenn aus 2000 DM heute in 25 Jahren 6772,71 DM werden sollen?

$K_0 = 2000$ DM
$K_n = 6772{,}71$ DM
$n = 25$

$$i = \sqrt[25]{\frac{6772{,}71}{2000}} - 1$$

$$\lg q = \frac{1}{25} (\lg 6772{,}71 - \lg 2000)$$

$$= 0{,}04\,(3{,}8308 - 3{,}3010)$$
$$= 0{,}02119$$
$$\rightarrow q = 1{,}05$$
$$i = 0{,}05$$

***BASIC-Programm I.2**

Will man bei der Verzinsung nicht von K_0, sondern von einem beliebigen $\bar{n}$ ausgehen, so erhält man die allgemeine Formel:

$$\boxed{K_n = K_{\bar{n}} \cdot q^{n-\bar{n}}}$$

2.3. Die Zinseszinsrechnung bei vorschüssiger Verzinsung

Man spricht von **vorschüssiger (antizipativer) Verzinsung,** wenn der Zinssatz dadurch festgelegt wird, daß die Zinsen der Periode als Bruchteil des Kapitals am Ende dieser Periode ausgedrückt werden. Zur Verdeutlichung: Bei nachschüssiger Verzinsung (s.o.) bezogen sich die Zinsen auf das Kapital zu Beginn der Periode.

$$\boxed{i = \frac{K_1 - K_0}{K_1}}$$

$$K_1 = K_0 + K_1 \cdot i \quad \rightarrow K_1 = \frac{K_0}{1-i}$$

$$K_2 = K_1 + K_2 \cdot i \quad \rightarrow K_2 = \frac{K_0}{(1-i)^2}$$

$$\vdots \qquad\qquad \vdots$$

$$K_n = K_{n-1} + K_n \cdot i \quad \rightarrow K_n = \frac{K_0}{(1-i)^n}$$

$$\boxed{K_n = \frac{K_0}{(1-i)^n}}$$

$$\boxed{K_0 = K_n (1-i)^n}$$

Beispiel:

a) 1000 DM sind in einem Jahr fällig; heute werden bei antizipativer (vorschüssiger) Verzinsung 900 DM ausgezahlt. Wie groß ist der Zinssatz?

$$900 = 1000\,(1 - i)$$

$$\frac{9}{10} = 1 - i$$

$$\underline{\underline{i = 0{,}1}}$$

b) Wie groß wäre i bei nachschüssiger Verzinsung und den gegebenen Werten für K_0, K_n und n?

$$1000 = 900\,(1 + i)$$

$$\frac{10}{9} = 1 + i \longrightarrow \underline{\underline{i = 0{,}\overline{1}}}$$

Dieses Beispiel macht deutlich:
Ein bestimmter vorschüssiger Zinssatz gibt die gleiche Verzinsung wie ein größerer nachschüssiger Zinssatz. Man kann beweisen:

Sind vor- und nachschüssiger Zinssatz gleich, dann ergibt die vorschüssige Rechnung ein höheres Endkapital bei gegebenen K_0 und n.

$$\frac{K_0}{(1 - i)^n} > K_0\,(1 + i)^n\,;\; 0 < i < 1$$

Beweis:
Voraussetzung: $0 < i < 1$
Dann gilt:

$$1 > 1 - i^2 = (1 + i)\,(1 - i)$$

$$1 = 1^n > (1 + i)^n\,(1 - i)^n = (1 - i^2)^n$$

$$\frac{1}{(1 - i)^n} > (1 + i)^n$$

$$\frac{K_0}{(1 - i)^n} > K_0\,(1 + i)^n$$

Beispiel:

Auf welchen Betrag wächst eine Forderung von 10 000 DM in 12 Jahren an bei einer vorschüssigen Verzinsung von 5% p.a.?

$$K_n = \frac{K_0}{(1 - i)^n}$$

$$= \frac{10\,000\text{ DM}}{0{,}95^{12}}$$

$$= \frac{10\,000\text{ DM}}{0{,}54036}$$

$$\underline{\underline{= 18\,506{,}18\text{ DM}}}$$

*****BASIC-Programm KNV.2**

Zur Umrechnung der vorschüssigen auf die nachschüssige Verzinsung bildet man einen **Ersatzzinssatz** i_e, der den nachschüssigen Zinssatz angibt, der zur Erreichung eines bestimmten Endkapitals in gleicher Zeit und mit gleichem Anfangskapital bei vorschüssiger Verzinsung notwendig ist.

Man ermittelt i_e unter Verwendung der beiden Formeln

$K_n = K_0 : (1 - i)^n$ und $K_n = K_0\,(1 + i)^n$.

$$K_0\,(1 + i_e)^n = K_0 : (1 - i)^n$$

$$(1 + i_e)^n = 1 : (1 - i)^n$$

$$1 + i_e = \frac{1}{1 - i}$$

$$i_e = \frac{1}{1 - i} - 1$$

$$\boxed{i_e = \frac{i}{1 - i}}$$

Der zugehörige Ersatzfaktor q_e lautet dann:

$$q_e = 1 + i_e = \frac{1}{1 - i}$$

Ist der Ersatzzinssatz i_e vorgegeben, so läßt sich der zugehörige vorschüssige Zinssatz i bestimmen.

$$1 + i_e = \frac{1}{1 - i}$$

$$(1 + i_e)\,(1 - i) = 1$$

$$1 - i = \frac{1}{1 + i_e}$$

$$\boxed{i = \frac{i_e}{1 + i_e}}$$

Beispiel:

Die Verzinsung von 10 000 DM über 12 Jahre zu 5% p.a. vorschüssig ist über den Ersatzzinsfuß zu berechnen.

$i = 0{,}05; \quad n = 12; \quad K_0 = 10\,000$ DM

$$i_e = \frac{i}{1 - i} = \frac{0{,}05}{1 - 0{,}05}$$

$$= \frac{0{,}05}{0{,}95} = 0{,}05263$$

$K_n = 10\,000 \text{ DM} \cdot 1{,}05263^{12}$

$\underline{\underline{K_n = 18\,506 \text{ DM}}}$

Beispiel:

Es werden nach 10 Jahren vorschüssiger Verzinsung zu 4% p.a. 15 041,44 DM ausgezahlt. Wieviel DM waren eingesetzt?

$K_n = 15\,041{,}44$ DM
$n = 10$
$i = 0{,}04$

$$K_0 = K_n \cdot q_v^n$$
$$= 15\,041{,}44 \text{ DM} \cdot 0{,}96^{10}$$
$$= 15\,041{,}44 \text{ DM} \cdot 0{,}66483$$
$$= 10\,000 \text{ DM}$$

*****BASIC-Programm K0V.2**

2.4. Unterjährige Verzinsung

Bisher wurde der einmalige Zinszuschlag (Vermehrung des Kapitals um die Zinsen) pro Jahr unterstellt. Für die einfache Verzinsung spielt ein Abweichen davon keine Rolle, da ein Zinszuschlag im eigentlichen Sinne der Vermehrung des zu verzinsenden Kapitals nicht erfolgt.
Wenn bei Zinseszinsrechnungen der Zuschlag der angelaufenen Zinsen auf das Kapital zu mehreren Terminen gleichen Abstandes im Jahr erfolgt, so spricht man von **unterjähriger Verzinsung.**

Der Jahreszins i wird in so viele Teile m geteilt, wie Termine pro Jahr gesetzt sind; diesen Zinssatz des jeweiligen Termins nennt man **relativen unterjährigen Zinssatz** i_{rel}.

$$i_{\text{rel}} = \frac{i}{m}$$

i ist dann nicht mehr wirksam und wird daher als **nominelle Verzinsung** dieses Jahres bezeichnet. Die **effektive Verzinsung** mit i_{rel} ergibt z. B. bei zwei Terminen pro Jahr:

$$K_1 = K_0 \left(1 + \frac{i}{2}\right)\left(1 + \frac{i}{2}\right)$$
$$= K_0 \left(1 + \frac{i}{2}\right)^2$$

Bei m Terminen gilt:

$$K_1 = K_0 \left(1 + \frac{i}{m}\right)^m$$

Mit einer entsprechenden Entwicklung wie bei der Darstellung der Zinseszinsen ergibt sich für den Wert des Kapitals am Ende des n-ten Jahres:

$$K_n = K_0 \left(1 + \frac{i}{m}\right)^{m \cdot n}$$

Dieses K_n ist größer als das entsprechende bei jährlichem Zinszuschlag.

$$K_0 \left(1 + \frac{i}{m}\right)^{n \cdot m} > K_0 (1 + i)^n$$

Zum Beweis dieser Behauptung benutzt man die binomische Formel:

Beweis: Voraussetzung $i > 0$

$$(a+b)^n = \sum_{i=0}^{n} \binom{n}{i} a^{n-i} \cdot b^i$$

$$= a^n + n \cdot a^{n-1} b + \ldots + b^n$$

Man ersetzt *a*, *b* und *n* durch die hier benötigten Größen und erhält eine Reihe, die nur positive Glieder besitzt Deshalb ist die Summe dieser Reihe größer als die ersten beiden Gleider $1 + \frac{mi}{m}$. Potenzieren der Ungleichung mit *n* und anschließendes Multiplizieren mit K_0 ergibt die Behauptung.

$$a = 1;\ b = \frac{i}{m};\ n = m \rightarrow$$

$$\left(1 + \frac{i}{m}\right)^m = 1 + \frac{m \cdot i}{m} + \frac{m(m-1)}{1 \cdot 2}\left(\frac{i}{m}\right)^2 \ldots + \left(\frac{i}{m}\right)^m > 1 + \frac{mi}{m}$$

$$\rightarrow \left(1 + \frac{i}{m}\right)^m > 1 + i$$

$$\left(1 + \frac{i}{m}\right)^{m \cdot n} > (1+i)^n$$

$$K_0 \left(1 + \frac{i}{m}\right)^{m \cdot n} > K_0 (1+i)^n$$

Die Anwendung des relativen unterjährigen Zinssatzes i_{rel} ergibt gegenüber dem bei jährlicher Rechnung angegebenen, nun nicht mehr wirksamen und daher **nominellen Zinssatz** *i* eine höhere **effektive Jahresverzinsung** *j*.

$$K_0 \underbrace{\left(1 + \frac{i}{m}\right)^m}_{1+j} > K_0 (1+i)$$

$$1 + j = \left(1 + \frac{i}{m}\right)^m$$

$$\boxed{j = \left(1 + \frac{i}{m}\right)^m - 1}$$

Ist die effektive Jahresverzinsung vorgegeben, beispielsweise von einem Gläubiger gefordert, kann man den zugehörigen nominellen Zinssatz ermitteln.

$$1 + j = \left(1 + \frac{i}{m}\right)^m$$

$$\sqrt[m]{1+j} = 1 + \frac{i}{m}$$

$$\sqrt[m]{1+j} - 1 = \frac{i}{m}$$

Man kann zeigen, daß für $m > 1$ gilt: $i < j$.

$$\boxed{i = m\left(\sqrt[m]{1+j} - 1\right)}$$

Beispiel:

Ein Kapital von 2000 DM wird 5 Jahre lang nachschüssig zu 4% p.a. mit vierteljährlichem Zinszuschlag verzinst. Wie hoch ist das Endkapital?

$K_0 = 2000$ DM; $n = 5$; $i = 0{,}04$

$m = 4$

$$K_n = K_0 \left(1 + \frac{i}{m}\right)^{m \cdot n}$$

$$= 2000 \text{ DM} \left(1 + \frac{0{,}04}{4}\right)^{4 \cdot 5}$$

$$= 2000 \text{ DM } (1{,}01)^{20}$$

$$\underline{\underline{K_n = 2440{,}38 \text{ DM}}}$$

Wie hoch ist die effektive Verzinsung?

$$j = \left(1 + \frac{0{,}04}{4}\right)^4 - 1$$

$$= 1{,}01^4 - 1$$

$$\underline{\underline{j = 0{,}0406}}$$

*****BASIC-Programm KUJ.2**

Will man trotz unterjährigen Zinszuschlags erreichen, daß bei unterjähriger Verzinsung gerade der Kapitalwert erreicht wird, den die jährliche nominelle Verzinsung mit i ergibt, dann muß der relative unterjährige Zinssatz i_{rel} ersetzt werden durch einem **äquivalenten oder konformen Zinssatz** i_k, mit dem sich dieses Ziel erreichen läßt.

$$K = K_0 \left(1 + \frac{i}{m}\right)^m$$

$$K_0 (1 + i) = K_0 (1 + i_k)^m$$

$$1 + i = (1 + i_k)^m$$

$$1 + i_k = \sqrt[m]{1 + i}$$

$$\boxed{i_k = \sqrt[m]{1 + i} - 1}$$

Im Zusammenhang mit der unterjährigen Verzinsung haben wir vier Zinssätze kennengelernt.

Unterjährige Verzinsung:

4 Zinssätze: i; i_{rel}; i_k; j

Zwischen ihnen gelten folgende Beziehungen:

relativer unterjähriger Zinssatz

$$\boxed{i_{rel} = \frac{i}{m}}$$

effektiver Zinssatz

$$j = (1 + i_{rel})^m - 1$$

konformer (äquivalenter) Zinssatz

$$i_k = \sqrt[m]{1 + i} - 1$$

Für die Größenbeziehungen dieser Werte gilt:

$$j > i$$

$$i > m \cdot i_k; \left(\frac{i}{m} > i_k \right)$$

Beispiel:

Bei einem monatlichen Zinszuschlag und einem Zinssatz von $i = 0{,}05$ p.a. ergibt sich:

$$i_{rel} = \frac{0{,}05}{12} = 0{,}004166$$

$$j = (1 + 0{,}004166)^{12} - 1 = 0{,}05116$$

Für die Bestimmung von i_k stehen Tabellen zur Verfügung (siehe Anhang, Tabelle VI).

$$i_k = \sqrt[12]{1 + 0{,}05} - 1 = 0{,}004074$$

***BASIC-Programm ZIS.2

2.5. Gemischte Verzinsung

Besteht der Verzinsungszeitraum nicht nur aus ganzen Berechnungsperioden (Jahren), sondern auch aus Bruchteilen davon, dann wird sehr oft eine **gemischte Verzinsung** vorgenommen. Es werden dabei für die ganzen Perioden nachschüssige Zinseszinsen und für die Bruchteile einfache Zinsen berechnet.

Der Verzinsungszeitraum t besteht dann aus n Verzinsungsperioden und einem Bruchteil $\frac{1}{m}$. Statt des Bruchteils werden häufig auch Tage angegeben.

$$t = n + \frac{1}{m}$$

$$T = \frac{1}{m} \cdot 360 \rightarrow$$

$$t = n + T$$

Für die Berechnung von K_t gilt:

$$K_t = K_n + K_n \cdot \frac{i}{m} = K_n \left(1 + \frac{i}{m}\right)$$

$$K_t = K_0 \cdot (1 + i)^n \cdot \left(1 + \frac{i}{m}\right)$$

Zur Berechnung des Barwertes K_0 wird umgeformt.

$$K_0 = \frac{K_t}{(1+i)^n \cdot \left(1 + \frac{i}{m}\right)}$$

Werden statt Bruchteilen einer Verzinsungsperiode Tage angesetzt, so ergibt sich:

$$\boxed{K_t = K_0 \, (1+i)^n \cdot \left(1 + \frac{i \cdot T}{360}\right)}$$

Beispiel:

Ein Kapital wächst in 10 Jahren und 3 Monaten auf 10 000 DM an. Wie groß ist bei 4% p.a. der Barwert?

$K_t = 10000$ DM; $t = 10 + \frac{1}{4}$

$i = 0{,}04$

$$K_0 = \frac{K_t}{1{,}04^{10} \cdot 1{,}01}$$

$$= \frac{10\,000 \text{ DM}}{1{,}480244 \cdot 1{,}01}$$

$= 10\,000$ DM : $1{,}495047$

$= 6688{,}75$ DM

Beispiel:

Ein Kapital von 1250 DM hat eine Zeit lang unter gemischter Verzinsung zu 4% p.a. gestanden. Wie groß war der Zeitraum, wenn das Endkapital 2608,24 DM beträgt?

$K_0 = 1250$ DM; $K_t = 2608{,}24$ DM

$i = 0{,}04$

$K_t : K_0 = 2{,}086592$

Aus diesem Wert wird zuerst n ermittelt.

$1{,}04^{18} < 2{,}08659 < 1{,}04^{19}$

$n = 18$

Die Differenz von K_t und K_n ergibt die Zinsen für $\frac{1}{m}$ oder T.

$K_n = 1250 \text{ DM} \cdot 2{,}02582$

$= 2532{,}27$ DM

$$K_t - K_n = Z = K_n \cdot \frac{i}{m}$$

$Z = 2608{,}24 \text{ DM} - 2532{,}28 \text{ DM}$

$= 75{,}96$ DM

$$\frac{K_n \cdot i \cdot T}{360} = 75{,}96 \text{ DM}$$

$$\rightarrow T = \frac{75{,}96 \cdot 360}{2532{,}28 \cdot 0{,}04} = 270$$

Das Kapital war 18 Jahre und 270 Tage angelegt.

Die gemischte Verzinsung ist auch bei unterjähriger Verzinsung anwendbar. Dabei sind die Zinseszinszeiträume durch m gegeben und nur die darüber hinaus verbleibenden Reste werden einfach verzinst. Wenn nicht ausdrücklich anders vermerkt, gelten unterjährig jeweils die Abstände vom 1. 1. an.

Beispiele für Zinstermine:

1.1.; 1.7.	für $m = 2$
1.1.; 1.4.; 1.7.; 1.10.;	für $m = 4$

*****BASIC-Programm GV.2**

2.6. Der mittlere Zinstermin

Für mehrere Beträge $K_1, K_2, \cdots, K_{\bar{k}}$, die nachschüssig zum gleichen Zinssatz mit unterschiedlicher Fälligkeit angelegt sind, gibt es einen Zeitpunkt n, zu dem die Summe der Beträge die gleiche Verzinsung erbringt; dieser Zeitpunkt heißt der **mittlere Zinstermin.**

$$K_1 q^{t_1} + K_2 q^{t_2} + \ldots + K_{\bar{k}} q^{t_{\bar{k}}} = (K_1 + K_2 + \ldots + K_{\bar{k}})\, q^n$$

Zur Berechnung von n stellt man die Summe der Barwerte der Beträge ① dem Barwert der vom mittleren Zinstermin n abgezinsten Summe der Beträge ② gegenüber.

$$\underbrace{\sum_{k=1}^{\bar{k}} K_k \cdot q^{-t_k}}_{①} = q^{-n} \underbrace{\sum_{k=1}^{\bar{k}} K_k}_{②}$$

Es ist nach dem gesuchten mittleren Zinstermin n aufzulösen.

$$q^n = \frac{\sum_{k=1}^{\bar{k}} K_k}{\sum_{k=1}^{\bar{k}} K_k \cdot q^{-t_k}}$$

$$\boxed{n = \frac{\lg \sum_{k=1}^{\bar{k}} K_k - \lg \sum_{k=1}^{\bar{k}} K_k \cdot q^{-t_k}}{\lg q}}$$

Diese Überlegung ist vor allem für einen Darlehensgeber interessant, der verschieden fällige Kredite vergleichen will.

Beispiel:

Jemand kann 20 000 DM zu 4% p.a. mit folgenden Restlaufzeiten ausleihen:

$$\sum_{k=1}^{\bar{k}} K_k = \sum_{k=1}^{4} K_k = 20000 \text{ DM}$$

$$i = 0{,}04$$

2000 DM heute fällig. — $K_1 = 2000$ DM, $t_1 = 0$

5000 DM in 8 Jahren fällig. — $K_2 = 5000$ DM, $t_2 = 8$

4000 DM in 21 Jahren fällig. — $K_3 = 4000$ DM, $t_3 = 21$

9000 DM in 30 Jahren fällig. — $K_4 = 9000$ DM, $t_4 = 30$

Wie lange müßten die 20 000 DM ausgeliehen werden, um die gleiche Verzinsung zu erbringen?

$$n = \frac{\lg \sum_{k=1}^{\bar{k}} K_k - \sum_{k=1}^{\bar{k}} K_k \cdot q^{-t_k}}{\lg q}$$

$$n = \frac{\lg 20\,000 - \lg (2000 + 5000 \cdot 1{,}04^{-8} + 4000 \cdot 1{,}04^{-21} + 9000 \cdot 1{,}04^{-30})}{\lg 1{,}04}$$

$$= \frac{\lg 20\,000 - \lg (2000 + 3653{,}43 + 1755{,}32 + 2774{,}88)}{\lg 1{,}04}$$

$$= \frac{\lg 20\,000 - \lg 10\,183{,}65}{\lg 1{,}04}$$

$$= \frac{4{,}3010 - 4{,}0079}{0{,}01703}$$

$$= 17{,}21$$

***BASIC-Programm MZT.2**

2.7. Stetige Verzinsung

Bei gleichem Nominalzinssatz steigt die effektive Verzinsung mit der Häufigkeit der unterjährigen Zinstermine.

$$K_1 = K_0 \left(1 + \frac{i}{m_1}\right)^{m_1}$$

$$< K_0 \left(1 + \frac{i}{m_2}\right)^{m_2} \text{ für } m_1 < m_2$$

Um eine möglichst hohe Verzinsung zu erzielen, müßte man also eine sehr weitgehende Aufteilung der Zinsperiode anstreben. Im Extremfall bedeutet das unendlich viele Zuschlagsperioden oder infinitesimal kleine Zinsperioden.

K_1 wird maximal für $m \rightarrow \infty$.

Zur Untersuchung der Auswirkung von m auf die Verzinsung definieren wir einen Wert x.

$$x = \frac{m}{i} \rightarrow$$

$$m = i \cdot x$$

$$\frac{i}{m} = \frac{1}{x}$$

Wir setzen diesen Wert in die Formel für den Zinsfaktor ein.

$$\left(1+\frac{i}{m}\right)^m = \left(1+\frac{1}{x}\right)^{x \cdot i} = \left[\left(1+\frac{1}{x}\right)^x\right]^i$$

Gehen wir nun entsprechend unserem Ziel $m \to \infty$ vor, dann geht bei i = const auch $x \to \infty$. Aus der Infinitesimalrechnung ist der Grenzwert

$$\lim_{x \to \infty}\left(1+\frac{1}{x}\right)^x = \mathrm{e}$$

$$\mathrm{e} = 2{,}7182818284590...$$

bekannt, der hier verwendet wird. Damit erhalten wir folgende Kapitalwerte:

$$\lim_{m \to \infty}\left(1+\frac{i}{m}\right)^m = \lim_{x \to \infty}\left[\left(1+\frac{1}{x}\right)^x\right]^i$$

$$= \left[\lim_{x \to \infty}\left(1+\frac{1}{x}\right)^x\right]^i$$

$$= \mathrm{e}^i$$

$$\boxed{\lim_{m \to \infty}\left(1+\frac{i}{m}\right)^m = \mathrm{e}^i}$$

$$\begin{aligned} K_1 &= K_0 \cdot \mathrm{e}^i \\ K_2 &= K_1 \cdot \mathrm{e}^i = K_0 \cdot \mathrm{e}^{2i} \\ K_3 &= K_2 \cdot \mathrm{e}^i = K_0 \cdot \mathrm{e}^{3i} \\ &\vdots \\ K_n &= K_{n-1} \cdot \mathrm{e}^i = K_0 \cdot \mathrm{e}^{n \cdot i} \end{aligned}$$

Für die Berechnung von K_n steht im Anhang eine Tabelle (VIII) mit Werten für $e^{i \cdot n}$ zur Verfügung. Es ist zu beachten, daß für $m > 1$ die Zinsfaktoren der unterjährigen Verzinsung der nebenstehenden Ungleichung unterliegen.

$$\boxed{K_n = K_0 \cdot \mathrm{e}^{i \cdot n}}$$

$$\boxed{1 + i < \left(1+\frac{i}{m}\right)^m < \mathrm{e}^i}$$

Entsprechend zu Abschnitt 2.4. kann man die effektive Jahresverzinsung j berechnen, die bei stetiger Verzinsung (ganzjährig gerechnet) mit dem Zinssatz i gezahlt wird.

$$K_0\,(1 + j) = K_0 \cdot \mathrm{e}^i$$

$$1 + j = \mathrm{e}^i$$

$$\boxed{j = \mathrm{e}^i - 1}$$

Ebenso kann man vom gegebenen nominellen Zinssatz i einen äquivalenten (konformen) stetigen Zinssatz i_{ks} ermitteln.
(Zwischen den Briggsschen und den natürlichen Logarithmen besteht die Beziehung $\ln x = \lg x : \lg e$.)

$$K_0\,(1 + i) = K_0 \cdot \mathrm{e}^{i_{\mathrm{ks}}}$$

$$1 + i = \mathrm{e}^{i_{\mathrm{ks}}}$$

$$\ln\,(1 + i) = \ln \mathrm{e}^{i_{\mathrm{ks}}} = i_{\mathrm{ks}}$$

$$\boxed{\begin{aligned} i_{\mathrm{ks}} &= \ln\,(1 + i) \\ &= \frac{\lg\,(1 + i)}{\lg \mathrm{e}} \end{aligned}}$$

Beispiel:

2000 DM werden zu 6% p.a. stetig verzinst. Wie groß ist der Betrag nach 8 Jahren?

$K_0 = 2000$ DM
$i = 0{,}06$
$n = 8$

$K_n = K_0 \cdot e^{i \cdot n}$
$= 2000 \text{ DM} \cdot 1{,}616074$
$= \underline{\underline{3232{,}15 \text{ DM}}}$

Wie groß ist die effektive Jahresverzinsung?

$j = e^i - 1$

Vgl. Tabelle VIII für n = 1.

Nach Interpolation ergibt sich:

$= 1{,}061837 - 1$

$= 0{,}0618$

$\underline{\underline{j = 0{,}00618}}$

*****BASIC-Programm STV.2**

Übungsaufgaben zu Kapitel 2

Wenn ab Aufgabe 6 keine näheren Angaben zur Art der Verzinsung gemacht sind, ist *ganzjährige nachschüssige Verzinsung unterstellt;* sie ist der Regelfall!

Zu Abschnitt 2.1.

1. Geben Sie die einfachen Zinsen auf 1000 DM an für:
   a) 6% p.a. in 8 Monaten
   b) $5^1/_4$% p.a. in 2 Jahren
   c) $3^1/_2$% p.a. in einem halben Jahr
   d) 4% p.a. in 15 Monaten
2. Geben Sie die einfachen Zinsen an
   a) auf 3600 DM mit 7% p.a. in 9 Monaten
   b) auf 5000 DM mit 6,25% p.a. in 10 Jahren
   c) auf 2200 DM mit 8% p.a. in 4 Jahren
   d) auf 3500 DM mit 5,5% p.a. in 18 Monaten
3. Wie groß ist der Zinssatz, bei dem
   a) 1650 DM in 4 Monaten 1677,50 DM,
   b) 1650 DM in 10 Monaten 1705 DM,
   c) 2400 DM in 18 Monaten 2616 DM,
   d) 1300 DM in 8 Monaten 1378 DM,
   e) 2000 DM in 3 Jahren 2330 DM,
   f) 1800 DM in 4 Jahren 2088 DM,
   g) 5400 DM in 28 Monaten 6156 DM,
   h) 6000 DM in 10 Jahren 9000 DM
   werden?
4. Berechnen Sie die Zinsen bei kalendermäßiger Dauer und bei rechnerischer Laufzeit für:
   a) 1000 DM vom 6. August 1970 bis 14. Dezember 1970 bei 4% p.a.
   b) 1750 DM vom 10. Juni 1970 bis 7. November 1970 bei 5% p.a.
   c) 2500 DM vom 21. Januar 1960 bis 13. August 1960 bei $4^1/_2$% p.a.
   d) 2000 DM vom 18. Oktober 1965 bis 6. Februar 1966 bei $5^1/_4$% p.a.
   e) 4000 DM vom 28.9.1986 bis 21.1.1987 bei 6% p.a.
   f) 5200 DM vom 12.12.1986 bis 10.3.1987 bei 6,25% p.a.
   g) 1600 DM vom 4.4.1986 bis 19.10.1986 bei 7% p.a.
   h) 12 000DM vom 1.7.1986 bis 30.9.1986 bei 7,5% p.a.

5. a) Wieviel ist eine Schuld von 2500 DM, fällig in neun Monaten, bei einem Kalkulationszins von 6% p.a. heute wert?
   b) Herr Müller schuldet Herrn Meier 450 DM, fällig in 4 Monaten, und 600 DM, fällig in 6 Monaten. Wieviel DM benötigt Herr Müller, wenn er bei einem Kalkulationszins von 5% p.a. die Schuld in 3 Monaten auf einmal tilgen will?
   c) Jemand kauft eine Maschine. Welche Zahlungskondition ist bei 6% p.a. Zinsen besser: 4000 DM bar und 6000 DM in 6 Monaten oder 6000 DM bar und 4000 DM in einem Jahr?
   d) Jemand schuldet 2000 DM, fällig in 2 Monaten, 1000 DM, fällig in 5 Monaten und 1800 DM, fällig in 9 Monaten. Er will die Schuld in zwei gleich großen Raten, fällig in 6 bzw. 12 Monaten, tilgen. Wie groß sind diese Raten, wenn der Kalkulationszinssatz 6% p.a. beträgt?
   e) Zwei Wechsel, einer über 1000 DM, fällig in drei Monaten und einer über 2000 DM, fällig in 6 Monaten, sollen auf ein Jahr Laufzeit prolongiert werden. Wieviel DM sind bei einem Diskontsatz von 6% p.a. heute zu bezahlen, damit der Wechselbetrag unverändert bleiben kann?
   f) Jemand schuldet 1600 DM am 1.4.86 und 2000 DM am 1.9.86. Auf welche Summe muß bei 5% p.a. ein Wechsel auf den 1.2.1987 ausgestellt werden, damit niemandem Nachteile entstehen?
   g) Für den Kauf seines Autos hat Herr Müller am 1.3.1986 außer einer Barzahlung von 5000 DM drei Wechsel über je 3000 DM, fällig auf den 1.9.1986, 1.3.1987 und 1.9.1987 hingegeben; der Diskontsatz beträgt 5,5% p.a. Welchen Barpreis hätte Herr Müller erzielen können?
   h) Herr Meier kauft Waren:
   Am 1.4. für 1000 DM auf 3 Monate Ziel, am 1.6. für 2000 DM auf 4 Monate Ziel und am 1.9. für 3000 DM auf 3 Monate Ziel. Hätte es sich für Herrn Meier gelohnt, bei einem Zinssatz von 9% p.a. die Waren am 1.4. insgesamt zu kaufen und zu bezahlen, wenn ihm bei Barzahlung 2% Skonto eingeräumt werden?
   i) Für die Lieferung einer Maschine im Wert von 100000 DM wird folgende Zahlungsweise vereinbart: 20% bei Bestellung (1.10.86), 40% bei Lieferung (1.3.87), 20% drei Monate nach Lieferung (1.6.87) und 20% sechs Monate nach Lieferung (1.9.87) oder Barzahlung bei Lieferung mit 2% Skonto. Welche Zahlungsweise ist bei einem Kreditzins von 11% vorteilhaft?

Zu Abschnitt 2.2.

6. Bestimmen Sie das Endkapital für K_0 = 100 DM bei:

a) 5% p.a. nach 10 Jahren	f) 6,25% p.a. nach 12 Jahren
b) 5% p.a. nach 30 Jahren	g) 4,5% p.a. nach 22 Jahren
c) 7% p.a. nach 20 Jahren	h) 8,25% p.a. nach 19 Jahren
d) 3% p.a. nach 40 Jahren	i) 6,5% p.a. nach 51 Jahren
e) 5,5% p.a. nach 7 Jahren	k) 3,5% p.a. nach 51 Jahren

7. a) Auf wieviel DM wachsen 50 DM in 100 Jahren bei $3^1/_2$% p.a. an?
   b) Nach wieviel Jahren wäre die unter a) ermittelte Summe bei 5% p.a. erreicht?
   c) Nach wieviel Jahren wäre die unter a) ermittelte Summe bei 6% p.a. erreicht?
   d) Nach wieviel Jahren wäre die unter a) ermittelte Summe bei 8% p.a. erreicht?

8. Am Anfang des Jahres Null sei 1 DM zu 3% p.a. auf Zinseszins angelegt worden. Welchen Betrag wiese das Konto aus am Ende des Jahres
   a) 20; b) 50; c) 100; d) 500; e) 1000; f) 1971 g) 1987 ?

9. a) 20 000 DM werden für 6 Jahre zu 7% p.a. (nachschüssig) ausgeliehen. Die Zinsen werden bei der Ausleihe einbehalten. Wieviel DM erhält der Schuldner ausbezahlt?
   b) Jemand leiht sich 44 000 DM für 9 Jahre zu 5%. Wieviel bekommt er ausbezahlt, wenn der Gläubiger die Zinsen bei der Auszahlung einbehält?
   c) Herr Müller erhält in 12 Jahren von seiner Versicherung 80 000 DM ausbezahlt. Wieviel darf er heute bei der Bank als Kredit aufnehmen, wenn er die Zinsen von 8,25% p.a. auflaufen läßt?
   d) Im Testament seines Großvaters werden dem 18jährigen Heinz 120 000 DM zugesprochen, ausbezahlbar an seinem 30. Geburtstag.
   Wieviel Geld sollte ihm heute eine Bank bei einem Zinssatz von 5,5% geben, wenn die Zinsen gleich einbehalten werden?

10. a) Herr Schulze möchte 10 000 DM möglichst günstig anlegen; ihm werden folgende Alternativen angeboten:
   - 7% für 10 Jahre
   - 8% für 6 Jahre, dann 6% für 4 Jahre
   - 6% für 2 Jahre, dann 7% für 3 Jahre, dann 7,5% für 5 Jahre.
   Welches Angebot ist vorzuziehen?
   b) Herr Meyer will eine Hypothek über 120 000 DM aufnehmen; ihm werden verschiedene Konditionen geboten:
   (n = 20)
   - 6% fest für 20 Jahre
   - 5,75% fest für 10 Jahre, danach für 5 Jahre 6,75%, danach 6,25%
   - 5,5% fest für 5 Jahre, danach für 5 Jahre 6,75%, danach 6,25%
   (Von Tilgung und der Unsicherheit der zukünftigen Zinsen sei hier abgesehen).
   Welches Angebot ist vorteilhaft?

11. a) Wie groß muß der Zinssatz sein, wenn unter Berechnung von Zinseszinsen in 12 Jahren aus 3600 DM 8100 DM werden sollen?
   b) Zu welchem Zinssatz müßte ein Kapital auf Zinseszinsen für 16 Jahre angelegt werden, um den Betrag von 45 600 DM zu erreichen, den es in gleicher Zeit bei einfacher Verzinsung zu 8% p.a. erreicht hat?
   c) Wie groß muß der Zinssatz sein, bei dem sich ein Kapital in 10 Jahren verdoppelt?
   d) Jemand besitzt 5000 DM und will ein Auto für 6554 DM kaufen. Wie hoch muß der Zinssatz sein, damit er nicht länger als 4 Jahre mit dem Kauf warten muß?
   e) Um wieviel Jahre verzögert sich der Kauf des Autos in d), wenn eine jährliche Preissteigerung von 4% angenommen wird?

12. Ein Vater möchte für sein gerade geborenes Kind so viel Geld anlegen, daß zum 20. Geburtstag 25 000 DM zur Verfügung stehen.
   a) Wieviel DM muß er bei der Geburt auf ein Sparkonto mit 3% p.a. einzahlen?
   b) Wieviel muß er bei der Geburt bei einer Anlage in Obligationen zu 6,25% ausgeben?
   c) Wann müßte er Obligationen zu 7% kaufen, wenn er den gleichen Betrag wie unter a) ermittelt aufwenden will?

Zu Abschnitt 2.3.

13. Berechnen Sie den Endwert bei vorschüssiger Verzinsung von:

a) 8 000 DM über 6 Jahre zu 4% p.a.	e) 16 000 DM über 10 Jahre zu 7,25% p.a.
b) 12 000 DM über 15 Jahre zu 6% p.a.	f) 1 000 DM über 2 Jahre bei 9% p.a.
c) 25 000 DM über 4 Jahre zu 5,5% p.a.	g) 30 000 DM über 30 Jahre bei 3% p.a.
d) 20 000 DM über 7 Jahre zu 8% p.a.	h) 27 000 DM über 35 Jahre zu 4,25% p.a.

14. Ermitteln Sie den eingezahlten Betrag, wenn bei vorschüssiger Verzinsung nach

a) 7 Jahren bei	6% p.a.	15 420,68 DM,		e) 8 Jahren bei	3% p.a.	10 000 DM
b) 12 Jahren bei	5% p.a.	27 759,27 DM,		f) 2 Jahren bei	7,25% p.a.	12 220 DM
c) 16 Jahren bei	5,5% p.a.	14 833,50 DM,		g) 43 Jahren bei	4% p.a.	62 000 DM
d) 5 Jahren bei	7% p.a.	2 874,85 DM,		h) 10 Jahren bei	10% p.a.	12 000 DM

vorhanden sind.

15. Jemand hat für 6 Jahre 16 000 DM geliehen und einen Zinssatz von 6% p.a. vereinbart. Wieviel muß der Schuldner mehr zahlen, als er erwartet, wenn vorschüssig gerechnet wird und er nachschüssige Berechnung für vereinbart hält? Wie groß ist die effektive nachschüssige Verzinsung?

Zu Abschnitt 2.4.

16. Auf welchen Betrag wachsen 100 DM in 10 Jahren bei 12% p.a. an, wenn die Verzinsung nachschüssig und
a) halbjährlich, b) vierteljährlich, c) monatlich erfolgt?
Wie groß ist jeweils die effektive Verzinsung?

17. Auf welchen Betrag wachsen 2400 DM in 8 Jahren bei 6% p.a. an, wenn die Verzinsung nachschüssig
a) halbjährlich, b) alle zwei Monate, c) alle 10 Tage, d) jeden Tag erfolgt?
Wie groß ist die jeweilige effektive Verzinsung?

18. a) Wie groß ist der Endbetrag von 2500 DM Anfangskapital bei 4% p.a. bei monatlichem Zinszuschlag nach $5^1/_4$ Jahren?
b) 1000 DM sind zu 7% p.a. bei vierteljährlichem Zinszuschlag ausgeliehen. Welcher Betrag ist nach $8^1/_2$ Jahren zurückzuzahlen?
c) Verzinsen Sie 2000 DM für 6 Jahre zu 4,2% mit vierteljährlichem Zinszuschlag!
d) Wie groß war der Anfangsbetrag, wenn bei 6% p.a. und vierteljährlichem Zinszuschlag nach 6 Jahren 8200 DM auf einem Konto stehen?
e) Wie groß ist der Endbetrag bei 9% p.a. nachschüssiger Verzinsung auf ein Kapital von 11 000 DM bei monatlichem Zinszuschlag nach 8 Jahren?
f) Welcher Betrag stand am 1.1.1976 auf einem Konto, das am 30.6.1985 bei vierteljährlichem Zinszuschlag von jeweils 1,25% 22 000 DM aufweist?

19. a) Berechnen Sie die effektive Jahresverzinsung für einen Zinssatz von 5,25% p.a. bei vierteljährlichem Zuschlag!
b) Einem Kapital werden monatlich Zinsen zugeschlagen. Wie groß ist der effektive Zinssatz, wenn der nominelle Zinssatz 0,06 ist?
c) Wie hoch ist der nominelle Zinssatz bei monatlichem Zuschlag, der einer Verzinsung von 6% p.a. bei halbjährlichem Zuschlag äquivalent ist?
d) Wie groß ist die nominelle Verzinsung bei vierteljährlichem Zuschlag und 5% p.a. effektiver Verzinsung?

20. a) Nach wieviel Jahren sind 5000 DM auf 7461 DM angewachsen, wenn halbjährlich 3% Zinsen zugeschlagen werden?
b) Wie lange dauert es, bis aus 2500 DM 3500 DM werden, wenn 6% p.a. vierteljährlich zugeschlagen werden?
c) Jemand besitzt Investmentfondsanteile, auf die vierteljährlich 2% ausgeschüttet und sofort reinvestiert werden. Wann hat sich das eingesetzte Kapital verdoppelt?
d) Wieviel Jahre dauert es, bis ein Kapital sich bei 9% p.a. und täglichem Zuschlag verdreifacht?

21. a) Jemand schuldet 1250 DM, fällig in 3 Jahren ohne Zinsen. Wieviel sollte der Gläubiger heute als Zahlung akzeptieren, wenn er mit 4% p.a. und halbjährlichem Zuschlag rechnet?
b) Herr Müller leiht sich heute 5000 DM zu 5% p.a. bei halbjährlichem Zuschlag. Er will in einem Jahr 1000 DM, in 2 Jahren 2000 DM und den Rest in 3 Jahren zahlen. Wieviel DM beträgt dieser Rest?
c) Herr Müller leiht sich bei Herrn Neumann 3000 DM und gibt dafür einen Schuldschein hin, auf dem der Zins von 5% p.a. mit vierteljährlichem nachschüssigen Zuschlag und die Fälligkeit in 6 Jahren festgelegt ist. Herr Neumann verkauft diesen Schuldschein nach 4 Jahren an Herrn Popp. Was sollte Popp zahlen, wenn der Kalkulationszins (Marktzins) in diesem Zeitpunkt 4% p.a. beträgt?
d) Ein Kapital von 17 800 DM wird vom 6. April 1961 an auf Zinseszinsen bei vierteljährlichem Zinszuschlag angelegt. Auf welchen Betrag ist es am 17. Oktober 1969 angewachsen, wenn ein relativer unterjähriger Zinssatz von 2% zur Anwendung kommt?
e) Herr Meier hat 20 000 DM am 2.8.83 zur Verfügung; er braucht am 9.4.87 einen größeren Betrag. Wieviel steht ihm zur Verfügung, wenn er es mit 6% p.a. halbjährlich verzinst? Hätte er mehr, wenn monatlich mit 5,9% p.a. abgerechnet würde?

Zu Abschnitt 2.5.

22. Berechnen Sie 21. d) und e) gemischt verzinst!

23. a) Wieviel Jahre und Tage ist ein Kapital von 18750 DM zu 4% p.a. gemischt verzinst worden, wenn es am Ende des Zeitraums auf 39123,60 DM angewachsen ist?
b) Wieviel Jahre und Tag dauert es, bis ein Kapital von 5000 DM bei 8% p.a. gemischter Verzinsung auf 8000 DM angewachsen ist?
c) 12 000 DM werden mit 6% p.a. und vierteljährlichem Zuschlag vom 12. März 1970 an verzinst. Wann sind 18 000 DM auf dem Konto?
d) Am 13.6.1985 legt jemand 2000 DM für 2 Jahre auf 8% p.a. an. Wieviel hat er am Ende, wenn die Zinseszinsen anhand der rechnerischen Dauer ermittelt werden, und wieviel hat er, wenn nur zum Jahresende Zinsen zugeschlagen werden, d.h. gemischt verzinst wird?
e) Am 12.3.1984 zahlt jemand 1000 DM auf sein Konto ein, auf das 5% Zinsen p.a. jährlich nachschüssig verrechnet werden.
Wie ist der Kontostand am 9.11.1987?

24. a) Am 21. Januar 1971 werden 9000 DM auf ein Konto eingezahlt, das $5^1/_2$% p.a. Zinsen bringt. Wieviel ist am 13. Juni 1975 auf dem Konto?
b) Auf einem Konto liegt 10 Jahre und 200 Tage eine Geldsumme zu 8% p.a. mit vierteljährlichem Zuschlag. Am Ende sind 20 000 DM auf dem Konto. Wieviel waren es zu Beginn?
c) 13 000 DM waren 6 Jahre und 113 Tage zu 7% p.a. bei halbjährlichem Zuschlag angelegt. Wie groß ist das Endkapital?
d) Jemand legt am 10.3.1984 5000 DM zu 6% p.a. an. An welchem Tag kann er 8000 DM abheben?
e) Jemand zahlt am 5.2.1981 auf sein Sparkonto mit 3,5% p.a. 3000 DM ein. Am 7.3.83 werden weitere 4000 DM eingezahlt. Am 8.6.84 werden 2000 DM abgehoben. Wie ist der Kontostand am 12.5.85?

Zu Abschnitt 2.6.

25. a) Jemand hat 2000 DM für 3 Jahre, 5000 DM für 5 Jahre und 3000 DM für 8 Jahre zu 6% p.a. ausgeliehen. Wie lange müßte der Gesamtbetrag ausgeliehen sein, um die gleiche Verzinsung zu bieten?
    b) Herr Müller will 25 000 DM für 16 Jahre gegen einen Zins von 7% p.a. verleihen. Der Schuldner bietet folgende Rückzahlung an: 5000 DM in 5 Jahren, 10 000 DM in 15 Jahren, 5000 DM in 20 Jahren und 5000 DM in 30 Jahren. Sollte Herr Müller das Angebot annehmen oder auf seinem Fälligkeitswunsch beharren?
    c) Fünf Schuldscheine über 3000 DM sind im Abstand von je 3 Jahren, beginnend am Ende des ersten Jahres, fällig; sie verzinsen sich mit 5,5% p.a. Sie sollen auf einem einzigen Schuldschein zusammengefaßt werden. Auf welchen Zeitraum muß dieser terminiert werden?
    d) Es werden zu 8% p.a. 4000 DM für 4 Jahre, 8000 DM für 9 Jahre und 12 000 DM für 15 Jahre ausgeliehen. Wann ist diese Gesamtsumme fällig, wenn keine Zinsdifferenzen auftreten sollen?
    e) Für eine Gesamtschuld von 30 000 DM, die in 5 Jahren zu tilgen ist, sucht Herr Meier eine andere zeitliche Verteilung. Er könnte heute 2000 DM aufbringen und 5000 DM in 3 Jahren. Wann wäre bei 6% p.a. der Rest fällig?
    f) Herr Müller hat Zahlungsverpflichtungen von 10 000 DM am 1.1.1987, 12 000 DM am 1.1.1989 und 15 000 DM am 1.1.1995. Durch testamentarische Verfügung sind ihm auf den 1.1.1992 30 000 DM zugesagt.
    Wieviel müßte er am 1.1.86 aufbringen, um bei 7% p.a. seine Verpflichtungen äquivalent abdecken zu können?

Zu Abschnit 2.7.

26. a) 5000 DM werden 8 Jahre lang mit 5% p.a. stetig verzinst Wie lautet der Endbetrag?
    b) Auf einem mit 7% p.a. stetig verzinsten Konto stehen nach 7 Jahren 4800 DM. Wieviel ist eingezahlt worden?
    c) Bei einer stetigen Verzinsung ergeben sich 9% im Jahr. Wie groß ist der Nominalzins?
    d) Die Bevölkerung eines Landes wächst um 2% im Jahr; es wird mit stetigem Wachstum gerechnet. Um wieviel Prozent vermehrt sich die Bevölkerung in 100 Jahren?
    e) Ein Land mit 50 Millionen Einwohnern hat eine Wachstumsrate von 0,1% jährlich bei stetiger Berechnung. Ein anderes Land mit 30 Millionen Einwohnern wächst stetig mit 1,5% jährlich. Wann haben beide Länder gleiche Einwohnerzahlen?
    f) Ein Betrieb hat bei einem Umsatz von 4 Mill. DM im Jahr ein Wachstum von 5% jährlich. Wann hat sich der Umsatz bei stetiger Berechnung verdoppelt?

3. Die Rentenrechnung

Eine **Rente** ist eine Reihe von Zahlungen, die in gleichen zeitlichen Abständen vorgenommen werden; sie umfaßt im allgemeinen gleiche Beträge.
Man unterscheidet **Leibrenten,** die von einem bestimmten Zeitpunkt an einer Person bis an ihr Lebensende gezahlt werden, und **Zeitrenten,** die für einen bestimmten Zeitraum gezahlt werden. Die dabei erforderliche Verzinsung wird, wenn nicht anders angegeben, nachschüssig vorgenommen.

3.1. Die nachschüssige endliche Rente

Bei einer **nachschüssigen oder postnumerando-Rente** beginnt die Zahlung r am Ende der ersten Periode (des ersten Jahres), die n-te Zahlung wird am Ende der n-ten Periode vorgenommen.

```
    r   r   r  ...  r    r
0   1   2   3  ... n−1   n   n+1  t[Jahre]
```

Den Wert R_n der Summe aller Rentenzahlungen und ihrer zugehörigen Zinsen und Zinseszinsen am Ende der Laufzeit läßt sich durch eine Reihe angeben. Man nennt R_n den **Rentenendwert.**

$$R_n = r \cdot q^{n-1} + r \cdot q^{n-2} + \ldots$$
$$\ldots + rq^1 + rq^0$$
$$= r\,(1 + q + q^2 + \ldots + q^{n-2} + q^{n-1})$$

Der Rentenendwert R_n ergibt sich aus der Rente r multipliziert mit dem sogenannten **Rentenendwertfaktor** s_n. Letzterer ist eine Funktion von Zinssatz i und Rentenlaufzeit n. Für Zinssätze zwischen 1% und 12% p.a. sind im Anhang die Rentenendwertfaktoren aufgeführt (Tabelle III).

$$\boxed{R_n = r \cdot \sum_{t=1}^{n} q^{t-1}}$$

$$\boxed{s_n = \sum_{t=1}^{n} q^{t-1}}$$

Der Rentenendwertfaktor s_n ist die Summe einer endlichen geometrischen Reihe mit dem Anfangsglied 1, dem Endglied q^{n-1} und dem Quotienten q.

$$s_n = 1 + q + q^2 + \ldots$$
$$\ldots + q^{n-2} + q^{n-1}$$

Unter Anwendung der Formel für den Wert einer endlichen geometrischen Reihe (vgl. Abschnitt 1.3.) erhalten wir:

$$\boxed{s_n = \frac{q^n - 1}{q - 1}}$$

Zur Bestimmung von R_n erhalten wir damit:

$$\boxed{R_n = r \cdot \frac{q^n - 1}{q - 1}}$$

Will man den Wert der Rente zu einem anderen Zeitpunkt – etwa $t = 0$ – wissen, so wird R_n entsprechend abgezinst.

$$R_0 = R_n \cdot q^{-n}$$
$$= r \cdot \frac{q^n - 1}{q - 1} \cdot \frac{1}{q^n}$$

Wir erhalten für R_0:

$$\boxed{R_0 = r \cdot \frac{q^n - 1}{q^n (q - 1)}}$$

Entsprechend ergibt sich für $0 < x < n$:

$$R_x = R_n \cdot q^{x-n}$$

Analog zum Rentenendwertfaktor s_n lautet der **Rentenbarwertfaktor** a_n:

$$\frac{R_0}{r} = \boxed{a_n = \frac{q^n - 1}{q^n \cdot (q - 1)}}$$

Auch dessen Werte sind für bestimmte Zinssätze und Zeiträume in Tabelle IV im Anhang gegeben.

Beispiel:

Jemand erhält jährlich (am Jahresende) 10 000 DM. Wieviel sind die Zahlungen wert, wenn sie 11 Jahre geleistet wurden und mit 5% p.a. kalkuliert wird?

$r = 10\,000$ DM; $i = 0{,}05$; $n = 11$

Tabellarische Lösung:

$$R_n = r \cdot S_n$$
$$= 10\,000 \text{ DM} \cdot 14{,}20679$$
$$= \underline{\underline{142067{,}90 \text{ DM}}}$$

Beispiel:

Eine Schuld soll mit 1000 DM jährlicher Zahlung in 5 Jahren getilgt sein. Es werden 5% p.a. Zinsen berechnet. Wieviel DM werden geschuldet?

$r = 1000$ DM; $i = 0{,}05$; $n = 5$

Tabellarische Lösung:

$$R_0 = r \cdot a_n$$
$$= 1000 \text{ DM} \cdot 4{,}329477$$
$$= \underline{\underline{4329{,}48 \text{ DM}}}$$

Beispiel:

Frau Sauerteig will durch jährliche nachschüssige Einzahlungen auf ein mit 8,5% verzinstes Sparkonto in 5 Jahren 10 000 DM ansparen. Welchen Betrag hat sie jährlich zu zahlen?

Man hat die Gleichung für den Rentenendwert nach r umzustellen und erhält damit hier $r = 1687{,}66$ DM.

$$R_n = r \cdot \frac{q^n - 1}{q - 1}$$

$$\rightarrow r = R_n \cdot \frac{q - 1}{q^n - 1}$$

$$= 10\,000 : a_{10}$$

$$= \underline{\underline{1687{,}66 \text{ DM}}}$$

Wesentlich aufwendiger ist das Berechnen des Zinssatzes i. Sind R_n, r und n gegeben, so können mit Tabelle III i.a. die Zinssätze nur angenähert durch Ablesen von s_n ermittelt werden. Zur genaueren Berechnung von q (und damit i) wird hier das **Newtonsche Iterationsverfahren** verwendet.

$$R_n = r \cdot \frac{q^n - 1}{q - 1}$$

$$q = ?$$

Tabelle III: $\frac{R_n}{r} = s_n$ ← ablesen

$$R_n = r \cdot \frac{q^n - 1}{q - 1}$$

Durch Umformung der Gleichung für R_n erhält man eine algebraische Gleichung n-ten Grades in q, wobei hier der Term auf der rechten Seite als Funktionsterm einer Funktion f betrachtet wird, deren Nullstellen zu berechnen sind. Die **Newtonsche Näherungsformel** lautet hier:

$$\rightarrow R_n (q - 1) = r (q^n - 1)$$

$$\rightarrow 0 = \underbrace{r \cdot q^n - R_n \cdot q + R_n - r}_{= f(q)}$$

$$q_2 = q_1 - \frac{f(q_1)}{f'(q_1)}$$

mit $f(q_1) = r\, q_1^n - R_n\, q_1 + R_n - r$

und $f'(q_1) = n \cdot r \cdot q_1^{n-1} - R_n$

Beispiel:

Eine nachschüssige jährliche Rentenzahlung von 200 DM ergibt in 10 Jahren ein Kapital von 3000 DM. Wie hoch ist der Zinssatz? Als Anfangsschätzung wird $i = 0{,}1$ gewählt und man berechnet als weitere Näherungen $q_2 = 1{,}089074 \ldots$.

$r = 200$ DM
$R_n = 3000$ DM
$n = 10$

$$q_1 = 1 + i = 1{,}1$$

$$\rightarrow q_2 = 1{,}1 - \frac{f(1{,}1)}{f'(1{,}1)}$$

$$= 1{,}089074$$

$$q_3 = q_2 - \frac{f(q_2)}{f'(q_2)}$$

$$= 1{,}087362$$

$$q_4 = 1{,}087320$$

$$q_5 = 1{,}087321$$

$$\underline{\underline{i = 0{,}08732}}$$

Mit q_5 ist ein hinreichend genauer Wert ermittelt worden. Der Zinssatz beträgt ca. 8,732%.

*****BASIC-Programm RNACH.3**

3.2. Die vorschüssige endliche Rente

Eine **vorschüssige oder praenumerando-Rente** liegt vor, wenn die Zahlungen jeweils zu Beginn der Perioden geleistet werden.

r	r	r	r	...	r		
0	1	2	3	...	n–1	n	t[Jahre]

Der Wert der Zahlungen im Zeitpunkt *n*, der **Rentenendwert der vorschüssigen Rente** R_{vn} ergibt sich aus:

$$R_{vn} = r \cdot q^n + r \cdot q^{n-1} + \ldots + rq^2 + rq$$

$$\boxed{R_{vn} = r \cdot \sum_{t=1}^{n} q^t}$$

$$= r \cdot q \cdot \sum_{t=1}^{n} q^{t-1}$$

Der Bestimmung von R_n entnehmen wir:

$$\sum_{t=1}^{n} q^{t-1} = \frac{q^n - 1}{q - 1} = s_n$$

Das ergibt für R_{vn}:

$$\boxed{R_{vn} = r \cdot q \cdot s_n}$$

$$= r \cdot q \cdot \frac{q^n - 1}{q - 1}$$

$$\boxed{R_{vn} = R_n \cdot q}$$

Zur Vereinfachung der Schreibweise wird mit s'_n der **Rentenendwertfaktor einer vorschüssigen Rente** bezeichnet.

$$\boxed{s'_n = s_n \cdot q}$$

$$\rightarrow \boxed{R_{vn} = r \cdot s'_n}$$

Für s'_n existieren keine Tabellen, jedoch läßt sich s'_n entweder aus der Definitionsgleichung ($s'_n = s_n \cdot q$) berechnen oder auf die folgende Weise:

$$R_n = r + r \cdot q + r \cdot q^2 + \ldots + r \cdot q^{n-1}$$

$$R_{v,n-1} = r \cdot q^2 + \ldots + r \cdot q^{n-1}$$

Man stellt der nachschüssigen Rente mit *n* Zahlungen die vorschüssige Rente mit *n* – 1 Zahlungen gegenüber.

$$R_n = R_{v,n-1} + r$$

$$r \cdot s_n = r \cdot s'_{n-1} + r$$

$$= r\,(s'_{n-1} + 1)$$

$$s_n = s'_{n-1} + 1$$

$$s'_{n-1} = s_n - 1$$

Ergebnis:

$$\boxed{s'_n = s_{n+1} - 1}$$

Der Endwertfaktor einer vorschüssigen Rente ist gleich dem um den Wert 1 verminderten Endwertfaktor einer um eine Zahlung größeren nachschüssigen Rente.

Den Barwert einer vorschüssigen Rente R_{v0} erhalten wir durch Abzinsung des Endwertes.

$$R_{vo} = R_{vn} \cdot q^{-n}$$

$$= r \cdot q \cdot \frac{q^n - 1}{q^n \cdot (q-1)}$$

$$\boxed{R_{vo} = r \cdot q \cdot a_n}$$

$$\rightarrow R_{vo} = R_0 \cdot q$$

Auch hier wird ein **vorschüssiger Rentenbarwertfaktor** a'_n definiert:

$$\boxed{a'_n = a_n \cdot q}$$

Die Gegenüberstellung einer vor- und einer nachschüssigen Rentenreihe ergibt den Umrechnungsmodus der Rentenbarwertfaktoren a_n und a'_n; mit $R_{0,n-1}$ wird hier der Rentenbarwert einer nachschüssigen Rente mit $n - 1$ Zahlungen bezeichnet.

$$R_{vo} = r + r \cdot q^{-1} + r \cdot q^{-2} + \ldots + r \cdot q^{-n+1}$$

$$R_{0.n-1} = r \cdot q^{-1} + r \cdot q^{-2} + \ldots + r \cdot q^{-n+1}$$

$$R_{vo} = R_{0.n-1} + r$$
$$= r \cdot a_{n-1} + r$$

$$r \cdot a'_n = r\,(a_{n-1} + 1)$$

Ergebnis:

$$\boxed{a'_n = a_{n-1} + 1}$$

Der Barwertfaktor einer vorschüssigen Rente ist um den Wert 1 größer als der Barwertfaktor einer um eine Zahlung kürzeren nachschüssigen Rente.

Beispiel:

Jemand leistet jedes Jahr am 1. 1. eine Einzahlung von 1000 DM auf ein mit 5% p.a. verzinstes Sparkonto. Wieviel Geld ist nach Ablauf des fünften Jahres verfügbar?

$r = 1000$ DM; $i = 0{,}05$; $n = 5$

$$R_{vn} = R_r \cdot q$$
$$= r \cdot s_n \cdot q$$
$$= 1000 \text{ DM} \cdot 5{,}525631 \cdot 1{,}05$$
$$= \underline{\underline{5801{,}91 \text{ DM}}}$$

(Werte für s_n, s_{n+1} aus Tabelle III im Anhang.)

$$R_{vn} = r \cdot s'_n$$
$$= r\,(s_{n+1} - 1)$$
$$= 1000 \text{ DM}\,(6{,}801913 - 1)$$
$$= \underline{\underline{5801{,}91 \text{ DM}}}$$

Das Beispiel zeigt die Übereinstimmung von

$$R_n \cdot q + R_{vn} = r \cdot (s_{n+1} - 1).$$

Beispiel:

Jemand soll 11 Jahre lang zu Beginn jeden Jahres 5000 DM erhalten. Wieviel kann er als einmalige Zahlung zum Zeitpunkt $t = 0$ verlangen, wenn ein Zinssatz von 5% p.a. zur Anwendung kommt?

(Werte für a_{n-1} aus Tabelle IV im Anhang.)

$r = 5000$ DM; $i = 0{,}05$; $n = 11$

$$R_{vo} = r\,(a_{n-1} + 1) = 5000 \text{ DM } (7{,}721735 + 1) = 5000 \cdot 8{,}721735 \text{ DM} = \underline{\underline{43608{,}68 \text{ DM}}}$$

Durch Auflösen nach r bzw. i kann auch hier die erforderliche Rente für einen gegebenen End- oder Barwert bzw. die erforderliche Verzinsung bestimmt werden.

***BASIC-Programm RVOR.3**

3.3. Ewige Renten

Eine Folge gleichgroßer Zahlungen, deren Ende zeitlich nicht bestimmt ist, bezeichnet man als **ewige Rente.** Wegen des unbestimmten Endes ist für diese Zahlungen ein Endwert nicht anzugeben.
Da der Anfang der Zahlungsreihe festliegt, ist zu prüfen, ob trotz des unbestimmten Endes der Barwert der ewigen Rente ermittelt werden kann.

Hierbei sei zunächst die nachschüssige Rente betrachtet.

$$R_0 = r \cdot \frac{q^n - 1}{q^n\,(q-1)}$$

Es wird mit $\frac{1}{q^n}$ erweitert.

$$= r \cdot \frac{\frac{q^n}{q^n} - \frac{1}{q^n}}{\frac{q^n}{q^n}\,(q-1)}$$

$$= r \cdot \frac{1 - \frac{1}{q^n}}{q-1}$$

Wegen $q = 1 + i > 1$ gilt $\lim\limits_{n \to \infty} \frac{1}{q^n} = 0$, und man erhält für den Barwert $R_{0\infty}$ einer ewigen nachschüssigen Rente:

$$\lim_{n \to \infty} R_0 = r \cdot \frac{1-0}{q-1}$$

$$\boxed{R_{0\infty} = r \cdot \frac{1}{i} = \frac{r}{i}}$$

Dabei wird die Größe $\frac{1}{i}$ als **Kapitalisierungsfaktor** bezeichnet.

Für eine vorschüssige Rente gilt entsprechend:

$$R_{vo\infty} = r \cdot q \cdot \frac{1 - \frac{1}{q^n}}{q-1}$$

$$\lim_{n \to \infty} R_{vo\infty} = r \cdot q \cdot \frac{1}{i}$$

Barwert $R_{v0\infty}$ einer vorschüssigen ewigen Rente:

$$R_{v0\infty} = \frac{r \cdot q}{i}$$

Beispiel:
Die Erbpacht für ein Grundstück wird mit 356 DM im Jahr festgelegt; der Vertrag läuft "für immer und ewig". Welcher Wert ist dem Grundstück beizumessen, wenn die Verzinsung 4% p.a. beträgt?

a) Die Erbpacht ist am Jahresende fällig.

$$R_{0\infty} = \frac{356 \text{ DM}}{0{,}04} = \underline{\underline{8900 \text{ DM}}}$$

b) Die Erbpacht ist am Jahresanfang fällig;

$$R_{v0\infty} = \frac{356 \text{ DM} \cdot 1{,}04}{0{,}04}$$

$$= \frac{37\,024 \text{ DM}}{4} = \underline{\underline{9256 \text{ DM}}}$$

Man beachte, daß eine Erhöhung des Zinssatzes den Wert der Grundstücke vermindert, falls die Erbpacht nicht erhöht wird.

*****BASIC-Programm REWIG.3**

Beispiel:
Eine vorschüssige ewige Rente von 10 000 DM pro Jahr soll in eine 12jährige nachschüssige Rente von 15 000 DM umgewandelt werden. Welcher Ausgleichsbetrag ist bei einem Zinssatz von $i = 0{,}05$ aufzubringen, damit durch die Umwandlung keine Gewinne (Verluste) entstehen?

$r_1 = 10\,000$ DM; $n_1 = \infty$; vorsch.
$r_2 = 15\,000$ DM; $n_2 = 12$; nachsch.
$i = 0{,}05$

$$R_0^{(1)} = R_{v0\infty} = \frac{10\,000 \text{ DM} \cdot 1{,}05}{0{,}05}$$

$$= \frac{1\,050\,000 \text{ DM}}{5} = 210\,000 \text{ DM}$$

$$R_0^{(2)} = R_{0,12}$$
$$= 15\,000 \text{ DM} \cdot 8{,}863252$$
$$= 132\,949 \text{ DM}$$

Der Empfänger der ewigen Rente muß die Differenz D zum Ausgleich ausbezahlt erhalten.

$$D = R_0^{(1)} - R_0^{(2)}$$
$$= 210\,000 \text{ DM} - 132\,949 \text{ DM}$$
$$= \underline{\underline{77\,051 \text{ DM}}}$$

3.4. Spezielle Probleme der Rentenrechnung

Renten laufen zwischen einem Zeitpunkt 0 und einem anderen Zeitpunkt nicht immer gleichförmig; sie können aufgeschoben, unterbrochen oder abgebrochen werden; das ist für reale Probleme sogar der Regelfall.

3.4.1. Die aufgeschobenene Rente

Liegt der Beginn der Zahlungen einer Rente nach dem allgemein angenommenen Zeitpunkt der Betrachtung $t_0 = 0$, dann spricht man von einer **aufgeschobenen Rente**. Die Zeit, um die aufgeschoben wird, heißt **Karenzzeit;** die erste Rate einer um g Jahre aufgeschobenen nachschüssigen Rente erfolgt am Ende des Jahres $g + 1$.

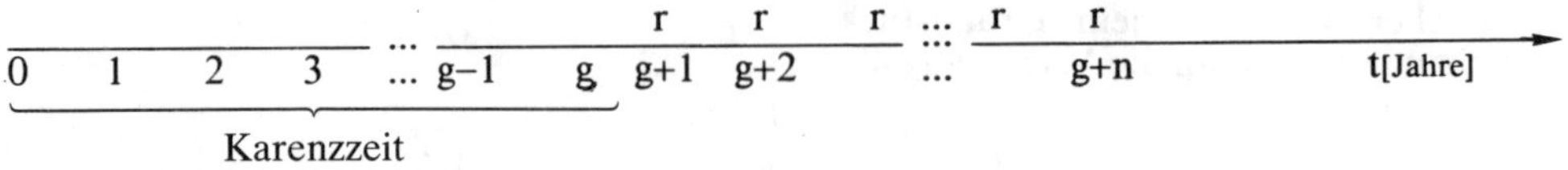

Der Endwert der Rente beträgt:

$$R_n = r \cdot s_n$$

Die Karenzzeit bleibt hierbei unwirksam im Gegensatz zur Berechnung des Barwerts R_0.

$$R_0 = R_g \cdot q^{-g} = R_g \cdot v^g$$

$$R_g = r \cdot a_n$$

Barwert einer um g Jahre aufgeschobenen nachschüssigen Rente:

$$\boxed{R_0 = r \cdot a_n \cdot v^g}$$

oder

$$\boxed{R_0 = r \cdot \frac{q^n - 1}{q^{g+n}(q-1)}}$$

Man kann also entweder den Barwert in g berechnen und auf t_0 abzinsen oder den Endwert in t_{g+n} ermitteln und mit $g + n$ abzinsen ($R_0 = R_n \cdot v^{g+n}$).
Abgesehen von der Möglichkeit, eine nachschüssige Rente von t_g bis t_n als eine vorschüssige Rente beginnend in $t_g + 1$ zu betrachten, kann man in der Karenzzeit g fiktive Rentenzahlungen gleicher Höhe einführen, die man gleich wieder subtrahiert. Es besteht dann eine Rente von t_0 bis t_{g+n}, von der eine zweite von t_0 bis t_g subtrahiert wird.

Damit ergibt sich für den Barwert einer um g Jahre aufgeschobenen nachschüssigen bzw. um $g + 1$ Jahre aufgeschobenen vorschüssigen Rente:

$$R_0 = r \cdot a_{n+g} - r \cdot a_g$$

$$\boxed{R_0 = r\,(a_{n+g} - a_g)}$$

oder

$$\boxed{R_0 = r\left[\frac{q^{n+g} - 1}{q^{n+g}(q-1)} - \frac{q^g - 1}{q^g(q-1)}\right]}$$

Beispiel:

Eine Rente von 100 DM soll 18 Jahre lang nachschüssig gezahlt werden. Die erste Zahlung soll nach Ablauf von 7 Jahren erfolgen. Wieviel ist die Rente bei 6% p.a. Zinsen heute wert?

$r = 100$ DM; $n = 18$; $g = 7$;
$i = 0{,}06$

Es werden die Tabellen II, III, IV des Anhangs benutzt.

Erster Weg:

$$R_0 = R_g \cdot v^g = r \cdot a_n \cdot v^g$$
$$= 100 \text{ DM} \cdot 10{,}8276 \cdot 0{,}665057$$
$$= 720{,}10 \text{ DM}$$

Zweiter Weg:

$$R_0 = R_n \cdot v^{n+g} = r \cdot s_n \cdot v^{n+g}$$
$$= 100 \text{ DM} \cdot 30{,}90565 \cdot 0{,}232998$$
$$= 720{,}10 \text{ DM}$$

Dritter Weg:

$$R_0 = r\,(a_{n+g} - a_g)$$
$$= 100 \text{ DM } (12{,}78336 - 5{,}582381)$$
$$= 720{,}10 \text{ DM}$$

Soweit man Tabellen benutzen kann, ist der dritte Weg der einfachste, während der erste Weg zur Ableitung des Vorgehens am einleuchtendsten ist.

*****BASIC-Programm RAUF.3**

3.4.2. Die abgebrochene Rente

Wenn bei einer Rente nach Ablauf der Zahlungen noch eine Zeit liegt, in der der Wert der Rente weiter verzinst wird, dann spricht man von einer **abgebrochenen Rente.** Hier sei nur die abgebrochene nachschüssige Rente betrachtet. Der Karenzzeitraum g liegt nach der Rentenzahlung, die von t_0 bis t_{n-g} läuft. Hier wird – im Gegensatz zur aufgeschobenen Rente – der Gesamtbetrachtungszeitraum mit n bezeichnet.

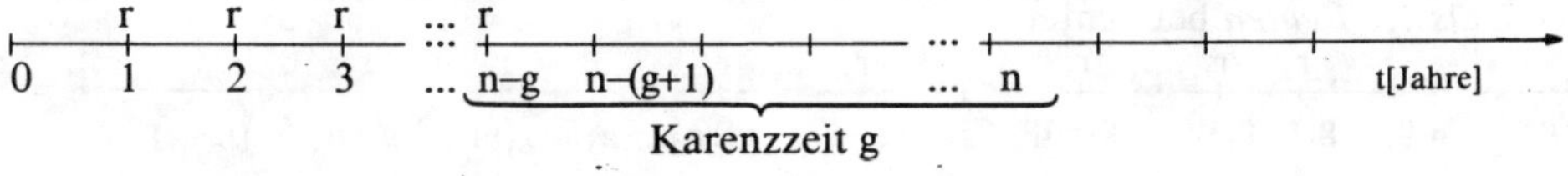

Der Barwert R_0 dieser Rente beträgt:

$$R_0 = r \cdot a_{n-g}$$

Er bleibt von der Verzinsung in t_{n-g} bis t_n unbetroffen, da für R_0 entsprechend abgezinst wird.

Der Endwert R_n besteht aus dem Endwert in t_{n-g} und der darauf erfolgenden Verzinsung über den Karenzzeitraum g.

$$R_{n-g} = r \cdot s_{n-g} \rightarrow$$

$$R_n = R_{n-g} \cdot q^g$$

$$\boxed{R_n = r \cdot s_{n-g} \cdot q^g}$$

Die letzte Beziehung läßt sich auf verschiedene Weise umformen:

$$\boxed{R_n = r \cdot \frac{q^{n-g} - 1}{q - 1} \cdot q^g}$$

$$= r \cdot \frac{q^{n-g} \cdot q^g - q^g}{q - 1}$$

$$\boxed{R_n = r \cdot \frac{q^n - q^g}{q - 1}}$$

Beispiel:

Eine nachschüssige Rente von 100 DM wird 15 Jahre lang gezahlt. Wie hoch ist bei 5% p.a. Zinsen der Wert der Rente 10 Jahre nach der letzten Zahlung? Es werden die Tabellen I und III des Anhangs benutzt.

Erster Weg:

$r = 100$ DM; $n = 25$; $g = 10$;
$i = 0{,}05$

$$R_n = r \cdot s_{n-g} \cdot q^g$$
$$= 100 \text{ DM} \cdot 21{,}57856 \cdot 1{,}628895$$
$$= 3514{,}91 \text{ DM}$$

Zweiter Weg:

$$R_n = r \cdot \frac{q^n - q^g}{q - 1}$$
$$= 100 \text{ DM} \cdot \frac{3{,}386355 - 1{,}628895}{0{,}05}$$
$$= 3514{,}92 \text{ DM}$$

*****BASIC-Programm RAB.3**

3.4.3. Die unterbrochene Rente

Ist eine Rentenzahlung in mehrere Gruppen aufgeteilt, zwischen denen zahlungsfreie Zeiten liegen können, dann spricht man von einer **unterbrochenen Rente.** Hier seien *nur nachschüssige Renten* betrachtet.

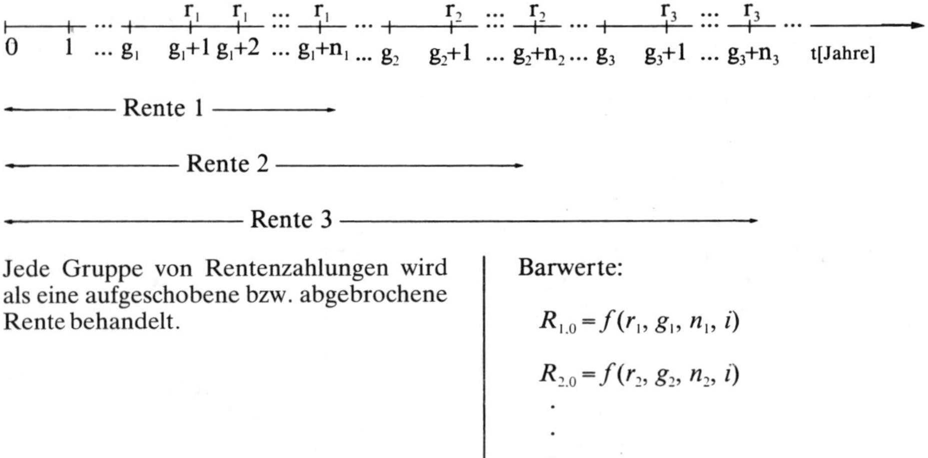

Jede Gruppe von Rentenzahlungen wird als eine aufgeschobene bzw. abgebrochene Rente behandelt.

Barwerte:

$$R_{1.0} = f(r_1, g_1, n_1, i)$$
$$R_{2.0} = f(r_2, g_2, n_2, i)$$
$$\vdots$$
$$R_{m.0} = f(r_m, g_m, n_m, i)$$

Der End- oder Barwert der gesamten Zahlungen ergibt sich aus der Summe der Endwerte bzw. Barwerte der Gruppen.

$$R_0 = R_{1.0} + R_{2.0} + \ldots + R_{m.0}$$
$$R_n = R_{1.n} + R_{2.n} + \ldots + R_{m.n}$$

Dabei können die Werte für die zu leistenden Zahlungen zwischen den Gruppen variieren.

$r_1 \neq r_2$ etc. zulässig

Für den Fall $r_1 = r_2 = \cdots = r_m$ kann der Index entfallen.

Den Gesamtbarwert ermittelt man unter Verwendung der Formel für den Barwert einer aufgeschobenen nachschüssigen Rente.

$$R_0 = R_{1.0} + R_{2.0} + \ldots + R_{m.0}$$

$$R_{1.0} = r \cdot \frac{q^{n_1} - 1}{(q-1)\, q^{n_1} \cdot q^{g_1}}$$

$$R_{2.0} = r \cdot \frac{q^{n_2} - 1}{(q-1)\, q^{n_2} \cdot q^{g_2}}$$

$$\vdots$$

$$R_{m.0} = r \cdot \frac{q^{n_m} - 1}{(q-1)\, q^{n_m} \cdot q^{g_m}}$$

$$\rightarrow R_0 = r \cdot \left[\frac{q^{n_1} - 1}{(q-1)\, q^{n_1} \cdot q^{g_1}} + \frac{q^{n_2} - 1}{(q-1)\, q^{n_2} \cdot q^{g_2}} + \ldots + \frac{q^{n_m} - 1}{(q-1)\, q^{n_m} \cdot q^{g_m}} \right]$$

$$\boxed{R_0 = r \cdot \sum_{l=1}^{m} a_{n_l} \cdot v^{g_l} = r\,(a_{n_1} \cdot v^{g_1} + a_{n_2} \cdot v^{g_2} + \ldots + a_{n_m} \cdot v^{g_m})}$$

Entsprechend ermittelt man den Rentenendwert unter Verwendung der Formel für den Endwert einer abgebrochenen nachschüssigen Rente.

Dabei ist zu ersetzen:

$g \rightarrow n - (g_l - n_l)$

$n - g \rightarrow n_l$ für $l = 1, 2, \cdots, m$

$$R_n = R_{1.n} + R_{2.n} + \ldots + R_{m.n}$$

$$R_{1.n} = r \cdot \frac{q^{n_1} - 1}{q - 1} \cdot q^{n-(g_1+n_1)}$$

$$R_{2.n} = r \cdot \frac{q^{n_2} - 1}{q - 1} \cdot q^{n-(g_2+n_2)}$$

$$\vdots$$

$$R_{m.n} = r \cdot \frac{q^{n_m} - 1}{q - 1} \cdot q^{n-(g_m+n_m)}$$

$$\rightarrow R_n = r \left(\frac{q^{n_1} - 1}{q - 1} \right) \cdot q^{n-(g_1+n_1)} + \frac{q^{n_2} - 1}{q - 1} \cdot q^{n-(g_2+n_2)} + \ldots + \frac{q^{n_m} - 1}{q - 1} \cdot q^{n-(g_m+n_m)}$$

$$\boxed{R_n = r \cdot \sum_{l=1}^{m} s_{n_l} \cdot q^{n-(g_l+n_l)} = r\,(s_{n_1} \cdot q^{n-(g_1+n_1)} + s_{n_2} \cdot q^{n-(g_2+n_2)} + \ldots + s_{n_m} \cdot q^{n-(g_m+n_m)})}$$

Die Beziehung zwischen Barwert und Endwert lautet auch hier:

$$R_n = R_0 \cdot q^n$$

Beispiel:

Ein Arbeitnehmer zahlt nachschüssig von seinem 18. bis 30. Lebensjahr 1200 DM pro Jahr, vom 32. bis 50. Lebensjahr 1800 DM und vom 51. bis 65. Lebensjahr 2400 DM in eine Versicherung ein.

$r_1 = 1200$ DM $\quad g_1 = 0, \quad n_1 = 12$

$r_2 = 1800$ DM $\quad g_2 = 14, \quad n_2 = 18$

$r_3 = 2400$ DM $\quad g_3 = 32, \quad n_3 = 15$

Wie hoch ist der Wert der Versicherung bei Eintritt ins Rentenalter bei einem Kalkulationszinssatz von 6% p.a.?

$$R_n = 1200 \text{ DM} \cdot s_n(0{,}06;12) \cdot q^{35} + 1800 \text{ DM} \cdot s_n(0{,}06;18) \cdot q^{15} + 2400 \text{ DM} \cdot s_n(0{,}06;15) = \underline{\underline{344779{,}85 \text{ DM}}}$$

Welcher gleichbleibende Betrag hätte jedes Jahr eingezahlt werden müssen, um den gleichen Rentenanspruch zu erhalten?

$$R_{47} = r \cdot s_{47} = 344\,779{,}85 \text{ DM}$$

$$\rightarrow \underline{\underline{r = 1430{,}04 \text{ DM}}}$$

Welche Rente pro Jahr kann dem Arbeitnehmer ohne Verlust beim gleichen Zinssatz und einer Lebenserwartung von 80 Jahren gezahlt werden?

$R_0 = 344\,779{,}85$
$i = 0{,}06$
$n = 15$
$r = R_0 : a_n(0{,}06;15) = \underline{\underline{35499{,}48 \text{ DM}}}$

*****BASIC-Programm RUB.3**

Die unterschiedlichen Rentengruppen können unterschiedlich lang sein; nimmt die Länge einer Rentengruppe den extremen Wert $n = 1$ an, dann verliert die Gruppe ihren Rentencharakter und wird zur **Einzelleistung.** Trotzdem kann sie im System der Renten verbleiben und formal gleich behandelt werden.

Dabei ist der häufigste Fall der, daß zu einem Anfangskapital $K_0 = r_1$ eine Reihe nachfolgender Zahlungen r_2 treten, deren gemeinsamer Endwert R_n zu bestimmen ist.

$$R_n = K_0 \cdot q^n + r_2 \cdot \frac{q^n - 1}{q - 1}$$

Die Zahlungsreihe kann aus Ein- oder Auszahlungen bestehen.

$$R_n = K_0 \cdot q^n \pm r \cdot \frac{q^n - 1}{q - 1}$$

Es können auch mehrere Einzelleistungen und/oder Renten der Berechnung zugrundeliegen. Wichtig ist nur, daß ein gemeinsamer Bezugszeitpunkt (n, 0 oder t) gewählt wird.

Beispiel:

Auf einem Konto stehen am 1.1.1958 12 400 DM; es werden jährlich nachschüssig 1440 DM eingezahlt. Wie hoch ist bei 6% p.a. Zinsen der Kontostand am 31.12.1971? (Es werden Tabelle I und III im Anhang benutzt.)

$K_0 = 12\,400$ DM; $r = 1440$ DM

$n = 14$; $i = 0{,}06$

$$\begin{aligned} R_n &= K_0 \cdot q^n + r \cdot s_n \\ &= 12\,400 \text{ DM} \cdot 2{,}260904 + 1440 \text{ DM} \cdot 21{,}01507 \\ &= 28\,035{,}21 \text{ DM} + 30\,261{,}70 \text{ DM} \\ &= \underline{\underline{58\,296{,}91 \text{ DM}}} \end{aligned}$$

3.5. Die Rentendauer

Die Dauer einer nachschüssigen Rentenzahlung ergibt sich aus der Rentenendwertformel durch Umformung.

$$R_n = r \cdot \frac{q^n - 1}{q - 1}$$

$$\frac{R_n}{r} = s_n = \frac{q^n - 1}{q - 1}$$

$$q^n = s_n (q - 1) + 1$$

$$n \cdot \lg q = \lg [1 + s_n (q - 1)]$$

$$\boxed{n = \frac{\lg [1 + s_n (q - 1)]}{\lg q}}$$

Ist der Rentenbarwert bekannt, so kann die Dauer einer nachschüssigen Rentenzahlung durch Umformung aus der Rentenbarwertformel gewonnen werden.

$$R_0 = r \cdot \frac{q^n - 1}{q^n (q - 1)}$$

$$\frac{R_0}{r} = a_n = \frac{1 - \frac{1}{q^n}}{q - 1}$$

$$1 - a_n \cdot (q - 1) = \frac{1}{q^n}$$

$$q^n = \frac{1}{1 - a_n (q - 1)}$$

$$\boxed{n = - \frac{\lg [1 - a_n (q - 1)]}{\lg q}}$$

Für die vorschüssige Rente ist die Dauer der Rente entsprechend abzuleiten, wobei die Rentenendwertformel benutzt wird.

$$R_{vn} = r \cdot q \cdot \frac{q^n - 1}{q - 1}$$

$$\frac{R_{vn}}{r} = s'_n = q \cdot \frac{q^n - 1}{q - 1}$$

$$s'_n \cdot \frac{1}{q} = \frac{q^n - 1}{q - 1}$$

$$q^n = s'_n \cdot \frac{q - 1}{q} + 1$$

$$\boxed{n = \frac{\lg \left(1 + s'_n \cdot \frac{q - 1}{q}\right)}{\lg q}}$$

Auf den Barwertfaktor bezogen erhält man:

$$R_{vo} = r \cdot q \cdot \frac{q^n - 1}{q^n (q-1)}$$

$$\frac{R_{vo}}{r} = a'_n = q \cdot \frac{q^n - 1}{q^n (q-1)}$$

$$a'_n \cdot \frac{1}{q} = \frac{1 - \frac{1}{q^n}}{q-1}$$

$$a'_n \cdot \frac{q-1}{q} = 1 - \frac{1}{q^n}$$

$$\frac{1}{q^n} = 1 - a'_n \cdot \frac{q-1}{q}$$

$$q^n = \frac{1}{1 - a'_n \cdot \frac{q-1}{q}}$$

$$\boxed{n = -\frac{\lg\left(1 - a'_n \frac{q-1}{q}\right)}{\lg q}}$$

Beispiel:

Eine nachschüssige Rente von 3000 DM hat heute einen Wert von 28 000 DM. Wie lange kann sie bei einem Zins von 6% p.a. gezahlt werden?

$R_0 = 28\,000$ DM; $r = 3000$ DM; $i = 0{,}06$

$$n = -\frac{\lg\,[1 - a_n\,(q-1)]}{\lg q}$$

$$= -\frac{\lg\,(1 - 9{,}\overline{3} \cdot 0{,}06)}{\lg q}$$

$$= -\frac{\lg 0{,}44}{\lg 1{,}06} = -\frac{-0{,}3565}{0{,}02531}$$

$$\underline{\underline{n = 14{,}09}}$$

Die im obigen Beispiel auftretende gemischtzahlige Lösung enthält das Problem der Interpretaton von nichtganzzahligen Elementen einer eigentlich ganzzahligen Menge oder anders: Wie ist eine Zahlung außerhalb eines vereinbarten Zahlungszeitpunktes zu verstehen?

Man behilft sich, indem man das gemischtzahlige Ergebnis in einen ganzzahligen Wert l und einen Wert y mit $0 \leq y < 1$ zerlegt.

$n = l + y$

l: ganzzahlig

$0 \leq y < 1$

Für den Barwert der Rente mit der Dauer n ist nun zu schreiben:

$$R_0 = r \cdot \frac{q^{l+y} - 1}{q^{l+y} \cdot (q-1)}$$

Man erhält Ausdrücke, die dem Barwert unterbrochener Renten entsprechen.

$$= r \left[\frac{q^l - 1}{q^l \cdot (q-1)} + \frac{q^y - 1}{q^{l+y} \cdot (q-1)} \right]$$

Dabei ist der zu l gehörende Ausdruck als Barwert einer Rente anzusehen; der zu y gehörende Ausdruck ist als Barwert einer Einzelleistung mit dem Betrag der Rente zum Zeitpunkt $l + y$ anzusehen, deren Wert auf verschiedene Zeitpunkte (l, $l + 1$, 0) umgerechnet werden kann:

$$r \cdot \frac{q^l - 1}{q^l \cdot (q-1)}$$

$$r \cdot \frac{q^y - 1}{q^{l+y} \cdot (q-1)}$$

a) Wählt man den Zeitpunkt 0, dann wird der Wert des nebenstehenden Ausdrucks vom Barwert R_0 subtrahiert und es verbleiben l Rentenzahlungen.

$$r \cdot \frac{q^y - 1}{q^{l+y} \cdot (q-1)} = R_{y;0}$$

b) Ebenso kann man aber im Zeitunkt l den nebenstehenden Betrag $R_{y,l}$ zusätzlich zu r auszahlen.

$$r \cdot \frac{q^y - 1}{q^y \cdot (q-1)} = R_{y;l} = R_{y;0} \cdot q^l$$

c) Eine weitere Möglichkeit besteht darin, in $l + 1$ den Betrag $R_{y,l+1}$ auszuzahlen.

$$r \cdot \frac{q^y - 1}{q^y \cdot (q-1)} \cdot q = r \cdot \frac{q^y - 1}{q - 1} \cdot q^{1-y}$$

$$= R_{y;0} \cdot q^{l+1} = R_{y;l+1}$$

d) Als vierte sinnvolle Lösung bietet sich an, den Wert $R_{y,l+y}$ in $n = l + y$ auszuzahlen.

$$r \cdot \frac{q^y - 1}{q - 1} = R_{y;0} \cdot q^{l+y} = R_{y;l+y}$$

e) Man kann den Restbetrag auch zu jedem beliebigen anderen Zeitpunkt auszahlen; das ist für die Praxis jedoch weniger sinnvoll.

Fortsetzung des Beispiels:

Es gilt $l = 14$, der dafür anzuwendende Barwert lautet:

$l = 14$

$R_0 = r \cdot a_n$
$= 3000$ DM $\cdot$ 9,294984
$= 27\,884{,}95$ DM

Es bleibt also

a) zu zahlen in $t = 0$: 115,05 DM

b) zu zahlen in $t = l$, am Ende des 14. Jahres:

3000 DM + 115,05 DM $\cdot q^l$

= 3000 DM + 260,12 DM
= 3260,12 DM

c) zu zahlen in $t = l + 1$, am Ende des 15. Jahres:

$$115{,}05\ \text{DM} \cdot q^{l+1}$$

$$= 115{,}05\ \text{DM} \cdot 2{,}396558$$

$$= 275{,}72\ \text{DM}$$

d) zu zahlen in $t = n = l + y$, nach 14,09 Jahren:

$$R_{y;l+y} = r \cdot \frac{q^y - 1}{q - 1}$$

$$= 3000\ \text{DM} \cdot \frac{1{,}00526 - 1}{1{,}06 - 1}$$

$$= 263\ \text{DM}$$

*****BASIC-Programm NR.3**

3.6. Unterjährige Zins- und Rentenzahlung

Bei der Betrachtung der Verzinsung war festgestellt worden, daß bei mehrfachem Zuschlag der anteiligen Zinsen innerhalb der Periode das Endkapital höher ist als bei Zinszuschlag am Ende der Periode allein. Das wirkt sich auch bei der Rentenzahlung aus, wo man zwei Möglichkeiten unterscheidet:

a) jährliche Rentenzahlung mit unterjähriger Verzinsung,

b) unterjährige Rentenzahlung mit ganzjähriger Verzinsung.

Der Fall von unterjähriger Rentenzahlung mit gleichartiger unterjähriger Verzinsung ist unproblematisch, da die bisher erarbeiteten Formeln dafür genügen, wenn man mit n die Zahl der Perioden bezeichnet.

Von praktischer Relevanz ist vor allem Fall b).

3.6.1. Jährliche Rentenzahlung mit unterjähriger Verzinsung

Es bestehe eine nachschüssige jährliche Rente r, die unterjährig nachschüssig verzinst wird. Um die Werte der Rente (Barwert, Endwert) berechnen zu können, hat man beide Prozesse – Verzinsung und Rentenzahlung – auf eine gemeinsame zeitliche Basis umzurechnen. Diese gemeinsame Basis kann

a) der Verzinsungszeitraum – die Periode $\frac{1}{m}$ Jahre – sein, dann ist eine **äquivalente (konforme) unterjährige Rente** r_k zu suchen oder

b) man verzinst r mit dem effektiven Zinssatz $j = \left(1 + \frac{i}{m}\right)^m - 1$.

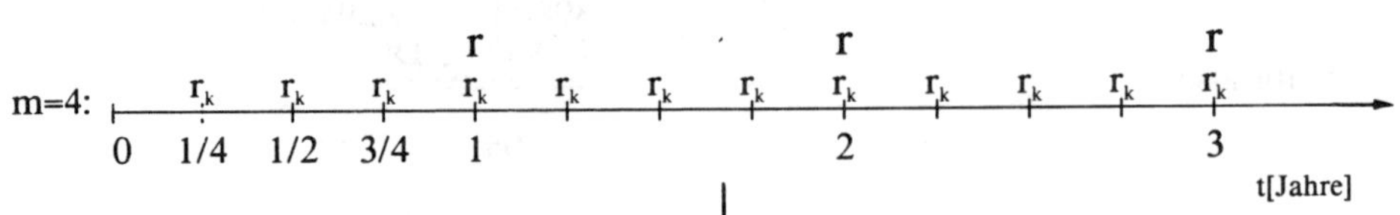

a) Anpassung der Rentenzahlung an die Verzinsung

Paßt man die Rentenzahlung an die Verzinsung an, dann ist eine unterjährige Rente r_k zu suchen, für die gilt:

$$r = r_k \cdot q_{rel}{}^{m-1} + r_k \cdot q_{rel}{}^{m-2} + \ldots + r_k$$

$$= r_k \left(q_{rel}{}^{m-1} + q_{rel}{}^{m-2} + \ldots + q_{rel} + 1\right)$$

Das in dieser Formel enthaltene q_{rel} wurde bei der unterjährigen Verzinsung verwendet und steht mit der Effektivverzinsung j im Zusammenhang:

$$r = r_k \cdot \frac{q_{rel}^m - 1}{q_{rel} - 1}$$

$$j = q_{rel}^m - 1$$

Wir ersetzen also:

$$r = r_k \cdot \frac{j}{i_{rel}}$$

Die konforme unterjährige Rente ergibt sich dann zu:

$$r_k = r \cdot \frac{i_{rel}}{j}$$

Beispiel:
Eine jährliche Rente von 1500 DM wird vierteljährlich verzinst; wie groß ist die konforme Rente bei $i = 0{,}06$?

$$r_k = 1500\,\text{DM} \cdot \frac{0{,}015}{0{,}0613636}$$

$$= 366{,}67\,\text{DM}$$

Auf der Grundlage dieser konformen unterjährigen Rente wird nun der Rentenendwert ermittelt.

$$R_n = r_k \cdot \frac{q_{rel}^{m \cdot n} - 1}{q_{rel} - 1}$$

Beispiel:
Die im obigen Beispiel errechnete konforme Rente werde 7 Jahre lang gezahlt. Wie groß ist der Endwert der Rente?

$$R_n = r_k \cdot \frac{q_{rel}^{n \cdot m} - 1}{q_{rel} - 1}$$

$$= 366{,}67\,\text{DM} \cdot s_{1.5;28}$$

$$s_{1.5:28} = \frac{1{,}015^{28} - 1}{1{,}015 - 1} = 34{,}48148$$

$$\rightarrow R_n = 366{,}67\,\text{DM} \cdot 34{,}48148$$

$$= 12643{,}32\,\text{DM}$$

Der Barwert der Rente beträgt:

$$R_0 = r_k \cdot \frac{q_{rel}^{m \cdot n} - 1}{q_{rel}^{m \cdot n}(q_{rel} - 1)}$$

$$= r_k \cdot a_{rel;\, m \cdot n}$$

$$a_{1.5:28} = 22{,}72672$$

$$R_0 = 366{,}67\,\text{DM} \cdot 22{,}72672$$
$$= 8333{,}20\,\text{DM}$$

*****BASIC-Programm RJU.3**

Nun sei eine nachschüssige jährliche Rente r mit vorschüssiger unterjähriger Verzinsung betrachtet.

$$r = r_{vk} \cdot \frac{q_{rel}^{m} - 1}{q_{rel} - 1}$$

$$= r_{vk} \cdot q_{rel} \cdot \frac{j}{i_{rel}}$$

$$\boxed{r_{vk} = \frac{r \cdot i_{rel}}{q_{rel} \cdot j} = r_k \cdot \frac{1}{q_{rel}}}$$

Um den Faktor $\frac{1}{q_{rel}}$ würden sich auch die End- und Barwerte verändern.

Beispiel:

Die jährliche Rente von 1500 DM wird bei vorschüssiger Verzinsung zu 6% p.a. Zinsen mit vierteljährlichem Zuschlag in eine äquivalente Rente r_{vk} umgewandelt.

$$r_{vk} = r \cdot \frac{i_{rel}}{j \cdot q_{rel}}$$

$$= 1500\,\text{DM} \cdot \frac{0{,}015}{0{,}0613636 \cdot 1{,}015}$$

$$\underline{\underline{= 361{,}25\,\text{DM}}}$$

b) Verzinsung von r mit dem effektiven Zinssatz j

Nimmt man die Rentenzahlung r als Bezugsgröße für die Verzinsung, dann muß man den Rentenendwert und den Rentenbarwert mit dem effektiven Zinssatz j berechnen.

$$\boxed{R_n = \frac{r}{j}\left[(1+j)^n - 1\right]}$$

$$\boxed{R_0 = \frac{r}{j} \cdot \frac{(1+j)^n - 1}{(1+j)^n}}$$

Beispiel (Fortsetzung von Seite 61):

Der Endwert der Rente von 1500 DM jährlich beträgt nach 7 Jahren bei 6% p.a. Zinsen:

$$R_n = \frac{r}{j}\left[(1+j)^n - 1\right]$$

$$\rightarrow j = (1{,}015)^4 - 1 = 0{,}0613636$$

$$\frac{r}{j} = 1500\,\text{DM} : 0{,}0613636$$

$$= 24444{,}48\,\text{DM}$$

$$(1+j)^n = 1{,}0613636^7 = 1{,}5172227$$

$$\rightarrow \underline{\underline{R_n = 12643{,}24\,\text{DM}}}$$

Der Barwert dieser Rente beträgt:

$$R_0 = R_n \cdot \frac{1}{(1+j)^n}$$

$$= 8333{,}15 \text{ DM}$$

Die Abweichungen von den Werten bei anderer Berechnung beruhen auf Rundungen.

3.6.2. Unterjährige Rentenzahlung und ganzjährige Verzinsung

Zur Berechnung des Wertes einer Rente, die unterjährig – z. B. monatlich nachschüssig – gezahlt, aber ganzjährig verzinst wird, gibt es zwei Möglichkeiten der Betrachtung. Man berechnet entweder eine fiktive äquivalente Jahresrente, oder man verzinst die unterjährige Rente mit einem äquivalenten unterjährigen Zinssatz. Hier wird der erste Weg gewählt.

Die monatlichen Renten r_k, werden innerhalb des Jahres einfach verzinst.

Bei m Renten im Jahr ergibt sich bei nachschüssiger Betrachtung (Zahlung von r_k und Verzinsung):

$$r = r_k\left(1 + \frac{m-1}{m} i\right) + r_k\left(1 + \frac{m-2}{m} i\right) + \ldots + r_k\left(1 + \frac{m-m}{m} i\right)$$

$$= r_k \cdot \left(m + \frac{m-1}{2} i\right)$$

Bei vorschüssiger Zahlung gilt entsprechend: für eine jährlich vorschüssige Rente

$$r_v = r_k\left(1 + \frac{m}{m} i\right) + r_k\left(1 + \frac{m-1}{m} i\right) + \ldots + r_k\left(1 + \frac{m-m+1}{m} i\right)]$$

$$= r_k\left(m + \frac{m+1}{2} i\right) \cdot \frac{1}{q}$$

Für die Jahresrente r wird mit dem ganzjährigen Zinssatz i der Endwert berechnet.

$$R_n = r \cdot s_n$$

nachschüssig

$$= r_k\left(m + \frac{m-1}{2} i\right) \frac{q^n - 1}{q-1}$$

bzw.

vorschüssig

$$R_{vn} = r_v \cdot q \cdot \frac{q^n - 1}{q-1}$$

$$= r_k\left(m + \frac{m+1}{2} i\right) \frac{q^n - 1}{q-1}$$

Der Barwert R_0 ist entsprechend zu ermitteln (hier: nachschüssig).

$$R_0 = r \cdot a_n$$

$$= r_k\left(m + \frac{m-1}{2} i\right) \frac{q^n - 1}{q^n (q-1)}$$

Beispiel:

Eine monatliche Einzahlung von 200 DM auf ein Konto wird mit 6% p.a. verzinst. Wieviel DM sind nach 5 Jahren auf dem Konto, wenn Zahlung und Verzinsung nachschüssig erfolgen und die Zinsen nur zum Jahresende zugeschlagen werden?

$r_k = 200$ DM; $i = 0{,}06$

$m = 12$; $n = 5$

$$R_n = r_k \cdot \left(m + \frac{m-1}{2} i\right) \frac{q^n - 1}{q - 1}$$

$$= 200\,\text{DM}\,(12 + 5{,}5 \cdot 0{,}06) \cdot 5{,}637093$$

$$= \underline{\underline{13901{,}07\,\text{DM}}}$$

Bei vorschüssiger Zahlung der Rente ergibt sich:

$$R_{vn} = r_k \left(m + \frac{m+1}{2} i\right) \frac{q^n - 1}{q - 1}$$

$$= 200\,(12 + 6{,}5 \cdot 0{,}06) \cdot 5{,}637093$$

$$= \underline{\underline{13968{,}72\,\text{DM}}}$$

***** BASIC Programm RUJ.3**

Übungsaufgaben zu Kapitel 3

Zu Abschnitt 3.1.

1. a) Eine nachschüssige Rente von 350 DM pro Jahr läuft bei 4% p.a. Zinsen 12 Jahre lang. Wie hoch ist ihr Endwert?
   b) Jemand zahlt 15 Jahre lang zum Jahresende 750 DM auf ein Konto ein, das mit 6% p.a. verzinst wird. Wieviel Geld besitzt er nach 15 Jahren?
   c) Die Ausbeute einer Kiesgrube ergibt jährlich 22 000 DM Gewinn, anfallend zum Jahresende. Wieviel hat sie nach 6 Jahren eingebracht, wenn mit 5,5% p.a. Zinsen gerechnet wird?
   d) Ein Geschäftshaus soll 20 Jahre lang 17 500 DM Ertrag, anfallend zum Jahresende, bringen. Wieviel hat es nach 20 Jahren bei 8% p.a. Zinsen eingebracht?
   e) Für eine Aussteuer legt ein Vater jährlich zum Jahresende 500 DM auf ein Sparkonto mit 3,5% p.a. Zinsen. Wieviel ist nach 25 Jahren verfügbar?
   f) Jemand zahlt bei einer Bausparkasse jährlich zum Jahresende 2400 DM ein. Wieviel hat er nach 12 Jahren bei 3% Zinsen angespart?
   g) Die am Jahresende anfallenden Mieteinnahmen einer Ferienwohnung von 4800 DM werden bei 5% p.a. angespart. Wieviel Geld ist nach 20 Jahren verfügbar?
2. a) Ermitteln Sie für 1.a) bis 1.g) die Barwerte der Renten.
   b) Es werden in 10 Jahren für einen geplanten Hausbau 300 000 DM benötigt. Wieviel muß jährlich nachschüssig angespart werden, wenn der Zinssatz 4,5% p.a. beträgt?
   c) Für eine Existenzgründung werden in vier Jahren 120 000 DM benötigt. Wieviel muß pro Jahr nachschüssig angespart werden, wenn die Zinsen 7% betragen?
   d) Jemand kann jedes Jahr zum Jahresende 10 000 DM sparen. Welchen Zinssatz muß er anstreben, wenn er nach 8 Jahren 100 000 DM haben will?
   e) Mit welchem Zinssatz rechnet eine Versicherung, die bei einer nachschüssig fälligen Jahresprämie von 2000 DM nach 20 Jahren ein Kapital von 60 000 DM ausweist?

Zu Abschnitt 3.2.

3. Ermitteln Sie die Bar- und Endwerte der Aufgaben 1.a) bis 1.g) bei Anfall der Zahlungen zum Jahresbeginn.

4. Jemand schuldet 8000 DM, die er in 6 gleichen Jahresbeträgen abzahlen will. Wie groß sind die Teilbeträge bei 8% Zinsen p.a., wenn

   a) nachschüssige, b) vorschüssige Auszahlung der Teilbeträge erfolgt?

5. Herr Meyer kauft ein belastetes Grundstück. Er will die Belastung in Höhe von 12 000 DM in 12 Jahren abgezahlt haben. Wie hoch sind bei 6% p.a. Zinsen die Abzahlungsbeträge, wenn sie am

   a) 31. Dezember jeden Jahres, b) 1. Januar jeden Jahres fällig sind?

6. Jemand besitzt 20 000 DM, die er in 10 Jahren gleichmäßig verbrauchen will. Wieviel darf er jedes Jahr bei 5% p.a. Zinsen am

   a) 31. Dezember, b) 1. Januar abheben?

7. Herr Müller benötigt für ein Haus, das er in 5 Jahren bauen will, noch 25 000 DM. Wieviel muß er jedes Jahr bei 4% p.a. Zinsen ansparen, wenn die Ansparbeträge gleich groß sein sollen und am

   a) 31. Dezember, b) 1. Januar jeden Jahres eingezahlt werden?

8. a) Eine Zahlungsverpflichtung von 4000 DM über 16 Jahre, fällig jeweils zum Jahresende, soll in eine zum Jahresanfang fällige, 10 Jahre laufende Zahlungsreihe umgewandelt werden. Wie groß ist die jeweilige Zahlung, wenn mit 6% p.a. verzinst wird?

   b) Zur Tilgung einer Schuld zahlt jemand am 1. Januar jährlich 5000 DM 20 Jahre lang. Wieviel muß er bei 5% p.a. Zinsen am 31. Dezember jeden Jahres bezahlen, wenn die Schuld in 7 Jahren abgetragen sein soll?

   c) Ein jährliche Zahlung von 2000 DM, fällig zum Jahresende, mit einer Laufzeit von 8 Jahren soll in eine gleich lang laufende Zahlungsreihe, fällig zum Jahresanfang, umgewandelt werden. Wie groß ist bei 6% p.a. Zinsen nun die jährliche Zahlung?

Zu Abschnitt 3.3.

9. a) Eine immer wiederkehrende Zahlung von 200 DM jährlich, fällig zum Jahresende, soll veräußert werden. Wie hoch ist der Kaufpreis bei einem Zinssatz von $i = 0{,}04$?

   b) Wie groß ist der Barwert einer nachschüssigen ewigen Rente von 5000 DM bei 8% p.a. Zinsen?

   c) Eine Erbpacht von 1200 DM, fällig zum 1. Januar jeden Jahres, wird mit einem Zins von 6% p.a. berechnet. Wie groß ist der Wert des Grundstücks?

   d) Jemand erhält zu Beginn jeden Jahres 3000 DM. Wieviel sollte er als einmalige Gegenleistung bei 5,5% p.a. Zinsen annehmen?

   e) Ein Anrecht auf eine Zahlung von 3000 DM an jedem Jahresende soll in eine zum gleichen Zeitpunkt fällige, aber nur 10 Jahre laufende Zahlungsreihe umgewandelt werden. Wieviel kann der Inhaber des Anrechts bei 3% p.a. Zinsen nun jährlich erwarten?

10. Eine Schuld von 80 000 DM soll bei 8% p.a. in 99 Jahren durch nachschüssige jährliche Zahlungen getilgt werden.
    Wie groß ist die jährliche Zahllast bei exakter Rechnung, und wie groß ist sie bei der Unterstellung: “99 Jahre ist ewig?”

11. Jemand zahlt zum 31. Dezember 1200 DM pro Jahr Erbpacht und rechnet mit 5% p.a. Zinsen. Das Grundstück wird mit 30 000 DM zum Verkauf angeboten.
   a) Sollte er das Angebot nutzen?
   b) Von welchem Zinssatz an wäre das Angebot interessant?
   c) Um wieviel müßte die Erbpacht bei gleichbleibendem Zinssatz steigen, um das Angebot interessant zu machen?

Zu Abschnitt 3.4.

12. Berechnen Sie den Barwert einer aufgeschobenen nachschüssigen Rente (Rentenlaufzeit: n)
   a) von 3 500 DM mit $n = 10$; $g = 5$; $i = 0{,}08$
   b) von 7 000 DM mit $n = 12$; $g = 10$; $i = 0{,}04$
   c) von 5 000 DM mit $n = 15$; $g = 20$; $i = 0{,}06$
   d) von 10 000 DM mit $n = 5$; $g = 8$; $i = 0{,}05$
13. Berechnen Sie den Endwert einer abgebrochenen nachschüssigen Rente (Rentenlaufzeit: $n - g$)
   a) von 800 DM mit $n = 22$; $g = 10$; $i = 0{,}06$
   b) von 1500 DM mit $n = 25$; $g = 8$; $i = 0{,}07$
   c) von 4800 DM mit $n = 10$; $g = 3$; $i = 0{,}05$
   d) von 3600 DM mit $n = 30$; $g = 5$; $i = 0{,}04$
   e) Berechnen Sie die Werte für a) und b) bei vorschüssiger Zahlung.
14. a) Eine nachschüssige Rente von 2400 DM, deren erste Zahlung in 5 Jahren erfolgt und die 10 Jahre gezahlt werden soll, ist in eine vorschüssige Rente, die sofort zu laufen beginnt und 12 Jahre dauert, umzuwandeln. Wie groß ist die neue Rente bei 6% p.a. Zinsen?
   b) Eine um 13 Jahre aufgeschobene nachschüssige Rente von 12 Jahren Dauer in Höhe von 6000 DM ist in eine in 5 Jahren beginnende 15jährige Rente umzuwandeln. Wie groß ist die neue Rente bei 5% p.a. Zinsen?
   c) Eine nachschüssige Rente von 10 000 DM läuft über 10 Jahre. Wie groß ist ihr Wert in 14 Jahren? Wie groß ist eine äquivalente Rente, die heute beginnt und 6 Jahre nachschüssig läuft, wenn mit 8% p.a. kalkuliert wird?
   d) Eine jährlich nachschüssig fällige Zahlung von 6000 DM soll in eine Reihe von 15 Zahlungen umgerechnet werden, die nach 6 Jahren beginnen soll. Wie groß sind die zu leistenden Zahlungen, wenn mit 4% p.a. Zinsen gerechnet wird?
15. Eine Arbeitnehmerin zahlt von ihrem Arbeitslohn im Jahr 300 DM Sozialversicherung. Sie arbeitet vom 15. bis 20., vom 30. bis 35. und vom 45. bis 50. Lebensjahr. Die Abführung der Versicherungsbeiträge erfolgt nachschüssig; sie werden mit 6% p.a. verzinst.
   a) Wie hoch ist der Wert der Versicherungsbeiträge bei Beginn des Rentenalters (Ende des 60. Lebensjahres)?
   b) Wieviel DM müßte der Staat bei der Geburt der Arbeitnehmerin auf ein Konto einzahlen, um ihr den gleichen Rentenanspruch zu gewährleisten?
   c) Wie oft könnte eine nachschüssige Jahresrente von 3000 DM von Beginn des Rentenalters an aus dem Endwert der Sozialversicherungsbeiträge gezahlt werden?
16. Ein Arbeitnehmer zahlt jährlich nachschüssig folgende Sozialversicherungsbeiträge:
   vom 17. bis 25. Lebensjahr 500 DM
   vom 26. bis 35. Lebensjahr 700 DM
   vom 36. bis 40. Lebensjahr keine (z. B. arbeitslos),
   vom 41. bis 55. Lebensjahr 800 DM
   vom 56. bis 65. Lebensjahr 600 DM

Es werden 5% p.a. Zinsen berechnet.

a) Wie groß ist der Wert der Beiträge zu Beginn des Rentenalters (Ende des 65. Lebensjahres)?
b) Wie groß ist der Wert der Beiträge zu Beginn der Lehrzeit (Ende des 15. Lebensjahres)?
c) Wie groß hätte ein konstanter Beitrag sein müssen, der ununterbrochen geleistet worden wäre und den gleichen Rentenwert erbracht hätte?
d) Wieviel DM Jahresrente kann der Arbeitnehmer aus seinen Beiträgen beziehen, wenn mit 15 Jahren nachschüssiger Rentenzahlung gerechnet wird?

17. Auf einen Sparvertrag sollen jährlich 2000 DM zum 31. Dezember eingezahlt werden. Nach 3 Jahren läßt der Sparer den Vertrag ruhen und nimmt die Zahlungen nach 4 weiteren wieder auf. Wieviel DM sind bei 7% p.a. nach 10 Jahren angespart?

18. a) Herr Müller hat 10 000 DM auf seinem Konto und zahlt 1500 DM jährlich zum 31. Dezember auf das Konto ein. Es werden 6% p.a. Zinsen bezahlt; wieviel DM hat Herr Müller nach 10 Jahren?
    b) Herr Müller hat sich hinsichtlich der Ratenzahlung versichert, so daß sie weiterläuft, als er nach 5 Jahren stirbt. Wieviel DM können seine Erben sofort erhalten, wenn sie mit 8% p.a. Zinsen rechnen müssen?

19. Herr Meier spart seit 1960 jährlich 3000 DM; seine Frau spart von ihrem Einkommen seit 1965 jährlich 2000 DM. Der Zinssatz beträgt 4%. 1980 bauen sie ein Haus für 300 000 DM. Das Haus soll bis zum Jahr 2005 bezahlt sein. Wieviel DM müssen bei 7% Zinsen pro Jahr aufgebracht werden (nachschüssige Zahlungsweise)?

20. Herr Schulze hat zur Finanzierung seines Hauses verschiedene Darlehen aufgenommen, die zu folgenden nachschüssigen Zahlungen für ihn führen: Von 1980 bis 1985 jährlich 10 000 DM, von 1986 bis 1992 jährlich 8000 DM, von 1993 bis 2003 jährlich 6000 DM. Herr Schulze möchte eine gleichbleibende Belastung bis zum Jahr 2013 haben; wie hoch ist diese bei einem Zinssatz von 5%?

Zu Abschnitt 3.5.

21. Wieviel Jahre kann eine Rente von 2785 DM zum 31. Dezember ausgezahlt werden, deren Barwert 32 555,50 DM beträgt, wenn 5% p.a. Zinsen berechnet werden?

22. Eine Verpflichtung von 84 364,50 DM ist fällig. Wieviel Ratenzahlungen sind erforderlich, wenn bei 4% p.a. Zinsen am Ende jeden Jahres 8000 DM gezahlt werden sollen?

23. Ein Bausparvertrag über 90 000 DM wird durch nachschüssige Einzahlung von jährlich 2700 DM erfüllt; es werden 3% p.a. Zinsen gezahlt.
    a) Am Ende welchen Jahres ist wenigstens ein Drittel der Bausparsumme angespart?
    b) Wie ändert sich der Termin unter a), wenn nachschüssig jährlich eine Prämie von 300 DM auf die Einzahlungsbeträge kommt?
    c) Die Differenz von Bausparsumme und angesparten Beträgen einschließlich der Prämien wird nach Erreichen des Drittels der Bausparsumme (Ergebnis b) in vollen Jahren) mit Jahresbeträgen von 5400 DM bei 5% p.a. Zinsen abgetragen. Wann erfolgt die letzte Zahlung an den Kreditgeber?

24. Ein 20-jähriger möchte im Alter von 30 Jahren ein Haus bauen, das 250 000 DM kosten wird. Er kann zur Zeit jährlich 5000 DM sparen und erhält 5% Zinsen.
    a) Wie lange wird es dauern, wenn er nach Erreichen des 30. Lebensjahres bei gleichem Zinssatz jährlich 12 000 DM aufbringen kann, bis das Haus bezahlt ist?
    b) Wieviel länger müßte er sparen, wenn er bei gleicher Abzahlungsdauer nur 10 000 DM jährlich aufbringen will (nachschüssige Zahlungsweise)?

25. Jemand hat 100 000 DM geerbt. Wie lange kann er davon bei 6% p.a. zehren, wenn er 12 000 DM pro Jahr zum 1.1. abheben will? Wie lange würde es reichen, wenn er nur 8000 DM abhebt?

26. Ein Großvater hat seinem Enkel 50 000 DM für sein Studium ausgesetzt. Wieviel Jahre kann der Enkel studieren, wenn er 7200 DM pro Jahr benötigt und mit 4% p.a. Zinsen rechnet (vorschüssige Zahlungsweise)?

Zu Abschnitt 3.6.

27. Ermitteln Sie den Barwert folgender Renten:
    a) 5000 DM zum Jahresende fällig, verzinst mit 6% p.a. bei halbjährlichem Zuschlag, Laufzeit 10 Jahre.
    b) 3000 DM zum Jahresende fällig, mit 5% p.a. bei vierteljährlichem Zuschlag verzinst, Laufzeit 12 Jahre.
    c) 1000 DM, 15 Jahre lang an jedem Jahresende fällig, mit 1% in jedem Quartal nachschüssig verzinst.
    d) 2000 DM, 8 Jahre lang an jedem Jahresende fällig, mit 8% p.a. bei monatlichem Zuschlag verzinst.

28. Ermitteln Sie den Endwert folgender Renten bei jährlichem Zinszuschlag:
    a) 400 DM monatlich nachschüssig für 6 Jahre zu zahlen, verzinst mit 5% p.a.
    b) 800 DM an jedem Quartalsende in den nächsten 10 Jahren fällig, verzinst mit 6% p.a.
    c) 350 DM an jedem Monatsersten in den nächsten 5 Jahren fällig, verzinst mit 4% p.a.
    d) 500 DM an jedem Monatsende in den nächsten 8 Jahren fällig, verzinst mit 7% p.a.

29. Jemand hat ein Monatseinkommen von 1800 DM (nachschüssig). Er kann sich mit 10 000 DM aus seinem Vermögen selbständig machen; dabei betragen die Einkommensaussichten für die nächsten 5 Jahre 15 000 DM pro Jahr, für die darauffolgenden 15 Jahre 30 000 DM pro Jahr (nachschüssig). Welche der Einkommensmöglichkeiten ist in den 20 Jahren bei 6% p.a. Zinsen jährlich nachschüssig vorteilhafter?

30. Jemand zahlt an jedem Monatsende 200 DM auf sein Bausparkonto ein, das jährlich nachschüssig mit 3,5% verzinst wird. Wieviel ist nach 7 Jahren angespart?

31. Ein Bauspardarlehen von 140 000 DM ist mit 4,5% zu verzinsen; wieviel ist monatlich nachschüssig zu zahlen, wenn das Darlehen in 12 Jahren abgelöst sein soll?

32. Ein Student erhält monatlich nachschüssig 360 DM Ausbildungsdarlehen; der Betrag ist später mit 4% p.a. Zinsen zurückzuzahlen; die Zinsen werden jährlich nachschüssig berechnet. Wie hoch ist der Betrag nach Abschluß eines Studiums von 4 Jahren?

4. Die Tilgungsrechnung

Wird eine Schuld durch Zahlung mehrerer Raten getilgt, so nennt man sie eine **Tilgungsschuld** oder **Amortisationsschuld.** Die Zahlungen, bestehend aus Tilgung und Zinsen, sowie die Schuldreste eines jeden Jahres werden im allgemeinen in einem Tilgungsplan aufgeführt. Sind die Tilgungsraten in jedem Jahr gleich hoch, dann spricht man von **Ratentilgung.**
Ist hingegen die Summe aus jeweiliger Tilgungsrate und Zinsen in jedem Jahr gleich groß, dann spricht man von **Annuitätentilgung.** Die Summe von Tilgung und Zinsen heißt **Annuität.**

Bei der Tilgungsrechnung geht man grundsätzlich von *nachschüssiger Zahlung und Verzinsung* aus; beide Eigenschaften werden daher grundsätzlich unterstellt, wenn nichts anderes gesagt ist.

4.1. Die Ratentilgung

Für die **Ratentilgung** gilt, daß die Tilgungsraten T_i in jeder Periode gleich groß sind.

$$T_1 = T_2 = \ldots = T_i = \ldots = T_n = \text{const} = T$$

→ Tilgungsrate: T

Die Höhe der Tilgungsraten ergibt sich aus der Schuld, dividiert durch die Zahl der Tilgungen:

$$T_i = T = \frac{K_0}{n}$$

Die Annuität eines jeden Jahres ist die Summe der Tilgungsrate und der Zinsen, wobei die Zinsen Z_i vom jeweiligen Schuldrest abhängen und deshalb mit ihm abnehmen.

Annuität:

$$A_i = T_i + Z_i$$

Beispiel:
Eine Schuld von 80 000 DM, die in 4 Jahren in gleichen Raten zu tilgen ist, wird bei 4% p.a. Zinsen wie folgt abgebaut:

Tilgungsplan (Beträge in DM)				
Jahr	Restschuld	Zinsen	Tilgung	Annuität
1	80 000	3 200	20 000	23 200
2	60 000	2 400	20 000	22 400
3	40 000	1 600	20 000	21 600
4	20 000	800	20 000	20 800
		8 000	80 000	88 000

Die Restschuld K_k ist dabei die am Anfang des jeweiligen k-ten Jahres, d. h. die Schuld am Ende des Vorjahres; Zinsen, Tilgung und Annuität sind Zahlungen am Jahresende.

$$K_k = K_{k-1} - T = K_0 - k \cdot T$$

Weiterhin zeigen sich im Tilgungsplan zwei wesentliche Bedingungen, die immer zu kontrollieren sind:

Die Schuld muß voll getilgt werden.

$$\boxed{\sum_{i=1}^{n} T_i = K_0}$$

Die Zahlungen (Annuitäten) bestehen aus Tilgung und Zinsen.

$$\boxed{\sum_{i=1}^{n} A_i = \sum_{i=1}^{n} (T_i + Z_i)}$$

$$= K_0 + \sum_{i=1}^{n} Z_i$$

Die Zinsen des ersten Jahres betragen:

$$Z_1 = K_0 \cdot i$$

die des zweiten:

$$Z_2 = (K_0 - T) \cdot i$$

die des k-ten ($k = 1, 2, \cdots, n$):

$$Z_k = [K_0 - (k-1)\, T] \cdot i$$

Um die Ratenzahlung mit einer sofortigen Barzahlung vergleichen zu können, braucht man den Barwert Z_0 der Zinsen, d. h. die Summe der diskontierten Zinsbeträge.

$$Z_0 = \sum_{k=1}^{n} Z_k \cdot q^{-k}$$

Daraus ergibt sich:

$$Z_0 = \sum_{k=1}^{n} [K_0 - (k-1) \cdot T] \cdot i \cdot q^{-k}$$

$$= \sum_{k=1}^{n} K_0 \cdot i \cdot q^{-k} - \sum_{k=1}^{n} (k-1) \cdot T \cdot i \cdot q^{-k}$$

oder ausführlich geschrieben:

$$Z_0 = K_0 \cdot i \cdot \underbrace{q^{-1} \cdot (1 + q^{-1} + q^{-2} + \ldots + q^{-(n-1)})}_{a_n}$$

$$- T \cdot i \cdot \underbrace{(q^{-2} + 2 \cdot q^{-3} + 3 \cdot q^{-4} + \ldots + (n-1) \cdot q^{-n})}_{\bar{s}}$$

Der Faktor von $K_0 \cdot i$ ist gleich dem Rentenbarwertfaktor a_n.

$$q^{-1} \cdot (1 + q^{-1} + q^{-2} + \ldots + q^{-(n-1)})$$

$$= \frac{q^n - 1}{q^n (q-1)} = a_n$$

Der Faktor von $T \cdot i$ ist zu ermitteln und wird mit $\bar{s}$ bezeichnet.

$$\bar{s} = q^{-2} + 2q^{-3} + 3q^{-4} + \ldots + (n-1)\,q^{-n}$$

Es werden einige Umformungen vorgenommen:

$$\left.\begin{aligned} \bar{s} \cdot q &= q^{-1} + 2q^{-2} + 3q^{-3} + \ldots + (n-1)\,q^{-(n-1)} \\ \bar{s} &= \phantom{q^{-1} +{}} q^{-2} + 2q^{-3} + \ldots + (n-2)\,q^{-(n-1)} + (n-1)\,q^{-n} \end{aligned}\right\} -$$

$$\bar{s} \cdot q - \bar{s} = q^{-1} + q^{-2} + q^{-3} + \ldots + q^{-(n-1)} - (n-1)\,q^{-n}$$

$$\bar{s} \cdot i = q^{-1} + q^{-2} + q^{-3} + \ldots + q^{-(n-1)} + q^{-n} - n \cdot q^{-n}$$

In der letzten Gleichung ist wiederum der Rentenbarwertfaktor enthalten.

$$\bar{s} \cdot i = \frac{q^n - 1}{q^n \cdot (q-1)} - n \cdot q^{-n}$$

$$\bar{s} = \frac{a_n}{i} - \frac{n}{i \cdot q^n}$$

Der Barwert der Zinsen kann nun berechnet werden, wobei man $q - 1 = i$ und $K_0 = T \cdot n$ verwendet.

$$Z_0 = \frac{K_0 \cdot i\,(q^n - 1)}{q^n \cdot i} - T \cdot i \cdot \left(\frac{a_n}{i} - \frac{n}{i \cdot q^n} \right)$$

$$= \frac{K_0 \cdot (q^n - 1)}{q^n} - T \cdot a_n + T \cdot n \cdot \frac{1}{q^n}$$

$$= \frac{K_0 \cdot (q^n - 1)}{q^n} + \frac{K_0}{q^n} - T \cdot a_n$$

$$= \frac{K_0 \cdot (q^n - 1) + K_0}{q^n} - T \cdot a_n$$

$$= K_0 - T \cdot a_n$$

Der Barwert der Zinsen und der Barwert der Tilgungen ergeben das Anfangskapital K_0.

$$\boxed{Z_0 = K_0 - T \cdot \frac{q^n - 1}{q^n \cdot (q-1)}}$$

oder:

$$Z_0 = T \cdot (n - a_n)$$

Daraus läßt sich ableiten, daß der Barwert aller Zahlungen (Annuitäten) gleich der Anfangsschuld ist.

$$A_0 = \sum_{k=1}^{n} A_k \cdot q^{-k}$$

$$= \sum_{k=1}^{n} (T_k + Z_k) \cdot q^{-k}$$

$$= \sum_{k=1}^{n} T_k \cdot q^{-k} + \sum_{k=1}^{n} Z_k \cdot q^{-k}$$

$$= T \cdot \sum_{k=1}^{n} q^{-k} + Z_0$$

$$A_0 = T \cdot a_n + Z_0 = K_0$$

Beispiel:

Man berechnet den Barwert der Zinsen des Beispiels oben; es wird Tabelle IV im Anhang verwendet.

$K_0 = 80000$ DM; $i = 0{,}04$;

$n = 4$

$$Z_0 = K_0 - T \cdot a_n$$
$$= 80000 \text{ DM} - 20000 \text{ DM} \cdot 3{,}629895$$
$$= 7402{,}10 \text{ DM}$$

Man kann diesen Betrag auch durch Summation der diskontierten Zinsbeträge ermitteln.
Wegen der Abrundung von v^n ist der einfachere erste Weg auch der genauere.

$$Z_0 = Z_1 \cdot q^{-1} + Z_2 \cdot q^{-2} + Z_3 \cdot q^{-3} + Z_4 \cdot q^{-4}$$
$$= 3076{,}93 \text{ DM} + 2218{,}94 \text{ DM} + 1422{,}40 \text{ DM} + 683{,}84 \text{ DM}$$
$$= 7402{,}11 \text{ DM}$$

*****BASIC-Programm RT.4**

4.2. Die Annuitätentilgung

Bei der **Annuitätentilgung** mit gleichbleibender Summe A von Tilgungsrate und Zinsen müssen wegen der abnehmenden Zinsbeträge die Tilgungsbeträge von Jahr zu Jahr zunehmen, und zwar um genau den gleichen Betrag, damit A konstant bleibt. Die Zinsen Z_1 des ersten Jahres werden im zweiten Jahr um $T_1 \cdot i$ verringert, da der Schuldrest sich um T_1 verringert.

$$A_1 = A_2 = \ldots = A_k = \ldots A_n = \text{const} = A$$

$$A = T_k + Z_k$$

$$Z_1 = K_0 \cdot i$$

$$Z_2 = (K_0 - T_1) \cdot i = Z_1 - T_1 \cdot i$$

Damit die Annuität konstant bleibt, muß T_2 um $T_1 \cdot i$ größer sein als T_1.

$$T_2 = T_1 + T_1 \cdot i = T_1 \cdot q$$

Im Zeitablauf ergeben sich für K_k, Z_k und T_k folgende Werte:

Jahr	Schuldrest	Zinsen	Zinsersparnis	Tilgung
1	K_0	Z_1	–	T_1
2	$K_1=K_0-T_1$	$Z_2=Z_1-T_1 \cdot i$	$T_1 \cdot i$	$T_2= T_1+T_1 \cdot i=T_1 \cdot q$
3	$K_2=K_1-T_2$	$Z_3=Z_2-T_2 \cdot i$	$T_2 \cdot i$	$T_3= T_2+T_2 \cdot i=T_1 \cdot q^2$
•	•	•	•	•
•	•	•	•	•
•	•	•	•	•
k	$K_{k-1}=K_{k-2}-T_{k-1}$	$Z_k=Z_{k-1}-T_{k-1} \cdot i$	$T_{k-1} \cdot i$	$T_k=T_{k-1}+T_{k-1} \cdot i =T_1 \cdot q^{k-1}$

Davon ist besonders wichtig:

$$T_k = T_1 \cdot q^{k-1}$$

Da die Schuld genau getilgt werden soll, muß gelten:

$$K_0 = \sum_{k=1}^{n} T_k$$

$$= \sum_{k=1}^{n} T_1 \cdot q^{k-1}$$

$$= T_1 \cdot \sum_{k=1}^{n} q^{k-1}$$

Für $\sum_{k=1}^{n} q^{k-1}$ ist $s_n = \frac{q^n - 1}{q - 1}$ zu setzen.

$$\boxed{K_0 = T_1 \cdot s_n}$$

Wir erhalten also für die erste Tilgungsrate T_1:

$$T_1 = K_0 : s_n$$

Die erste Tilgungsrate ergibt zusammen mit den Zinsen des ersten Jahres die Annuität:

$$\boxed{A = T_1 + K_0 \cdot i}$$

oder:

$$\boxed{T_1 = A - K_0 \cdot i}$$

Die Restschuld K_k eines Jahres k erhalten wir über die Summe der bisher getilgten Beträge T_t.

$$\sum_{t=1}^{k} T_t = \sum_{t=1}^{k} T_1 \cdot q^{t-1} = T_1 \cdot \frac{q^k - 1}{q - 1}$$

$$= T_1 \cdot s_k$$

Dieser Betrag ist von der Anfangsschuld zu subtrahieren.

$$K_k = K_0 - \sum_{t=1}^{k} T_l$$

$$\boxed{K_k = K_0 - T_1 \cdot s_k}$$

Aus der Bestimmungsgleichung für T_1 läßt sich der Schuldrest auch schreiben als:

$$K_k = T_1 \cdot s_n - T_1 \cdot s_k$$

$$\boxed{K_k = T_1 (s_n - s_k)}$$

Für den Fall, daß für s_n, s_k keine Tabellenwerte zur Verfügung stehen, läßt sich die Formel $K_k = K_0 - T_1 \cdot s_k$ weiter umformen.

$$K_k = K_0 - T_1 \cdot s_k$$

$$= K_0 - T_1 \cdot s_k \cdot \frac{s_n}{s_n}$$

$$= K_0 - K_0 \cdot \frac{s_k}{s_n}$$

$$\boxed{K_k = K_0 \left(1 - \frac{s_k}{s_n}\right)}$$

oder:

(Der Bruch wurde um $q - 1$ gekürzt.)

$$\boxed{K_k = K_0 \left(1 - \frac{q^k - 1}{q^n - 1}\right)}$$

Von der Anfangsschuld K_0 aus kann man auch direkt die Annuität berechnen, da die Anfangsschuld als Barwert einer Rente in Höhe der Annuität angesehen werden kann.

$$K_0 = A \cdot a_n$$

$$= A \cdot \frac{q^n - 1}{q^n (q-1)}$$

$$\boxed{A = K_0 \cdot \frac{1}{a_n}}$$

Den Faktor $\frac{1}{a_n} = \frac{q^n(q-1)}{q^n-1}$ findet man als **Annuitätenfaktor** bezeichnet (für $n = 1, 2, \cdots, 50$ und $i = 0{,}01, \cdots, 0{,}12$ in der Tabelle V im Anhang). Aus den Beziehungen zwischen Anfangsschuld und Annuität einerseits und zwischen Anfangsschuld und erster Tilgungsrate andererseits, ergibt sich als Beziehung von Annuität und erster Tilgungsrate:

$$K_0 = A \cdot a_n$$

$$K_0 = T_1 \cdot s_n$$

$$A \cdot a_n = T_1 \cdot s_n$$

$$A \cdot \frac{q^n - 1}{q^n (q-1)} = T_1 \cdot \frac{q^n - 1}{q - 1}$$

$$\boxed{A = T_1 \cdot q^n}$$

oder:

$$\boxed{T_1 = A \cdot v^n}$$

Zur Ermittlung des Schuldrests aus der Annuität dient die Formel:

$$K_k = K_0 \left(1 - \frac{q^k - 1}{q^n - 1}\right)$$

Es wird K_0 durch $A \cdot a_n$ ersetzt und umgeformt.

$$= A \cdot \frac{q^n - 1}{q^n (q-1)} - A \cdot \frac{(q^n - 1)(q^k - 1)}{q^n (q-1)(q^n - 1)}$$

$$= A \cdot \frac{q^n - 1}{q^n (q-1)} - A \cdot \frac{q^k - 1}{q^n (q-1)}$$

$$= A \cdot \frac{(q^n - 1) - (q^k - 1)}{q^n (q-1)}$$

$$= A \cdot \frac{q^n - q^k}{q^n (q-1)}$$

$$= A \cdot \frac{(q^{n-k} - 1)\, q^k}{q^{n-k} (q-1)\, q^k}$$

$$\boxed{K_k = A \cdot \frac{q^{n-k} - 1}{q^{n-k} (q-1)} = A \cdot a_{n-k}}$$

Die Zinsen im Jahr k lassen sich nach dem eingangs gezeigten Schema angeben zu:

$$Z_k = Z_1 - i \cdot T_1 \frac{q^{k-1} - 1}{q - 1}$$

$$= Z_1 \cdot i \cdot T_1 \, s_{k-1}$$

Der Barwert der Zinszahlungen vom Jahr 1 bis zum Jahr k ist der Barwert der Annuitäten vermindert um den Barwert der Tilgungsbeträge in diesen Jahren:

$$Z_{ok} = A \cdot \frac{q^k - 1}{q^k (q - 1)} - \frac{k \cdot T_1}{q}$$

$$= A \cdot a_k - k \cdot \frac{T_1}{q}$$

Beispiel:

Eine Schuld von 1 000 000 DM soll in 5 Annuitäten bei 4% p.a. Verzinsung getilgt werden.

$K_0 = 1\,000\,000$ DM; $n = 5$; $i = 0{,}04$

Wie groß ist die Annuität?

Tabelle V wird verwendet.

$$A = K_0 \cdot \frac{1}{a_n}$$

$= 1\,000\,000$ DM $\cdot\, 0{,}22462711$

$= 224\,627{,}11$ DM

Wie groß ist die erste Tilgungsrate?

$T_1 = A - K_0 \cdot i$

$= 224\,627{,}11$ DM $- 40\,000$ DM

$= 184\,627{,}11$ DM

Wie groß ist der Schuldrest zu Beginn der 5. Periode?

Erster Weg:
Tabelle III im Anhang wird verwendet.

$K_4 = K_0 - T_1 \cdot s_4$

$= 1\,000\,000$ DM $- 184\,627{,}11$ DM $\cdot\, 4{,}246464$

$= 1\,000\,000$ DM $- 784\,012{,}38$ DM

$= 215\,987{,}62$ DM

Zweiter Weg:
(mit Tabelle III im Anhang)

$K_4 = T_1 \, (s_5 - s_4)$

$= 184\,627{,}11$ DM $(5{,}416323 - 4{,}246464)$

$= 184\,627{,}11$ DM $\cdot\, 1{,}169859$

$= 215\,987{,}69$ DM

Dritter Weg:
(mit Tabelle IV im Anhang)

$K_4 = A \cdot a_{5-4}$

$= A \cdot a_1$

$= 224\,627{,}11$ DM $\cdot\, 0{,}961538$

$= 215\,987{,}50$ DM

Die Wahl des Weges hängt davon ab, welcher Ausgangswert (T_1, A, K_0) bereits verfügbar ist.

Die Tilgungsraten, die man alle für den Tilgungsplan benötigt, braucht man nicht einzeln formelmäßig aus der Anfangsschuld zu entwickeln. Statt dessen kann man sie schrittweise aus der Grundbeziehung ableiten.

$$T_k = T_{k-1} + T_{k-1} \cdot i$$
$$= T_{k-1} \cdot q$$

Für diese Rechnung stellt man ein als **Tilgungsschema** bezeichnetes Rechenschema auf, das bei der Annuität A beginnt und sukzessiv über T_1 bis T_n zur Annuität A zurückführt. Das ergibt gleichzeitig eine Rechenkontrolle.

	$A =$	224 627,11 DM
–	$Z_1 =$	40 000,00 DM
=	$T_1 =$	184 627,11 DM
+	$T_1 \cdot i =$	7 385,08 DM
=	$T_2 =$	192 012,19 DM
+	$T_2 \cdot i =$	7 680,49 DM
=	$T_3 =$	199 692,68 DM
+	$T_3 \cdot i =$	7 987,71 DM
=	$T_4 =$	207 680,39 DM
+	$T_4 \cdot i =$	8 307,22 DM
=	$T_5 =$	215 987,61 DM
+	$T_5 \cdot i =$	8 639,50 DM
=	$A =$	224 627,11 DM

Neben dem Tilgungsschema kann parallel ein als **Zinsschema** bezeichnetes Rechenschema zur Berechnung der Zinsen Z_k geführt werden, in dem die gleichen Änderungswerte $T_k \cdot i$ angewendet werden. $T_5 \cdot i$ und Z_5 stimmen überein. Bei abgerundeter Rechnung können hier Abweichungen entstehen.

	$Z_1 =$	40 000,00 DM
–	$T_1 \cdot i =$	7 385,08 DM
=	$Z_2 =$	32 614,92 DM
–	$T_2 \cdot i =$	7 680,49 DM
=	$Z_3 =$	24 934,43 DM
–	$Z_3 \cdot i =$	7 987,71 DM
=	$Z_4 =$	16 946,72 DM
–	$T_4 \cdot i =$	8 307,22 DM
=	$Z_5 =$	8 639,50 DM

Durch Einsetzen der Werte aus Tilgungs- und Zinsenschema ergibt sich der Tilgungsplan, wobei sich der Schuldrest auf den Jahresanfang, die übrigen Werte auf das Jahresende beziehen:

Tilgungsplan (Beträge in DM)				
Jahr	Schuldrest	Zinsen	Tilgung	Annuität
1	1 000 000,00	40 000,00	184 627,11	224 627,11
2	815 372,89	32 614,92	192 012,19	224 627,11
3	623 360,70	24 934,43	199 692,68	224 627,11
4	423 668,02	16 946,72	207 680,39	224 627,11
5	215 987,63	8 639,50	215 987,63	224 627,13
		123 135,57	1 000 000,00	1 123 135,57

In der letzten Stelle können Abweichungen um 0,01 bis 0,02 DM auftreten.

*****BASIC-Programm AT.4.**

Neben der Forderung einer **konstanten Laufzeit** einer Tilgungsschuld sind auch folgende Fälle von Bedeutung:
a) Es ist neben dem Zinssatz ein **Tilgungssatz** vorgegeben.
b) Es ist die **Annuität** vorgegeben.

Der Fall a) ist der Standardfall bei Hypotheken. Ist etwa ein Tilgungssatz i_T (jährlich nachschüssig) gefordert, so berechnet sich die Annuität am Ende des Jahres 1 zu:

$$A = \underbrace{K_0 \cdot i}_{\text{Zinsen } Z_1} + \underbrace{K_0 \cdot i_T}_{\text{Tilgung } T_1}$$

$$= K_0 (i + i_T)$$

Diese Annuität bleibt bis zur Abzahlung der Hypothek (oder bis zum Ende der vereinbarten Laufzeit) konstant, wodurch im Laufe der Jahre die Tilgungsrate auf Grund der fallenden Zinsen wächst. Bei vereinbarter Laufzeit ergibt sich am Ende ein Schuldrest K_K (siehe oben). Zur Berechnung der Laufzeit n einer solchen Tilgungsschuld wird die bekannte Gleichung $K_0 = T_1 \cdot s_n$ verwendet.

$$K_0 = T_1 \cdot s_n$$

$$\rightarrow s_n = \frac{K_0}{T_1}$$

$$= \frac{K_0}{K_0 \cdot i_T} = \frac{1}{i_T}$$

$$\frac{q^n - 1}{q - 1} = \frac{1}{i_T}$$

$$q^n = \frac{1}{i_T} (q - 1)$$

$$= \frac{i}{i_T}$$

$$q^n = \frac{i}{i_T} + 1$$

$$\boxed{n = \frac{\lg\left(\frac{i}{i_T} + 1\right)}{\lg q}}$$

Im Anhang sind Tabellen (Tabellen IX-XI) zur Laufzeitermittlung in Abhängigkeit von i und i_T zu finden.

Es läßt sich zeigen, daß die Laufzeit n nicht nur bei wachsender Tilgungsrate i_T, sondern auch bei wachsendem Zinssatz i abnimmt!

Beispiel:

Eine Hypothek über 100 000 DM werde mit einem Zinssatz von 9% p.a. und einem Tilgungssatz von 1,5% abgeschlossen (jährlich nachschüssige Zins- und Tilgungszahlung). Berechnen Sie die Laufzeit der Hypothek.

$K_0 = 100\,000$ DM
$i = 0{,}09$
$i_T = 0{,}015$

$$n = \frac{\lg\left(\frac{0{,}09}{0{,}015} + 1\right)}{\lg(1{,}09)} \approx \underline{\underline{22{,}58}}$$

Die Laufzeit beträgt (vgl. Tabelle IX) ca. 22,58 Jahre.

Ist die Annuität A vorgegeben, so können bei gegebenen Zinssatz i und gegebener Schuld K_0 die Tilgung und die Tilgungsrate i_T berechnet werden.

$$A = T_1 + K_0 \cdot i$$

$$\rightarrow \boxed{T_1 = A - K_0 \cdot i}$$

$$T_1 = K_0 \cdot i_T$$

$$\rightarrow K_0 \cdot i_T = A - K_0 \cdot i$$

$$i_T = \frac{A - K_0 \cdot i}{K_0}$$

$$\boxed{i_T = \frac{A}{K_0} - i}$$

Beispiel (Fortsetzung):

Wie lang ist für die vorgenannte Hypothek die Restlaufzeit, wenn 50 000 DM getilgt sind?

$i = 0{,}09$
$i_T = 0{,}015$
$K_0 = 100\,000$
$K_k = 50\,000$

Da $i = 0{,}09$ vorgegeben ist, muß für die Restlaufzeitberechnung noch i_{TR} bestimmt werden.

$$A = 100\,000 \text{ DM } (i + i_T) = 100\,000 \cdot 0{,}105 = 10\,500 \text{ DM}$$

$$i_{TR} = \frac{A}{K_k} - i = \frac{10\,500}{50\,000} - 0{,}09 = 0{,}12 = 12\%$$

Die Laufzeit wird mit der bereits bekannten Formel berechnet, zu deren Auswertung auch Tabelle IX (mit $i = 0{,}09$ und $i_T = 0{,}12$) verwendet werden kann.

$$n = \frac{\lg\left(\frac{i}{i_{TR}} + 1\right)}{\lg q} = \frac{\lg\left(\frac{0{,}09}{0{,}12} + 1\right)}{\lg(1{,}09)}$$

Die Laufzeit beträgt ca. 6,5 Jahre.

$$\approx \underline{\underline{6{,}49}}$$

In der Praxis treten auch Annuitätstilgungen mit z. B. vierteljährlichen oder monatlichen nachschüssigen Zahlungen und Verzinsungen auf (Hypotheken, Bauspardarlehen).

Sind der Zinssatz i und die Tilgungsrate i_T sowie die Anzahl m der Perioden pro Jahr gegeben, so läßt sich die Laufzeit n der Schuld in Jahren wie nebenstehend berechnen.

$$i \rightarrow \frac{i}{m}, \quad i_T \rightarrow \frac{i_T}{m}$$

$$\rightarrow n = \frac{1}{m} \cdot \frac{\lg\left(\frac{i/m}{i_T/m} + 1\right)}{\lg(1 + i/m)}$$

$$\boxed{n = \frac{1}{m} \cdot \frac{\lg\left(\frac{i}{i_T} + 1\right)}{\lg\left(1 + \frac{i}{m}\right)}}$$

Im Anhang befinden sich Tabellen für $m = 4$ und $m = 12$ (Tabelle X und XI). Man kann zeigen, daß mit wachsenden m die Laufzeit n (in Jahren) abnimmt.

Beispiel:

Welche Laufzeit besitzt eine Hypothek mit einem Zinssatz von 9,5% und einem Tilgungssatz von 1% bei vierteljährlicher Zahlungsweise?

$i = 0{,}095$
$i_T = 0{,}01$
$m = 4$

$$n = \frac{1}{4} \cdot \frac{\lg\left(\frac{0{,}095}{0{,}01} + 1\right)}{\lg\left(1 + \frac{0{,}095}{4}\right)}$$

$$\approx \underline{\underline{25{,}04}}$$

Die Laufzeit der Hypothek beträgt ca. 25 Jahre.

4.3. Tilgung und Stückelung

Neben dem Ratenkauf ist der typische Fall der Tilgung einer Schuld in Raten die **Anleihe oder Obligation.** Das gilt in besonderem Maße für Schulden, die über einen längeren Zeitraum hinweg als Annuitätsschuld getilgt werden. Diese Anleihen, die von großen Unternehmen oder von den verschiedenen Stellen der "öffentlichen Hand" begeben werden, sind im allgemeinen für den Handel als Wertpapiere in Stücke mit einem bestimmten **Nennbetrag** aufgeteilt. Der Mindestnennbetrag für ein Stück beträgt – zur Zeit in der BRD – 100 DM. Weiterhin sind Stücke zu 500 DM, 1000 DM und 10 000 DM üblich.

Die Gesamtschuld K_0, aus einer Reihe von Stücken bestehend, wird bei der Ratentilgung in n gleich große Raten $T = K_0 : n$ geteilt. Ist also die Zahl der in der Gesamtschuld enthaltenen Stücke jeder Sorte durch die Zahl der Tilgungsjahre teilbar, dann läßt sich eine gleichbleibende jährliche Tilgungsrate beibehalten. Anderenfalls müßte mit wechselnden Raten getilgt oder die Gesamtschuld an die Tilgungsmöglichkeiten angepaßt werden.

Beispiel:

Eine Schuld von 1 000 000 DM, bestehend aus 500 Stück zu 100 DM und 50 Stück zu 1000 DM, soll in 5 gleichbleibenden Jahresraten bei 6% p.a. Zinsen getilgt werden.

Tilgungsplan mit Stückelung (Beträge in DM)					
Jahr	Schuldrest	Zinsen	Stücke zu 100	Stücke zu 1000	Annuität
1	100 000	6 000	100	10	26 000
2	80 000	4 800	100	10	24 800
3	60 000	3 600	100	10	23 600
4	40 000	2 400	100	10	22 400
5	20 000	1 200	100	10	21 200
		18 000	500	50	118 000

Die Stückelung einer Ratentilgung ist also relativ unproblematisch.

Demgegenüber ist die Zuordnung der Tilgungsraten einer Annuitätsschuld zu den Stücken schwieriger durchzuführen, da die Tilgungsbeträge variieren und rechnerisch im allgemeinen nicht restlos auf Stücke zu verteilen sind. Um die Abweichungen der Tilgung, die in ganzen Stücken ausgedrückt ist und **gestückelte Tilgung** genannt wird, von der Tilgung, die nach den Formeln errechnet wurde und deshalb **rechnerische Tilgung** heißt, gleichmäßig auf die verschiedenen Sorten (zu 100 DM, zu 1000 DM usw.) und die Jahre 1, 2, $\cdots$, n zu verteilen und diese Abweichung außerdem möglichst gering zu halten, gibt es einige Möglichkeiten. Dabei wird von einem bereits ermittelten rechnerischen, d. h. die Stückelung unberücksichtigt lassenden Tilgungsplan ausgegangen, wie er beispielsweise in 4.2. gegeben ist.

Ist nur eine Sorte von Stücken vorhanden, dann empfiehlt es sich, die Tilgungsbeträge zu stückeln.

Die Stückzahl t ergibt sich aus der rechnerischen Tilgungsrate T_k plus dem Rückstand R_{k-1} der Vorperiode dividiert durch den Stückbetrag S.

$$t = \frac{T_k + R_{k-1}}{S}$$ und t ganzzahlig durch Auf- oder Abrunden

Der Rückstand R_k der Periode k ergibt sich aus der rechnerische Tilgungsrate T_k plus dem Rückstand der Vorperiode R_{k-1} minus die tatsächliche Tilgung.

$$R_k = T_k + R_{k-1} - t \cdot S$$

und $-S < R_k < S$

Die Zinsen auf den Rückstand der Periode k werden den rechnerischen Zinsen, das sind die Zinsen ohne Stückelung, der Periode $k+1$ zugeschlagen und ergeben damit zusammen die tatsächlichen Zinsen $Z_{k+1,\text{tats.}}$ in $k+1$. Dieser Zinszuschlag erfolgt, da der Tilgungsrückstand die Schuld erhöht, und für ein Jahr nachschüssig verzinst wird.

$$K_{k,\text{tats.}} = K_k + R_k$$

Beispiel:

Es wird das erste Beispiel aus 4.2. fortgesetzt. Ein Stück sei $S = 500$ DM.

Stückelungsschema (Beträge in DM)						
Jahr	Rechnerische Tilgungsrate	Stückzahl t	Tatsächliche Tilgung	Rückstand R_k	Zinsen für Rückstand	Tatsächliche Zinsen
1	184 627,11	369	184 500	127,11	5,08	40 000
2	192 012,19	384	192 000	139,30	5,57	32 620
3	199 692,68	400	200 000	−168,02	−6,72	24 940
4	207 680,39	415	207 500	12,37	0,50	16 940
5	215 987,63	432	216 000			8 640
					4,43	123 140

Tilgungsplan					
Jahr	Restschuld zum Jahresbeginn	Zinsen «««.	Tilgung .zu zahlen am	Stücke Jahresende	Annuität . . . .»»»
1	1 000 000,00	40 000,00	184 500,00	369	224 500,00
2	815 500,00	32 620,00	192 000,00	384	224 620,00
3	623 500,00	24 940,00	200 000,00	400	224 940,00
4	423 500,00	16 940,00	207 500,00	415	224 440,00
5	216 000,00	8 640,00	216 000,00	432	224 640,00
	Summen:	123 140,00	1 000 000,00	2000	1 123 140,00
	Barwerte:	112 373,96	887 626,04	---	1 000 000,00

*****BASIC-Programm TS1.4**

Es ergibt sich, daß die Annuität um insgesamt 500 DM schwankt ($A_4 - A_3 = 500$ DM). Außerdem sind die Zinsen um 4,43 DM höher als bei der ungestückelten Tilgung, wie die Summe der Zinsen für die Restbeträge zeigt. Diese zusätzlichen Zinsen sind für das längere Verbleiben der Rückstände beim Schuldner zu zahlen. Man kann die Stückelung statt nach Erstellung eines rechnerischen Tilgungsplanes auch im Tilgungsschema vornehmen (vgl. 4.2.).

Tilgungsraten in DM	Stücke	Rückstand in DM
$A = 224\,627{,}11$		
$- Z_1 = 40\,000{,}00$		
$T_1 = 184\,627{,}11$	369	127,11
$+T_1 \cdot i = 7\,385{,}08$		
$T_2 = 192\,092{,}19$	384	139,30=127,11 + 12,19
$+T_2 \cdot i = 7\,680{,}49$		
$T_3 = 199\,692{,}68$	400	−168,02
$+T_3 \cdot i = 7\,987{,}71$		
$T_4 = 207\,680{,}39$	415	12,37
$+T_4 \cdot i = 8\,307{,}22$		
$T_5 = 215\,987{,}61$	432	
	2000	

Anstelle der Umrechnung kann man das Tilgungsschema auch gleich in Stücken aufstellen, indem man die Annuität und alle anderen Zahlen in Stücke umrechnet.

Annuität in Stück = $A : S$

$\rightarrow 224627{,}11 : 500 = 449{,}252$

Es werden solange Rückstände gebildet, bis diese wenigstens 0,5 Stück betragen.

Es ergibt sich dann:

Tilgung in Stücken	Stück	Rückstand in Stücken
$A = 449{,}25$		
$-\ Z_1 = 80{,}00$		
$T_1 = 369{,}25$	369	0,25
$+T_1 \cdot i = 14{,}78$		
$T_2 = 384{,}03$	384	+0,03 = 0,28
$+T_2 \cdot i = 15{,}36$		
$T_3 = 399{,}39$	400	0,28 + 0,39 = 0,67
$+T_3 \cdot i = 15{,}97$		→ 1 − 0,67 = 0,33
$T_4 = 415{,}36$	415	−0,33 + 0,36
$+T_4 \cdot i = 16{,}61$		
$T_5 = 431{,}97$	432	+0,97 = 1,00 − 1 = 0
$+T_5 \cdot i = 17.28$		
$A = 449{,}25$	2000	

Treten in einer Anleihe mehrere Stückelungen (Sorten) auf, dann muß auch die Tilgung jeder Periode in diesen verschiedenen Stückelungen erfolgen. Dafür gibt es zwei Wege:

a) Jede Stücksorte wird als eine Anleihe für sich betrachtet und gestückelt. Die gestückelten Tilgungen werden dann in einem gemeinsamen Tilgungsplan zusammengefaßt; man geht also den bereits aufgezeigten Weg für eine Anleihe mehrfach nacheinander oder nebeneinander. Die bei den Annuitäten der einzelnen Jahre auftretenden Verschiebungen wiederholen sich gleichmäßig und kumulieren sich durch die parallele Zusammenfassung.

b) Die verschiedenen Mengen der Stücke jeder Periode werden gemeinsam aus der gesamten rechnerischen Tilgungsrate dieser Periode ermittelt. Dazu wird die Restschuld eines jeden Jahres im Stückverhältnis aufgeteilt, d. h. nach den relativen oder prozentualen Anteilen s_i des Wertes der Stücke an der Anfangsschuld.

Schreibweisen:

$$\sum_{i=1}^{\bar{s}} S_i : K_0 = s_i$$

$$\sum_{i=1}^{\bar{s}} s_i = 1{,}00$$

oder

$$\frac{\sum_{i=1}^{\bar{s}} S_i}{K_0} \cdot 100 = s_i$$

$$\sum_{i=1}^{\bar{s}} s_i = 100\%$$

Hier wird nur der Weg a) empfohlen, da nur dadurch sichergestellt ist, daß bis zum Ende alle Sorten verfügbar sind und gleichmäßig behandelt werden.

4.4. Tilgung mit tilgungsfreier Zeit

Eine Anleihe kann derart vereinbart werden, daß die Tilgung erst nach mehreren Jahren beginnt. Die Anfangsschuld wird in den Jahren, in denen nicht getilgt wird, nur verzinst. Im Gegensatz zum Problem der aufgeschobenen Rente wird die Verzinsung jedoch ausbezahlt, so daß sich der Wert der Anfangsschuld über die tilgungsfreie Zeit hinweg nicht verändert.

Tilgungszeit n und tilgungsfreie Zeit g ergeben zusammen die Laufzeit.

$$n + g = \text{Laufzeit}$$

Der Tilgungsplan wird durch die tilgungsfreie Zeit nicht wesentlich verändert. Er enthält nur zusätzlich die tilgungsfreien Jahre mit der Zinszahlung.

Beispiel:

Eine Schuld von 1 000 000 DM, die zu 4% p.a. verzinst wird, soll nach 3 tilgungsfreien Jahren in 5 Jahren in gleichbleibenden Annuitäten getilgt werden. Die Schuld ist zu 5000 DM gestückelt.

(Tilgungs- und Stückelungsschema siehe letztes Beispiel in 4.3.).

$K_0 = 1\,000\,000$ DM
$i = 0{,}04$
$n = 5$
$g = 3$
$S = 500$ DM

Tilgungsplan					
Jahr	Restschuld zum Jahresbeginn	Zinsen	Tilgung	Stücke	Annuität
		«««..........	..zu zahlen am	Jahresende	..........»»»
1	1 000 000,00	40 000,00	0,00	0	40 000,00
2	1 000 000,00	40 000,00	0,00	0	40 000,00
3	1 000 000,00	40 000,00	0,00	0	40 000,00
4	1 000 000,00	40 000,00	184 500,00	369	224 500,00
5	815 500,00	32 620,00	192 000,00	384	224 620,00
6	623 500,00	24 940,00	200 000,00	400	224 940,00
7	423 500,00	16 940,00	207 500,00	415	224 440,00
8	216 000,00	8 640,00	216 000,00	432	224 640,00
	Summen:	243 140,00	1 000 000.00	2000	1 243 140,00
	Barwerte:	210 903,69	789 096,31	---	1 000 000,00

*****BASIC-Programm TTF.4**

Der Endbetrag von Zinsen und Annuität erhöht sich gegenüber dem Beispiel in 4.2. um $g \cdot K_0 \cdot i$, also um 120 000 DM.

$$g \cdot K_0 \cdot i = 120\,000 \text{ DM}$$

4.5. Tilgung mit Aufgeld

In einer Anleihe kann bestimmt sein, daß bei der Rückzahlung auf den jeweiligen Tilgungsbetrag ein Aufschlag zu zahlen ist. Dieses **Aufgeld oder Agio** ist im allgemeinen ein fester Satz a auf 100 DM Tilgung, ausgedrückt in DM.

In gleicher Weise kann auch ein **Abschlag oder Disagio** in Höhe von a DM auf 100 DM Tilgung vereinbart weden; in der nachfolgenden Rechnung gilt für diesen Fall $a < 0$.

In den Tilgungsplan ist bei der Berechnung von Aufgeld eine zusätzliche Spalte für das Agio (bzw. Disagio) aufzunehmen.

Bei Ratentilgung ist wegen T = const. auch die Agiosumme $\frac{a \cdot T}{100}$ in der Aufgeldspalte konstant; die Annuitäten erhöhen sich jeweils um den konstanten Betrag $\frac{a \cdot T}{100}$. Bei der Annuitätentilgung mit den steigenden Tilgungsbeträgen gibt es zwei Möglichkeiten:

a) Das Aufgeld wird nicht in die Annuitätsberechnung einbezogen, sondern hinterher zu Tilgung und Zinsen addiert.

$$A = T_k + Z_k + \frac{a}{100} \cdot T_k$$

$$= T_k \left(1 + \frac{a}{100}\right) + Z_k$$

Da aber T_k genau um den Betrag von einer Peiode zur anderen wächst, um den Z_k fällt, wachsen die Annuitäten um den nebenstehenden Betrag.

$$A_k - A_{k-1} = T_{k-1} \cdot \frac{i \cdot a}{100}$$

Diese Veränderung der Annuität (ihr stetiges Wachstum) entspricht nicht dem Sinn der Annuität. Diese Möglichkeit, das Aufgeld zu berücksichtigen, ist daher abzulehnen.

b) Die Annuitäten werden von vornherein unter Berücksichtigung des Aufgeldes ermittelt.

Das Aufgeld ist für jede Tilgungsrate T_k ein konstanter Bruchteil.

$$\text{Agio} = T_k \cdot \frac{a}{100}$$

Die Anfangsschuld ist die Summe aller Tilgungen.

$$K_0 = \sum_{k=1}^{n} T_k$$

Das Aufgeld ist demnach ein Bruchteil von K_0.

$$K_0^* = K_0 + K_0 \cdot \frac{a}{100}$$

Die Anfangsschuld einschließlich des Aufgeldes wird als K_0^* definiert.

$$\boxed{K_0^* = K_0 \left(1 + \frac{a}{100}\right)}$$

Auf der Grundlage von K_0^* werden **Tilgungsraten** T_0^* ermittelt, in denen das Aufgeld enthalten ist. Dabei darf man jedoch nicht den Zinssatz i anwenden, da sonst das in K_0^* enthaltene Aufgeld mitverzinst würde. Das ist aber nicht der Sinn des Aufgeldes; man würde K_0 zu hoch verzinsen.

Es ist ein **Ersatzzins** i^* einzuführen, bei dem die Verzinsung von K_0^* der Verzinsung von K_0 mit i entspricht.

$$K_0 \cdot i = K_0^* \cdot i^*$$

$$K_0 \cdot i = K_0 \left(1 + \frac{a}{100}\right) \cdot i^*$$

$$i^* = \frac{K_0 \cdot i}{K_0 \left(1 + \frac{a}{100}\right)}$$

$$i^* = \frac{i}{1 + \frac{a}{100}}$$

Mit Hilfe dieses Zinssatzes werden die übrigen Größen hergeleitet, wobei a_n^* den **Barwertfaktor einer Rente für** i^* und A^* die **Annuität unter Berücksichtigung des Aufgeldes** darstellt.

$$a_n^* = \frac{(1 + i^*)^n - 1}{(1 + i^*)^n \cdot i^*}$$

$$A^* = K_0^* : a_n^*$$

Zwischen Tilgung ohne Aufgeld T_k und Tilgung mit Aufgeld T_k^* besteht die Beziehung:

$$T_k^* = T_k \left(1 + \frac{a}{100}\right)$$

Zur Berechnung des Tilgungsschemas dient die Beziehung ($q^* = 1 + i^*$):

$$T_k^* = T^*_{k-1} \cdot q^*$$

In dieser Beziehung ist der Umrechnungsfaktor $\left(1 + \frac{a}{100}\right)$ mehrfach enthalten.

$$T_k^* = T^*_{k-1} + T^*_{k-1} \cdot i^*$$

$$T_k^* = T^*_{k-1} + T_{k-1} \left(1 + \frac{a}{100}\right) \cdot i \cdot \frac{1}{1 + \frac{a}{100}}$$

$$T_k^* = T^*_{k-1} + T_{k-1} \cdot i$$

Beispiel:

Eine Schuld von 10 000 DM, die mit 4% p.a. verzinst wird, soll in 3 Jahren abgetragen werden. Bei jeder Tilgung ist ein Aufgeld von 10% zu zahlen. Jedes Jahr soll einschließlich des Aufgeldes ein gleich großer Betrag zu zahlen sein. Wie sieht der Tilgungsplan aus?

$K_0 = 10\,000$ DM
$i = 0{,}04$
$n = 3$
$a = 10$

$$K_0^* = K_0 \cdot \left(1 + \frac{a}{100}\right)$$

$$= 10\,000 \text{ DM} \left(1 + \frac{10}{100}\right) = \underline{\underline{11\,000 \text{ DM}}}$$

$$i^* = \frac{1}{1 + \frac{a}{100}}$$

$$= \frac{0{,}04}{1{,}1} = \underline{\underline{0{,}036364}}$$

$$\frac{1}{a_n^*} = \frac{i^*}{1 - \frac{1}{(1+i^*)^n}}$$

$$= \frac{0{,}036364}{1 - \frac{1}{1{,}036364^3}} = \underline{\underline{0{,}35786}}$$

$$A^* = K_0^* \cdot \frac{1}{a_n^*}$$

$$= 11\,000 \text{ DM} \cdot 0{,}35786$$
$$= \underline{\underline{3\,936{,}50 \text{ DM}}}$$

Es ergibt sich folgendes Tilgungsschema mit den Tilgungsraten ohne Aufgeld und parallel dazu das Zinsschema:

Tilgungs- und Zinsschema (Beträge im DM)				
Rechenschritt	Tilgung mit Aufgeld T_k^*	Aufgeldfaktor $1 + \frac{a}{100}$	Tilgung ohne Aufgeld T_k	Zinsen
$A^* =$	3936,50			
$- \; Z_1 =$	400,00			$Z_1 = 400{,}00$
$= \; T_1^* =$	3536,50	:1,1	$= T_1 = 3215{,}00$	
$+ \; T_1 \cdot i =$	128,60			$- T_1 \cdot i = 128{,}60$
$= \; T_2^* =$	3665,10	:1,1	$= T_2 = 3331{,}91$	$= \; Z_2 = 271{,}40$
$+ \; T_2 \cdot i =$	133,28			$- T_2 \cdot i = 133{,}28$
$= \; T_3^* =$	3798,38	:1,1	$= T_3 = 3453{,}07$	$= \; Z_3 = 138{,}12$
$+ \; T_3 \cdot i =$	138,12			
$= \; A^* =$	3936,50			

$T_3 \cdot i = Z_3$

Ob man mit i oder i^* rechnet, hängt davon ab, welches der Produkte $T_k^* \cdot i^*$ oder $T_k \cdot i$ einfacher zu berechnen ist.

Tilgungsplan					
Jahr	Restschuld zum Jahresbeginn	Zinsen	Tilgung	Aufgeld	Annuität
		«««...........	.zu zahlen am	Jahresende	...........»»»
1	10 000,00	400,00	3 215,01	321,50	3 936,51
2	6 784,99	271,40	3 331,92	333,19	3 936,51
3	3 453,07	138,12	3 453,07	345,31	3 936,50
	Summen:	809,52	10 000,00	1000,00	11 809,52
	Barwerte:	758,33	9 241,67	924,17	10 000,00

*****BASIC-Programm ATA.4**

Übungsaufgaben zu Kapitel 4

Zu Abschnitt 4.1.

1. Eine Schuld von 60 000 DM ist in 5 Jahresraten bei 5% p.a. Zinsen zu tilgen. Erstellen Sie den Tilgungsplan.
2. 90 000 DM sollen in 9 gleich großen Jahresraten getilgt werden. Erstellen Sie den Tilgungsplan bei 7% p.a. Zinsen.
3. 180 000 DM sollen bei 5,5% p.a. Zinsen in 12 gleich großen Jahresraten getilgt werden. Was kostet die Ratenzahlung den Schuldner?
4. Ein Grundstück im Werte von 250 000 DM soll verkauft werden. Der Käufer will diesen Betrag in 10 Jahresraten bezahlen. Was kostet ihn der Ratenkauf bei 8% p.a. Zinsen?

Zu Abschnitt 4.2.

5. Ein Schuld von 2 400 000 DM soll in 8 Jahren so getilgt werden, daß jedes Jahr der gleiche Betrag anfällt. Es werden 6% p.a. Zinsen berechnet. Erstellen Sie den Tilgungsplan.
6. Der Schuldrest des 20. Jahres einer Annuitätenschuld beträgt 186 798,30 DM; die Schuld läuft insgesamt 40 Jahre mit 5% p.a. Zinsen. Erstellen Sie den Tilgungsplan für das 25. bis 30. Jahr der Tilgung.
7. Die 3. Tilgungsrate einer Annuitätenschuld beträgt 19 942,78 DM bei einem Zinssatz von 5,5% p.a. Die Schuld wird in 5 Jahren getilgt. Erstellen Sie den Tilgungsplan.
8. Von einer in Annuitäten zu tilgenden Schuld sind am Beginn des 3. Jahres noch 519,60 DM zu tilgen. Die Schuld wird mit 4% p.a. verzinst und soll in insgesamt 4 Jahren abgetragen sein. Erstellen Sie den Tilgungsplan.
9. Am Beginn des 5. Jahres sind von einer 9 Jahre laufenden Annuitätsschuld noch 99 089,78 DM zu tilgen. Die Schuld wird mit 6% p.a. verzinst. Erstellen Sie den Tilgungsplan.
10. Die 5. Tilgungsrate einer in 11 Annuitäten zu tilgenden Schuld beträgt 24 520 DM. Es werden 8% p.a. Zinsen berechnet. Erstellen Sie den Tilgungsplan. (Alle Beträge sind in vollen DM zu rechnen!)

11. a) Von einer Schuld, die in 15 Jahren bei 7% p.a. Zinsen als Annuitätsschuld getilgt werden soll, sind zu Beginn des 8. Jahres noch 327808 DM zu tilgen. Erstellen Sie den Tilgungsplan für die Jahre 8 bis 12. Runden Sie alle Größen auf volle DM ab.
b) Eine Hypothek über 160000 DM wird mit 7% verzinst; es soll pro Jahr 1% plus ersparte Zinsen getilgt werden. Wann ist die Hypothek getilgt?
c) Wie hoch müßte bei der Hypothek aus 11.b) die Tilgungsrate sein, wenn die Hypothek nach 25 Jahren getilgt sein soll?
d) Eine Hypothek von 200 000 DM wird mit 6% p.a. verzinst und mit einer Annuität von 20 000 DM jährlich nachschüssig getilgt. Wann ist die Hypothek getilgt?
e) Eine Hypothek von 300 000 DM wird mit 8% p.a. vierteljährlich nachschüssig verzinst und mit 1,5% vierteljährlich nachschüssig getilgt. Wann ist die Hypothek getilgt?

Zu Abschnitt 4.3.

12. Die in Aufgabe 5 genannte Schuld bestehe aus 600 Stück zu 1000 DM, 2400 Stück zu 500 DM und 6000 Stück zu 100 DM. Erstellen Sie den Tilgungsplan in Stücken.
13. Eine Schuld von 250 000 DM mit einer Laufzeit von 40 Jahren und nachschüssiger Verzinsung von 5% p.a. soll jährlich nachschüssig in Stücken zu 100 DM getilgt werden. Erstellen Sie den Tilgungsplan für die Jahre 35 bis 40.
14. Eine Schuld von 100 000 DM wird in 5 Jahren bei 5,5% p.a. Zinsen nachschüssig getilgt. Erstellen Sie den Tilgungsplan bei einer Stückelung in 1000 DM.
15. Eine Schuld von 160 000 DM wird in 9 Jahren bei 6% p.a. nachschüssig getilgt. Sie besteht zu 25% aus Stücken zu 1000 DM, zu 50% aus Stücken zu 500 DM und zu 25% aus Stücken zu 100 DM. Erstellen Sie den Tilgungsplan
a) für die Jahre 1-4.
b) für die Jahre 5-9.
16. Eine Schuld von 3 000 000 DM, die in 11 Jahren bei 8% p.a. nachschüssig getilgt wird, besteht aus 1000 Stück zu 1000 DM, aus 2000 Stück zu 500 DM und einem Restbetrag mit Stücken zu 100 DM. Erstellen Sie den Tilgungsplan.

Zu Abschnitt 4.4.

17. a) Ein Bauherr muß zur Finanzierung seines Hauses 220000 DM zu 6,5% p.a. aufnehmen. Die ersten fünf Jahre soll die Belastung möglichst niedrig (tilgungsfrei) sein; danach soll die Schuld in 15 gleichen Annuitäten abgetragen werden. Erstellen Sie den Tilgungsplan bei nachschüssiger Tilgung und Verzinsung.
b) Ein Bauherr kann die nächsten vier Jahre 10500 DM jährlich aufbringen; danach rechnet er, daß er 18000 DM im Jahr aufbringen kann. Wieviel Geld kann er bei einem Zinssatz von 7% p.a. aufnehmen, wenn die Schuld in 20 Jahren abgetragen sein soll? Tilgung und Zinszahlung erfolgen nachschüssig.

Zu Abschnitt 4.5.

18. Ein Kapital von 10 000 DM soll bei 5,5% nachschüssigen Zinsen in 2 Annuitäten getilgt werden. Bei der nachschüssigen Tilgung ist ein Aufgeld von 10% zu zahlen. Erstellen Sie den Tilgungsplan.
19. Eine Schuld von 15 000 DM, die mit 8% p.a. nachschüssig verzinst wird, soll 6 Jahre tilgungsfrei sein. Nach insgesamt 13 Jahren Laufzeit soll die Schuld in Annuitäten getilgt sein. Bei der Tilgung ist ein Aufgeld von 2% zu zahlen, das in der Annuität berücksichtigt werden soll. Erstellen Sie den Tilgungsplan.
20. Eine mit 5% p.a. verzinste Schuld von 200 000 DM ist in 7 Jahren in gleichbleibenden Annuitäten zu tilgen. Bei jeder Tilgung ist ein Aufgeld von 5% zu zahlen, das in die Annuität einzurechnen ist. Erstellen Sie den Tilgungsplan.
21. Eine mit 7% verzinste Schuld von 1 500 000 DM ist in 6 Jahren in gleichbleibenden Annuitäten zurückzuzahlen. Bei jeder Tilgung ist ein Aufgeld von 4% zu zahlen. Erstellen Sie den Tilgungsplan.
22. Eine Anleihe von 10 Millionen DM wird mit 6% p.a. verzinst. Nach 5 tilgungsfreien Jahren soll die Anleihe in 5 gleichen Annuitäten getilgt werden. Die Rückzahlung erfolgt mit einem Aufgeld von 3%. Erstellen Sie den Tilgungsplan.

5. Die Kursrechnung

5.1. Der Begriff des Kurses

Der **Kurs eines Wertpapiers** ist der Preis, der dafür beim Erwerb zu zahlen ist, bzw. der dafür üblicherweise gezahlt wird. Das Wertpapier verbrieft eine oder mehrere zukünftige Leistungen: Zinsen und Tilgung bei Anleihen, Dividende bei Aktien, die Schuldsumme bei Wechseln.
Diese zukünftigen Leistungen werden rationalerweise einem Käufer genau so viel wert sein wie der Barwert dieser Leistungen. Diese Wertschätzung nennt man **Kurswert.**
Der Kurs ist der Barwert der zukünftigen Leistungen einer Schuld, bezogen auf ein Stück von 100 DM. Bei Aktien wird heute davon abgewichen; er bezieht sich dort auf ein Stück von 50 DM; das nennt man die **Stücknotiz.**
Die Ursache, daß man überhaupt einen Kurs berechnet, ist darin zu suchen, daß die zukünftigen Leistungen entweder unsicher sind wie die vom Gewinn abhängige Dividende oder, wenn sie fest vereinbart sind, von der Erwartung des Käufers abweichen. Diese Zins- oder Renditeerwartung des Käufers wird im Normalfall vor allem vom Marktzins, dem Zins am Kapitalmarkt, beeinflußt.
Die vereinbarten oder erwarteten Leistungen weichen also von anderen gebotenen oder erwarteten Leistungen ab; mit dieser anderen Möglichkeit der Geldanlage wird kalkuliert; man spricht deshalb vom **Kalkulationszinssatz,** der den Barwert und dadurch den Kurs einer Schuld beeinflußt.

Beispiel:

Ein Darlehen mit einem Nennwert von 3000 DM, auf das im Jahr 5% Zinsen gezahlt werden, ist in 3 Jahren fällig.

a) Ein Käufer dieses Darlehens hat die Vorstellung, sein Geld solle 5% p.a. Zinsen erbringen. Wieviel wird er für das Darlehen zu zahlen bereit sein?

Zinsen jeden Jahres: 150 DM

nach 3 Jahren fällig 3000 DM

Barwert K_0 der Leistungen: Tabelle IV im Anhang wird verwendet.

$$K_0 = 150 \text{ DM} \cdot a_{3;0.05} + 3000 \text{ DM} \cdot 1{,}05^{-3} = 3000 \text{ DM}$$

Auf 100 DM ergibt das den Wert 100 als Kurs; diesen Kurs von 100 nennt man auch **pari-Kurs.**

$$3000 \text{ DM} : 30 \text{ Stück} = \underline{\underline{100 \frac{\text{DM}}{\text{Stück}}}}$$

b) Ein anderer Käufer hat eine Zinsvorstellung von 6% p.a. Für ihn ergibt sich:

$$K_0 = 150 \text{ DM} \cdot a_{3;0.06} + 3000 \text{ DM} \cdot 1{,}06^{-3} = 2919{,}81 \text{ DM}$$

Der Kurs berechnet sich entsprechend:

$$2919{,}81 \text{ DM} : 30 \text{ Stück} = \underline{\underline{97{,}33}} \ (*)$$

c) Ein dritter Käufer soll eine Renditeerwartung von 4% haben, d. h., er kalkuliert mit 4% p.a. Für ihn lautet der Barwert:

$$K_0 = 150 \text{ DM} \cdot a_{3:0,04} + 3000 \text{ DM} \cdot 1{,}04^{-3} = 3083{,}25 \text{ DM}$$

Für ihn lautet der Kurs:

$$3083{,}25 \text{ DM} : 30 \text{ Stück} = \underline{\underline{102{,}78}} \ (*)$$

(*) *Man beachte:*

1. Der Kurs wird ohne die Dimension $\frac{\text{DM}}{\text{Stück}}$ genannt.

2. Der Kurs wird im allgemeinen auf 2 Stellen nach dem Komma berechnet.

Der Barwert und damit der Kurs steigt mit sinkendem Kalkulationszins, wenn die vereinbarte Verzinsung – sie steht als Nominalverzinsung auf dem Wertpapier – konstant bleibt; umgekehrt sinkt der Kurs mit steigendem Kalkulationszins, wenn sich die vereinbarte Leistung nicht ändert.

Bei der Kursberechnung werden folgende Begriffe verwendet:

Nominalverzinsung i: die vereinbarte Verzinsung, tatsächliche Leistung pro 1 DM Schuld.

Nennwert K_0: Barwert der Leistungen zum Nominalzinssatz.

Realkapital K_0'': Barwert der Leistungen zum Zinssatz des Käufers.

Realzins i'': (Kalkulationszinssatz, Effektivzins oder -verzinsung), Zinsvorstellung des Käufers.

Der Kurs C ergibt sich aus: $C = \frac{\text{Realkapital}}{\text{Nennwert}} \cdot 100$

$$\boxed{C = \frac{K_0''}{K_0} \cdot 100}$$

Bei gegebenem Nennwert K_0 gehört zu jedem Effektivzins i'' ein bestimmter Kurs. Daraus folgt, daß durch eine Veränderung des Kurses, zu dem man ein Papier anbietet, bei einer gegebenen Nominalverzinsung die Effektivverzinsung beeinflußt werden kann. Man kann beispielsweise die Nominalverzinsung ganzzahlig ansetzen – bezogen auf den Zinsfuß – und über den Kurs einen beliebigen gemischtzahligen Wert als Effektivzinsfuß ermitteln. Diesen Kurs, den der Verkäufer einer Anleihe bei der Ausgabe der Schuldverschreibung zur Regulierung der Effektivverzinsung festlegt, nennt man **Begebungs- oder Emissionskurs.**
Während der Laufzeit der Anleihe verändert sich durch Angebot und Nachfrage der Kurs der Anleihe; daraus ergibt sich eine Veränderung der effektiven Verzinsung, die auch als **Rendite** der Anleihe bezeichnet wird.
Soweit bei der Kursrechnung über die oben stehende Grundformel hinausgegangen wird, handelt es sich in der Regel um Tilgungsschulden; deshalb ist auch im folgenden *nachschüssige Zahlung und Verzinsung* der Normalfall.

Hinweis: BASIC-Programm für alle Kurse: KURSE.5.

5.2. Der Kurs einer Zinsschuld und einer ewigen Rente

Eine Zinsschuld besteht aus n Zinszahlungen und einer Tilgung am Ende der n-ten Periode. Unter Anwendung der Bestimmungsformel für C und bei Umrechnung von Zinsen und Tilgung auf 100 DM können wir festlegen:

$$C = \frac{K_0''}{K_0} \cdot 100$$

$$Z_i = i \cdot 100 = \text{const}$$

$$T_n = 100$$

Die Zinsen eines Jahres betragen gerade $p = i \cdot 100$; Das Realkapital K_0'' von 100 DM Zinsschuld beträgt also:

$$K_0'' = p \cdot a_n'' + 100 \cdot v''^n$$

Der Nennwert K_0 ist aber gerade 100.

$$K_0 = 100$$

Daraus folgt in diesem Fall:

$$C = K_0''$$

Wir ersetzen p durch $i \cdot 100$; klammern 100 aus und erhalten für den Kurs einer Zinsschuld:

$$\boxed{C = 100\,(i \cdot a_n'' + v''^n)}$$

Beispiel:

Eine mit 6% p.a. verzinste Schuld, deren Restlaufzeit 4 Jahre beträgt, soll verkauft werden. Der Marktzins am Verkaufstag ist 8% p.a. Wie hoch ist der Verkaufskurs?
(Tabelle II und IV im Anhang)

$i = 0{,}06$
$n = 4$
$i'' = 0{,}08$

$$\begin{aligned} C &= 100\,(a_4'' \cdot i + v''^4) \\ &= 100\,(3{,}312127 \cdot 0{,}06 + 0{,}7350299) \\ &= \underline{\underline{93{,}38}} \end{aligned}$$

Ist bei der Tilgung ein Aufgeld zu bezahlen, so ist dem Kurs das abgezinste Agio a hinzuzufügen.

$$C = 100\,(i \cdot a_n'' + q''^{-n}) + \frac{a}{q''^n}$$

$$\boxed{C = 100\left(i \cdot a_n'' + \frac{1 + \frac{a}{100}}{q''^n}\right)}$$

Beispiel:

Eine mit 5% p.a. verzinste Schuld, die in 4 Jahren mit einem Aufgeld von 5% zu tilgen ist, soll heute bei einem Marktzins von 7% p.a. verkauft werden. Wieviel ist für 100 DM der Schuld zu bezahlen?
(Tabelle II und IV im Anhang)

$i = 0{,}05$

$a = 5$

$n = 4$

$i'' = 0{,}07$

$$C = \left(i \cdot a_n'' + \frac{1 + \frac{a}{100}}{q''^n}\right) 100$$

Für 100 DM der Schuld sind 97,04 DM zu zahlen.

$$\begin{aligned} &= 100\,(0{,}05 \cdot 3{,}387211 \\ &\quad + 1{,}05 \cdot 0{,}7628952) \\ &= \underline{\underline{97{,}04}} \end{aligned}$$

Der Barwert R_0 einer ewigen Rente r lautet:

$$R_0 = \frac{r}{i}$$

Wird diese Rente nun mit dem Zinssatz i'' abgezinst, so ergibt sich:

$$R_0'' = \frac{r}{i''}$$

Setzt man R_0'' und R_0 in die Kursformel ein und bezeichnet den Kurs der ewigen Rente mit C_∞, so folgt:

$$C = \frac{K_0''}{K_0} \cdot 100$$

$$\rightarrow C_\infty = \frac{R_0''}{R_0} \cdot 100$$

$$= \frac{\frac{r}{i''}}{\frac{r}{i}} \cdot 100$$

$$\boxed{C_\infty = \frac{100 \cdot i}{i''}}$$

Beispiel:

Eine mit 5% verzinste ewige Rente ist heute bei 8% p.a. Marktzins mit einem Kurs von 62,50 DM zu bezahlen.

$$i = 0{,}05$$

$$i'' = 0{,}08$$

$$\rightarrow C = 100 \cdot \frac{0{,}05}{0{,}08} = \underline{\underline{62{,}50}}$$

5.3. Der Kurs einer Annuitätsschuld

Der **Kurs einer Annuitätsschuld** entspricht dem auf 100 DM der Schuldsumme umgerechneten Barwert der Annuitäten unter Verwendung des Effektivzinses.

$$C = \frac{K_0''}{K_0} \cdot 100$$

Da die Annuität, die gezahlt wird, gleich bleibt, gilt:

$$K_0 = A \cdot a_n$$

$$K_0'' = A \cdot a_n''$$

$$C = 100 \cdot \frac{A \cdot a_n''}{A \cdot a_n}$$

$$\boxed{C = \frac{100 \cdot a_n''}{a_n}}$$

Auf eine Geldeinheit der Anfangsschuld K_0 bezogen nennt man

$\frac{1}{a_n}$ die **nominelle Annuität,**

$$\boxed{\frac{1}{a_n} = \frac{A}{K_0}}$$

$\frac{1}{a_n''}$ die **effektive Annuität,**

$$\boxed{\frac{1}{a_n''} = \frac{A}{K_0''}}$$

Beispiel:

Eine Annuitätsschuld, die bei einer Laufzeit von 10 Jahren mit 6% p.a. nominell verzinst wird, soll eine effektive Verzinsung von 6,3% erbringen. Wie ist der Begebungskurs zu setzen?

$i = 0{,}06$
$n = 10$
$i'' = 0{,}063$

$\frac{1}{a_n}$ aus Tabelle V, a_n'' entweder aus Tabelle IV interpolieren oder mit der Formel ermitteln.

$$C = \frac{100 \cdot a_n''}{a_n}$$

$$= 100 \cdot 7{,}256597 \cdot 0{,}13586796$$

$$\underline{\underline{= 98{,}59}}$$

Ist bei der Tilgung innerhalb der Annuität ein Aufgeld zu zahlen, so ist mit den Ersatzgrößen A^*, K_0^* und i^* zu rechnen, um den Kurs zu bestimmen.

$$A = K_0 \cdot \frac{1}{a_n}$$

$$\rightarrow A^* = K_0^* \cdot \frac{1}{a_n^*}$$

$$C = \frac{K_0''}{K_0} \cdot 100$$

$$= \frac{A \cdot a_n''}{K_0} \cdot 100$$

$$= \frac{A^* \cdot a_n''}{K_0} \cdot 100$$

$$= \frac{K_0^* \cdot a_n''}{K_0 \cdot a_n^*} \cdot 100$$

$K_0^* = K_0 \left(1 + \frac{a}{100}\right)$

$$= \frac{K_0 \left(1 + \frac{a}{100}\right) \cdot a_n''}{K_0 \cdot a_n^*} \cdot 100$$

$$= \frac{\left(1 + \frac{a}{100}\right) \cdot a_n''}{a_n^*} \cdot 100$$

Kurs einer Annuitätsschuld mit Agio:

$$\boxed{C = \frac{(100 + a)\, a_n''}{a_n^*}}$$

Beispiel:

Eine Schuld von 120 000 DM, die in 12 gleichbleibenden Annuitäten bei 5% p.a. Zinsen zu tilgen ist, soll mit 7% p.a. effektiv verzinst werden. Bei jeder Tilgung sind 8% Aufgeld zu zahlen. Mit welchem Kurs ist die Schuld auszugeben?

$i = 0{,}05$
$n = 12$
$a = 8$
$i'' = 0{,}07$

a_{12}'' aus Tabelle IV, a_{12}^* aus der Formel berechnet.

$$C = \frac{(100 + a)\, a_n''}{a_n^*}$$

$$i^* = \frac{0{,}05}{1{,}08} = 0{,}0463$$

$$\rightarrow a_{12}^* = 9{,}05114$$

$$a_{12}'' = 7{,}942686$$

$$C = \frac{108 \cdot 7{,}942686}{9{,}05114}$$

$$= 94{,}78$$

Liegt vor der Tilgungszeit n einer Annuitätsschuld eine tilgungsfreie Zeit g, dann ist einmal der Zeitwert im Zeitpunkt n auf $t = 0$ abzuzinsen, zum anderen sind die Zinsen, die im Zeitraum g anfallen, zu berücksichtigen.

$$C = C_g \cdot v''^g + Z \cdot a_g''$$

$$= \frac{100 \cdot a_n''}{a_n \cdot q''^g} + Z \cdot a_g''$$

Wir ersetzen Z und a_g'' und erhalten für den Kurs einer Annuitätsschuld mit tilgungsfreier Zeit:

$$Z = 100 \cdot i$$

$$a_g'' = s_g'' \cdot \frac{1}{q''^g}$$

$$\boxed{C = \frac{100}{q''^g}\left(\frac{a_n''}{a_n} + i \cdot s_g''\right)}$$

Man kann den Inhalt der Klammer in der Kursformel als Faktor für den Wert der Schuld im Zeitpunkt g betrachten, berechnet mit dem Zinssatz i'', der um g Perioden abzuzinsen ist.

Beispiel:

Eine mit 5% p.a. verzinste Schuld soll in 7 Jahren in Annuitäten getilgt werden. Die Gesamtlaufzeit beträgt 12 Jahre. Wie groß ist der Kurs bei der Ausgabe, wenn 7% effektive Verzinsung gewünscht wird?

$i = 0{,}05$
$n = 7$
$g = 5$
$i'' = 0{,}07$

Tabellen II, III, IV und V werden verwendet.

$$C = 100 \cdot v''^{g} \left(\frac{a_n''}{a_n} + i \cdot s_g'' \right)$$

$$= \frac{100}{1{,}07^5} \left(\frac{a_{7;0,07}}{a_{7;0,05}} + 0{,}05 \cdot s_{5;0,07} \right)$$

$$= 100 \cdot 0{,}7129862 \cdot (5{,}389289 \cdot 0{,}17281982 + 0{,}05 \cdot 5{,}750739)$$

$$= \underline{\underline{86{,}91}}$$

Ist eine Annuitätsschuld so vereinbart, daß nach einer tilgungsfreien Zeit bei der Tilgung ein Aufgeld zu zahlen ist, dann gehen bei der Annuität die entsprechenden Ersatzwerte in die Kursformel ein.

Der Kurswert einer Schuld mit Aufgeld lautet:

$$C = \frac{(100 + a) \cdot a_n''}{a_n^*}$$

Dieser Wert ist über die tilgungsfreie Zeit g abzuzinsen; hinzu kommen die Zinsen während der tilgungsfreien Zeit, deren Endwert in g lautet:

$$100 \cdot i \cdot s_g''$$

Durch Einsetzen erhält man für den Kurs einer Annuitätsschuld mit tilgungsfreier Zeit und Agio:

$$C = \left(\frac{(100 + a)\, a_n''}{a_n^*} + 100 \cdot i \cdot s_g'' \right) \cdot \frac{1}{q''^{g}}$$

$$\boxed{C = \frac{100}{q''^{g}} \left(\frac{\left(1 + \frac{a}{100}\right) a_n''}{a_n^*} + i \cdot s_g'' \right)}$$

Beispiel:

Eine mit 5,5% p.a. nominell verzinste Annuitätenschuld soll in zwei Jahren getilgt werden. Bei der Tilgung ist ein Aufgeld von 10% zu zahlen. Vor der Tilgung liegen drei tilgungsfreie Jahre. Wie ist der Kurs C der Schuld heute bei einem Kalkulationszins von 7% p.a. anzusetzen?
(Tabellen II, III, IV und V im Anhang)

$i = 0{,}055$
$n = 2$
$g = 3$
$a = 10$
$i'' = 0{,}07$

$$i^* = \frac{0{,}055}{1{,}1} = 0{,}05$$

$$C = \frac{100}{q''^{g}} \left(\frac{\left(1 + \frac{a}{100}\right) a_n''}{a_n^*} + i \cdot s_g'' \right)$$

$v''^{g} = 0{,}8162979$

$a_n'' = 1{,}808018$

$$\frac{1}{a_n^*} = 0{,}53780488$$

$s_g'' = 3{,}214900$

Es wird auf 5 Stellen gerundet:

$$C = 100 \cdot 0{,}81630\,(1{,}1 \cdot 0{,}80802 \cdot 0{,}53780 + 0{,}055 \cdot 3{,}21490)$$
$$\underline{\underline{= 101{,}74}}$$

5.4. Der Kurs einer Ratenschuld

Zur Ermittlung des Kurses einer Ratenschuld geht man bei der Berechnung des Realkapitals K_0'' von zwei Teilgrößen aus: Dem Barwert der Tilgungen T_0'' und dem Barwert der Zinsen Z_0'' bei dem Zinssatz i''.

$$K_0'' = T_0'' + Z_0''$$

Die Tilgungsraten lauten:

$$T = \frac{K_0}{n}$$

Der zugehörige Barwert beträgt:

$$T_0'' = \frac{K_0}{n} \cdot a_n''$$

Der Barwert der Zinsen ergibt sich aus:

$$Z_0'' = \sum_{k=1}^{n} [K_0 - (k-1)\,T]\, i \cdot q''^{-k}$$

$$= K_0 \cdot i \cdot a_n'' - T \cdot i \left(\frac{a_n''}{i''} - \frac{n}{i \cdot q''^{-n}} \right)$$

$$= K_0 \cdot i \cdot a_n'' - \frac{K_0 \cdot i}{n} \left(\frac{a_n''}{i} - \frac{n}{i \cdot q''^{-n}} \right)$$

Löst man die Formel für a_n'' nach $\frac{1}{q''^n}$ auf und setzt diese Form des Abzinsungsfaktors in die Gleichung für Z_0'' ein, so erhält man:

$$a_n'' = \frac{1 - \frac{1}{q''^n}}{i''}$$

$$\frac{1}{q''^n} = 1 - a_n'' \cdot i''$$

$$Z_0'' = \frac{i \cdot K_0 \cdot a_n'' \cdot i'' \cdot n}{i'' \cdot n} - \frac{K_0\,(a_n'' \cdot i - i \cdot n + n \cdot a_n'' \cdot i'' \cdot i)}{i'' \cdot n}$$

$$= K_0 \cdot \frac{a_n'' \cdot i'' \cdot i \cdot n - a_n'' \cdot i + i \cdot n - a_n'' \cdot i'' \cdot i \cdot n}{i'' \cdot n}$$

$$= K_0 \cdot \frac{n \cdot i - a_n'' \cdot i}{n \cdot i''}$$

Der gesamte Barwert ergibt sich dann aus:

$$K_0'' = Z_0'' + T_0''$$

$$= K_0 \left(\frac{n \cdot i - a_n'' \cdot i}{n \cdot i''} + \frac{a_n''}{n} \right)$$

$$= K_0 \left(\frac{n \cdot i - a_n'' \cdot i + a_n'' \cdot i''}{n \cdot i''} \right)$$

$$= K_0 \left(\frac{n \cdot i - a_n'' \cdot i + a_n'' \cdot i'' + n \cdot i'' - n \cdot i''}{n \cdot i''} \right)$$

$$= K_0 \left(\frac{n \cdot i''}{n \cdot i''} + \frac{n \cdot i - n \cdot i'' - a_n'' \cdot i + a_n'' \cdot i''}{n \cdot i''} \right)$$

$$= K_0 \left[1 - (i'' - i) \cdot \frac{n - a_n''}{n \cdot i''} \right]$$

Unter Verwendung der allgemeinen Kursformel erhält man für den Kurs einer Ratenschuld:

$$C = \frac{K_0''}{K_0} \cdot 100$$

$$\boxed{C = 100 \left[1 - (i'' - i) \cdot \frac{n - a_n''}{n \cdot i''} \right]}$$

Beispiel:

Eine Schuld von 96 000 DM, die zu 4,5% p.a. verzinst wird, ist in gleichen Raten von 12 000 DM zu tilgen. Wie ist der Ausgabekurs zu setzen, wenn ein Effektivzins von 5% p.a. gefordert wird?

Tabelle IV im Anhang wird verwendet.

$i = 0{,}045$
$n = 8$
$i'' = 0{,}05$

$$C = 100 \left[1 - (i'' - i) \cdot \frac{n - a_n''}{n \cdot i''} \right]$$

$a_n'' = 6{,}46321$

$$C = 100 \left[1 - (0{,}05 - 0{,}045) \cdot \frac{8 - 6{,}46321}{8 \cdot 0{,}05} \right]$$

$$= \underline{\underline{98{,}08}}$$

*****BASIC-Programm KURSE.5**

Übungsaufgaben zu Kapitel 5

Zu Abschnitt 5.2.

1. Eine Schuld von 8000 DM, fällig in 3 Jahren, wird mit 4% p.a. verzinst. Wie hoch ist ihr Kurs bei
   a) 6% p.a. Kalkulationszins, b) 5% p.a. Kalkulationszins?
2. Eine mit 8% p.a. verzinste, in 6 Jahren fällige Schuld wird verkauft. Wie hoch ist der Kurs bei einem Effektivzins von 4% p.a.?
3. Eine mit 6% p.a. verzinste, in 5 Jahren fällige Schuld wird verkauft. Wie hoch ist der Kurs bei
   a) 7% p.a. Kalkulationszins, b) 5% p.a. Kalkulationszins?
4. Eine mit $4^1/_2$% p.a. verzinste Schuld, die in 8 Jahren mit einem Aufgeld von 5% fällig ist, wird verkauft. Wie hoch ist ihr Kurs bei
   a) 6% p.a. effektiver Verzinsung, b) 4% p.a. effektiver Verzinsung?
5. Eine mit 7% p.a. verzinste Schuld, die in 3 Jahren mit 10% Aufgeld fällig ist, soll veräußert werden. Wie hoch ist ihr Kurs bei einer Effektivverzinsung von 5% p.a.?
6. Jemand hat eine ewige Rente zum Barwert bei 6% p.a. Zinsen gekauft und will sie weiterveräußern. Wie verändert sich der Kaufpreis, wenn der Zins in der Zwischenzeit von
   a) 6 auf 5% p.a. gesunken, b) 6 auf 8% p.a. gestiegen ist?
7. Eine ewige Rente von 2000 DM pro Jahr wird mit 4% p.a. verzinst. Zu welchem Kurs sollte man sie bei 6% p.a. Zinsen verkaufen?

Zu Abschnitt 5.3.

8. Eine Annuitätsschuld wird mit 7% p.a. verzinst und soll in 5 Jahren getilgt sein.
   a) Wie hoch ist der Kurs bei 5% p.a. Effektivverzinsung?
   b) Wie hoch ist der Kurs bei 8% p.a. Effektivverzinsung?
   c) Wie hoch ist der Kurs bei 5% p.a. Effektivverzinsung, wenn bei der Tilgung ein Aufgeld von 5% p.a. zu zahlen ist?
   d) Wie hoch ist der Kurs, wenn bei 5% p.a. Kalkulationszins vor der Tilgung (ohne Aufgeld) 4 tilgungsfreie Jahre liegen?
   e) Wie hoch ist der Kurs, wenn bei 5% Aufgeld und 5% p.a. Effektivverzinsung vor der Tilgung 4 tilgungsfreie Jahre liegen?
9. Eine mit 5% p.a. verzinste Annuitätsschuld soll in 7 Jahren getilgt sein.
   a) Wie hoch ist der Kurs bei einem Kalkulationszins von 4% p.a.?
   b) Wie hoch ist der Kurs bei einem Kalkulationszins von 7% p.a.?
   c) Welcher Kurs ergibt sich, wenn bei der Tilgung ein Aufgeld von 10% zu zahlen ist und mit 6% p.a. Effektivverzinsung gerechnet wird?
   d) Die Tilgung (ohne Aufgeld) beginnt erst nach 6 Jahren. Wie hoch ist der Kurs bei 7% p.a. Effektivverzinsung?
   e) Die Tilgung mit einem Aufgeld von 10% beginnt erst nach 6 Jahren. Wie hoch ist der Kurs bei einem Kalkulationszins von 4% p.a.?

10. Eine Annuitätsschuld mit einer Tilgungszeit von 8 Jahren wird mit 4% p.a. verzinst.
   a) Wie ist der Begebungskurs zu setzen, wenn 6% p.a. effektive Verzinsung gewünscht wird?
   b) Wie hoch ist der Kurs bei 8% p.a. effektiver Verzinsung?
   c) Wie hoch ist der Kurs, wenn bei 6% p.a. effektiver Verzinsung ein Aufgeld von 2% auf die Tilgung zu zahlen ist?
   d) Die Tilgung mit einem Aufgeld von 2% beginnt erst nach 3 Jahren. Wie hoch ist der Kurs bei 6% p.a. Effektivverzinsung?
   e) Wie hoch ist der Kurs der Schuld, wenn die Tilgung ohne Aufgeld nach 3 Jahren beginnt und mit 6% p.a. Kalkulationszins gerechnet wird?

Zu Abschnitt 5.4.

11. Eine mit 4% p.a. verzinste Schuld wird in 5 Jahresraten getilgt. Wie hoch ist der Kurs bei 6% p.a. effektiver Verzinsung?
12. Eine mit 5% p.a. verzinste Schuld soll in 7 Jahresraten getilgt werden. Wie hoch ist der Kurs bei
   a) 4% p.a. effektiver Verzinsung, b) 7% p.a. effektiver Verzinsung?
13. Eine mit 5,5% p.a. verzinste Schuld ist in 4 Jahresraten zu tilgen. Mit welchem Kurs ist sie bei
   a) 6% p.a. Kalkulationszins, b) 8% p.a. Kalkulationszins zu bewerten?
14. Eine mit 8% p.a. verzinste Schuld, die in 8 Jahresraten abgetragen werden soll, wird verkauft. Wie hoch ist der Verkaufskurs bei
   a) 6% p.a. effektiver Verzinsung, b) 4% p.a. effektiver Verzinsung?

6. Abschreibungen

Die Wirtschaftsgüter, bei deren Beschaffung die Finanzmathematik gegebenenfalls Anwendung findet, unterliegen im Zeitablauf einer gewissen Wertminderung. Für diese **Wertminderungen** werden steuerlich Absetzungen für Abnutzung – betriebswirtschaftlich **Abschreibungen** – angesetzt. Der Ansatz von Abschreibungen erfolgt sowohl in der Bilanz als auch in der Kostenrechnung.
Soweit nachfolgend nichts anderes vorausgesetzt ist, *sind Abschreibungen im Rahmen der Kostenrechnung angesprochen.*
Den verschiedenen Ursachen der regelmäßig auftretenden Wertminderungen entsprechend sind *verschiedene Abschreibungsmethoden* anwendbar, deren Wirkungen auf den Verlauf der Ursachen abgestellt sind. Darüber hinaus gibt es *außerordentliche Abschreibungen* in der Bilanz für unvorhergesehene Wertminderungen.
Ein besonders wichtiger Begriff im Gebiet der Abschreibungen ist die **Nutzungsdauer** n; sie wird im allgemeinen in Jahren angegeben. Die *technische Nutzungsdauer* gibt den Zeitraum an, nach dem das Wirtschaftsgut aufhört, Nutzungen abzugeben. Die *wirtschaftliche Nutzungsdauer* gibt den Zeitraum an, nach dem es sich nicht mehr lohnt, dem Wirtschaftsgut Nutzungen abzuverlangen; dabei können Kostengrößen oder Ertragsgrößen betrachtet werden. Am Ende der technischen Nutzungsdauer wird im allgemeinen ein **Restwert** von 0 Geldeinheiten (GE) oder von 1 Geldeinheit unterstellt; ist der Restwert größer als 1 GE, wird von *Schrottwert* gesprochen.

6.1. Lineare Abschreibung

Der Betrag der jährlichen *Abschreibung* d_t ergibt sich aus der Differenz des Wertes w_t am Anfang des betrachteten und des Wertes w_{t+1} am Anfang des folgenden Jahres.

d_t: **Abschreibungsbetrag im Jahr t**

w_t: **Wert zu Beginn des Jahres t**
→ w_1: Anschaffungswert

Allgemein gilt:

$$d_t = w_t - w_{t+1}$$

Bei *gleichmäßiger Wirkung* der Abschreibungsursache über die Nutzungsdauer n sind alle *Abschreibungsbeträge gleich;* man spricht dann von linearer Abschreibung.

$$d_1 = d_2 = \dots = d_{n-1}$$

Beträgt der Restwert Null, dann ergibt sich:

$$d_{ta} = \frac{w_1}{n}$$

d_{ta}: konstanter-jährlicher Abschreibungsbetrag bei linearer Abschreibung.

Entspricht der Anschaffungswert w_1 100% des Wertes im Zeitpunkt 1, so ergibt sich der **Abschreibungsprozentsatz** p_a für lineare Abschreibung zu:

$$p_a = \frac{100}{n}$$

Beispiel:

Ein Pkw im Wert von 9000 DM soll in 3 Jahren linear abgeschrieben werden ohne Restwert.

$$d_{ta} = \frac{w_1}{n} = \frac{9000\text{ DM}}{3} = \underline{\underline{3000\text{ DM}}}$$

Die jährliche Abschreibung beträgt 33⅓%.

$$p_a = \frac{100}{n} = \underline{\underline{33{,}\overline{3}}}$$

Durch Berücksichtigung eines **Restwertes** R_n wird der jährliche Abschreibungsbetrag verändert.

$$R_n = w_1 - \sum_{t=1}^{n-1} d_t$$

Der Abschreibungsbetrag lautet dann:

$$d_{ta} = \frac{w_1 - R_n}{n}$$

Die Einführung eines **Restwertprozentsatzes** R verändert den Abschreibungsprozentsatz p_a für lineare Abschreibung zu:

$$R = \frac{R_n}{w_1} \cdot 100$$

$$\boxed{p_a = \frac{100 - R}{n}}$$

Beispiel:

Eine Maschine im Wert von 10 000 DM soll in 4 Jahren linear auf einen Restwert von 256 DM abgeschrieben werden.

a) Ermitteln Sie den jährlichen Abschreibungsbetrag.

$$d_{ta} = \frac{10\,000\text{ DM} - 256\text{ DM}}{4}$$

$$= \underline{\underline{2436\text{ DM}}}$$

b) Ermitteln Sie den Abschreibungsprozentsatz.

$$p_a = \frac{100 - \text{R}}{n}$$

Zuerst wird der Restwertprozentsatz ermittelt (häufig wird er vorgegeben).

$$R = \frac{256\text{ DM}}{10\,000\text{ DM}} \cdot 100$$

$$= 2{,}56$$

Die jährliche Abschreibung beträgt 24,36%.

$$p_a = \frac{100 - 2{,}56}{4}$$

$$= \underline{\underline{24{,}36}}$$

Bei linearer Abschreibung ergibt sich der Betrag der laufenden Abschreibung als $\frac{1}{100}$ des Produkts von Abschreibungsprozentsatz und Anschaffungswert.

$$\boxed{d_{ta} = w_1 \cdot p_a \cdot \frac{1}{100}}$$

***BASIC-Programm LA.6**

6.2. Geometrisch-degressive Abschreibung

Der Betrag d_{tb} der jährlichen Abschreibung ergibt sich bei der geometrisch-degressiven Methode als $^1/_{100}$ des Produkts von Abschreibungsprozentsatz p_b und dem Wert w_t des Objektes zu Beginn des laufenden Jahres.

d_{tb}: Abschreibungsbetrag im Jahr t bei geometrisch-degressiver Abschreibung.

p_b: Abschreibungsprozentsatz für geometrisch-degressive Abschreibung.

$$d_{tb} = w_t \cdot p_b \cdot \frac{1}{100}$$

Diese Methode wird angewendet, wenn die Wirkung der Abschreibungsursache auf den Buchwert w_t konstant ist.

Zur Ermittlung von p_b ist die Wertentwicklung des Objektes im Zeitablauf zu betrachten. Der Wert des Objektes am Beginn eines Jahres ergibt sich aus der Differenz von Wert des Vorjahres und Abschreibungsbetrag des Vorjahres.

$$w_1 = w_1$$

$$w_2 = w_1 - d_{1b} = w_1 - w_1 \cdot \frac{p_b}{100} = w_1\left(1 - \frac{p_b}{100}\right)$$

$$w_3 = w_2 - d_{2b} = w_2 - w_2 \cdot \frac{p_b}{100} = w_2\left(1 - \frac{p_b}{100}\right) = w_1\left(1 - \frac{p_b}{100}\right)^2$$

Am Ende des n-ten Jahres bzw. am Beginn des $(n + 1)$-ten Jahres beträgt der Wert:

$$w_{n+1} = w_n - d_{nb} = w_n - w_n \cdot \frac{p_b}{100} = w_1\left(1 - \frac{p_b}{100}\right)^n$$

Der Wert am Ende des n-ten Jahres ist der *Restwert* R_n; der Restwert ist vorzugeben oder zu schätzen. Die Auflösung nach p_b ergibt den Abschreibungsprozentsatz für geometrisch-degressive Abschreibung.

$$R_n = w_{n+1}$$

$$R_n = w_1 \left(1 - \frac{p_b}{100}\right)^n$$

$$\frac{R_n}{w_1} = \left(1 - \frac{p_b}{100}\right)^n$$

$$\sqrt[n]{\frac{R_n}{w_1}} = \left(1 - \frac{p_b}{100}\right)$$

$$\frac{p_b}{100} = 1 - \sqrt[n]{\frac{R_n}{w_1}}$$

$$\boxed{p_b = \left(1 - \sqrt[n]{\frac{R_n}{w_1}}\right) \cdot 100}$$

Der Quotient von Restwert R_n durch Anschaffungswert w_1 kann auch durch den *Restwertprozentsatz* R ausgedrückt werden:

$$p_b = \left(1 - \sqrt[n]{\frac{R}{100}}\right) \cdot 100$$

Für $R_n = 0$ oder $R = 0$ ist diese Methode nicht anwendbar. Sie ergibt in diesem Fall für jedes n einen Abschreibungsprozentsatz von 100.

$$p_b = (1 - \sqrt[n]{0}) \cdot 100 = \underline{\underline{100}}$$

Beispiel:

Eine Maschine mit einem Anschaffungswert von 10 000 DM soll in 4 Jahren so auf 256 DM abgeschrieben werden, daß der Prozentsatz, der vom Buchwert abgenommen wird, konstant ist.

$w_1 = 10\,000$ DM
$R_n = 256$ DM
$n = 4$

a) Wie groß ist der Abschreibungsprozentsatz?

$$p_b = \left(1 - \sqrt[n]{\frac{R_n}{w_1}}\right) \cdot 100$$

$$= \left(1 - \sqrt[4]{\frac{256}{10\,000}}\right) \cdot 100$$

$$= \left(1 - \frac{4}{10}\right) \cdot 100$$

$$= \underline{\underline{60}}$$

Die jährliche Abschreibung beträgt 60%.

b) Wie hoch sind die jährlichen Abschreibungen?

$$d_{1b} = w_1 \cdot 60 \cdot \frac{1}{100}$$
$$= \underline{\underline{6000 \text{ DM}}}$$

$$d_{2b} = w_2 \cdot 0{,}6$$
$$= (w_1 - d_{1b}) \cdot 0{,}6$$
$$= (10000 \text{ DM} - 6000 \text{ DM}) \cdot 0{,}6$$
$$= 4000 \text{ DM} \cdot 0{,}6$$
$$= \underline{\underline{2400 \text{ DM}}}$$

$$d_{3b} = w_3 \cdot 0{,}6$$
$$= (4000 \text{ DM} - 2400 \text{ DM}) \cdot 0{,}6$$
$$= 1600 \text{ DM} \cdot 0{,}6$$
$$= \underline{\underline{960 \text{ DM}}}$$

Die Abschreibungsbeträge bilden eine geometrische Folge.

$$d_{4b} = w_4 \cdot 0{,}6$$
$$= (1600 \text{ DM} - 960 \text{ DM}) \cdot 0{,}6$$
$$= 640 \text{ DM} \cdot 0{,}6$$
$$= \underline{\underline{384 \text{ DM}}}$$

Der Unterschied zwischen der linearen und der geometrisch-degressiven Abschreibungsmethode wird besonders an der Wertentwicklung deutlich. (Vgl. die letzten beiden Beispiele.)

Wert	linear	geometrisch-degressiv
w_1	10 000 DM	10 000 DM
w_2	7564 DM	4000 DM
w_3	5128 DM	1600 DM
w_4	2692 DM	640 DM
R_4	256 DM	256 DM

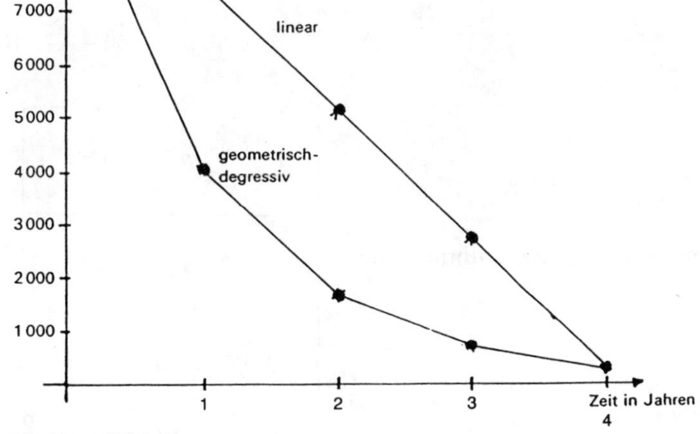

***BASIC-Programm GDA.6

6.3. Arithmetisch-degressive Abschreibung

Schwächt sich die Wirkung der Abschreibungsursache im Zeitverlauf konstant ab, dann kann eine Abschreibungsmethode gewählt werden, bei der die Abschreibungsbeträge eine arithmetische Folge bilden, bei der die Differenz negativ ist.

Der abzuschreibende Betrag C bildet die Summe einer arithmetischen Reihe, deren Länge der Nutzungsdauer n entspricht.

$$C = w_1 - R_n$$

Der Abschreibungsbetrag d_{tc} des laufenden Jahres t ergibt sich aus:

$$\boxed{d_{tc} = p_{tc}\, w_1 \cdot \frac{1}{100}}$$

d_{tc}: Abschreibungsbetrag im Jahr t bei arithmetisch-degressiver Abschreibung

p_{tc}: Abschreibungsprozentsatz im Jahr t für arithmetisch-degressive Abschreibung

Die Veränderung des Abschreibungsbetrages wird durch die Veränderung des Abschreibungsprozentsatzes bewirkt. Dementsprechend müssen die Abschreibungsprozentsätze eine arithmetische Folge bilden:

$$p_{t+1,c} - p_{t,c} = \text{const.} = \Delta$$

Weiterhin gilt:

$$\sum_{t=1}^{n} d_{tc} = C = w_1 - R_n$$

Daraus folgt:

$$\sum_{t=1}^{n} p_{tc} \cdot w_1 \cdot \frac{1}{100} = w_1 - R_n$$

$$\sum_{t=1}^{n} p_{tc} = 100 - \frac{R_n}{w_1} \cdot 100 = 100 - R$$

$$\boxed{\sum_{t=1}^{n} p_{tc} = 100 - R}$$

Da die Summe der p_{tc} eine arithmetische Reihe bildet, gilt:

$$\sum_{t=1}^{n} p_{tc} = (p_{1c} + p_{nc})\,\frac{n}{2}$$

mit $p_{nc} = p_{1c} + (n-1)\,\Delta$

Damit ergibt sich:

$$(p_{1c} + p_{1c} + (n-1)\,\Delta) \cdot \frac{n}{2} = 100 - R$$

Je nach Vorgabe von p_{1c} oder Δ lassen sich die Abschreibungsprozentsätze oder deren konstante Differenz Δ bestimmen (Beachten Sie: $\Delta < 0$!)

$$p_{1c} + \frac{n-1}{2} \Delta = \frac{1}{n} (100 - R) \qquad (*)$$

$$\boxed{\Delta = \frac{2}{n(n-1)} (100 - R - n \cdot p_{1c})}$$

$$\boxed{p_{1c} = \frac{1}{n} (100 - R) - \frac{n-1}{2} \Delta}$$

Ist nicht der Abschreibungsprozentsatz p_{1c}, sondern p_{tc} gegeben, so läßt sich daraus p_{1c} herleiten. Unter Verwendung der obigen Gleichung (*) erhält man dann für Δ:

$$p_{tc} = p_{1c} + (t-1) \cdot \Delta$$

$$\rightarrow p_{1c} = p_{tc} - (t-1)\,\Delta$$

$$\boxed{\Delta = \frac{2}{n(n-2t+1)} (100 - R - n \cdot p_{tc})}$$

Beispiel:

Eine Maschine mit einem Anschaffungswert von 10 000 DM ist in 4 Jahren auf einen Restwert von 256 DM arithmetisch-degressiv abzuschreiben. Ermitteln Sie die Abschreibungsprozentsätze und Abschreibungen!

$w_1 = 10\,000$

$n = 4$

$R_n = 256$

a) Die Abschreibung im 1. Jahr betrage 4000 DM.

$$d_{1c} = 4000 \text{ DM}$$

$$= p_{1c} \cdot 10\,000 \text{ DM} \frac{1}{100}$$

$$\rightarrow p_{1c} = 40$$

Dann berechnet sich der Abschreibungsprozentsatz für das erste Jahr zu $p_{1c} = 40$, und man erhält wegen $R = \frac{R_n}{W_1}\ 100 = 2{,}56$ als konstante Differenz $\Delta \approx -10{,}427$.

$$\Delta = \frac{2}{4 \cdot 3} (100 - 2{,}56 - 4 \cdot 40)$$

$$= -10{,}426667$$

Mit p_{1c} und Δ lassen sich nun die Abschreibungsprozentsätze der Jahre 2 bis 4 sowie die zugehörigen Abschreibungsbeträge angeben.

2. Jahr:

$$p_{2c} = p_{1c} + \Delta = 29{,}573333$$

$$d_{2c} = p_{2c} \cdot 10\,000 \text{ DM} \cdot \frac{1}{100}$$

$$= 2957{,}33 \text{ DM}$$

3. Jahr:

$$p_{3c} = p_{1c} + 2\,\Delta = 19{,}146667$$

$$d_{3c} = 1914{,}67 \text{ DM}$$

4. Jahr:

$$p_{4c} = p_{1c} + 3\,\Delta = 8{,}72$$

$$d_{4c} = 872{,}00 \text{ DM}$$

Die Summe C aller Abschreibungsbeträge lautet 9744 DM, d. h. es bleibt der geforderte Restwert.

$$C = \sum_{t=1}^{4} p_{tc} = 9744{,}00 \text{ DM}$$

$$R_4 = 256{,}00 \text{ DM}$$

b) Die Abschreibung im 4. Jahr betrage 1500 DM.
Es gilt dann $p_{4c} = 15$, und man berechnet zunächst Δ.

$$\Delta = \frac{2}{4\,(4-2\cdot 4+1)}\,(100 - 2{,}56 - 4 \cdot 15)$$

$$= -6{,}24$$

Nach der Ermittlung von p_{1c} lassen sich wie unter Teil a) alle Werte leicht angeben.

$$p_{1c} = p_{4c} - 3 \cdot \Delta$$
$$= 15 + 18{,}72$$
$$= 33{,}72$$

t	P_{tc}	d_{tc}	w_t
1	33,72	3372 DM	10 000 DM
2	27,48	2748 DM	6628 DM
3	21,24	2124 DM	3880 DM
4	15,00	1500 DM	1756 DM
			R_4 = 256 DM

c) Der Unterschied der Abschreibungsbeträge sei 1200 DM.

Es wird zunächst Δ bestimmt.

$$\Delta = \frac{-1200 \text{ DM}}{10000 \text{ DM}} \cdot 100 = -12$$

Nach der Ermittlung von p_{1c} lassen sich dann alle Werte leicht angeben.

$$P_{1c} = \frac{1}{4}\,(100 - 2{,}56) - \frac{4-1}{2}\,(-12)$$

$$= 42{,}36$$

t	P_{tc}	d_{tc}	w_t
1	42,36	4236 DM	10 000 DM
2	30,36	3036 DM	5764 DM
3	18,36	1836 DM	2728 DM
4	6,36	636 DM	892 DM
			R_4 = 256 DM

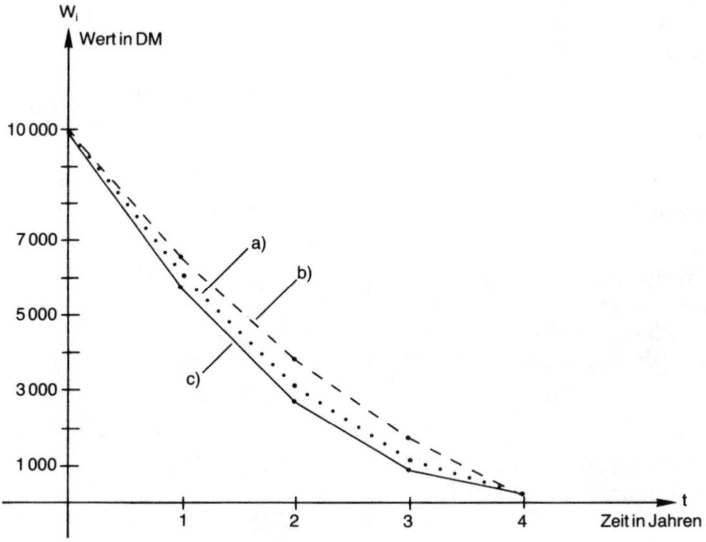

Verlauf der Wertentwicklung für die verschiedenen Teilannahmen arithmetisch-degressiver Abschreibung.

*****BASIC-Programm ADA.6**

6.4. Zuschreibungsabschreibung

Um die hohen Abschreibungsbeträge in den ersten Jahren der Laufzeit bei Anwendung der geometrisch-degressiven Abschreibungsmethode herabzusetzen, ohne die Methode völlig außer Kraft zu setzen, werden *fiktive Zuschreibungsbeträge* zu den Werten zu Beginn und zum Ende der Nutzungsdauer hinzugefügt. Auf diese Beträge wird dann die geometrisch-degressive Abschreibungsmethode angewandt.

Es ist ein *konstanter* Abschreibungsprozentsatz p_z zu ermitteln, der auf den fiktiven Buchwert w_{tz} bezogen ist.

d_{tz}: Abschreibungsbetrag im Jahr t bei Zuschreibungsabschreibung

p_z: Abschreibungsprozentsatz für Zuschreibungsabschreibung

$$d_{tz} = w_{tz} \cdot p_z \cdot \frac{1}{100}$$

Der Anschaffungswert w_1 und der Restwert R_n werden um den fiktiven Betrag z erhöht.

$$w_{1z} = w_1 + z$$

$$R_z = R_n + z$$

Es gilt also:

$$w_{t+1} = w_t - d_{tz}$$

$$= w_t - w_{tz} \cdot p_z \cdot \frac{1}{100}$$

Entsprechend dem Vorgehen bei der geometrisch-degressiven Methode ist der Prozentsatz p_z zu suchen, für den gilt:

$$R_z = w_{1z}\left(1 - \frac{p_z}{100}\right)^{n_t}$$

$$p_z = \left(1 - \sqrt[n]{\frac{R_z}{w_{1z}}}\right) \cdot 100$$

Nach p_z aufgelöst, ergibt sich als Abschreibungsprozentsatz:

$$\boxed{p_z = \left(1 - \sqrt[n]{\frac{R_n + z}{w_1 + z}}\right) \cdot 100}$$

Der auf diese Weise ermittelte Abschreibungsprozentsatz ist geringer als der bei reiner geometrisch-degressiver Abschreibung; er wirkt jedoch auf den höheren Betrag w_{tz}.

$$p_z < p_b \quad \text{für} \quad z > 0$$

Beispiel:

Eine Maschine im Wert von 10 000 DM soll in 4 Jahren auf einen Restwert von 625 DM unter Berücksichtigung einer Zuschreibung von 3000 DM geometrisch-degressiv abgeschrieben werden.

Wie hoch ist der Abschreibungsprozentsatz?

$w_1 = 10\,000$ DM
$n = 4$
$R_n = 625$ DM
$z = 3000$ DM

$$p_z = \left(1 - \sqrt[n]{\frac{R_n + z}{w_1 + z}}\right) \cdot 100$$

$$= \left(1 - \sqrt[4]{\frac{625 \text{ DM} + 3000 \text{ DM}}{10\,000 \text{ DM} + 3000 \text{ DM}}}\right) \cdot 100$$

$$= (1 - 0{,}7267) \cdot 100$$

$$= \underline{\underline{27{,}3323}}$$

Wie hoch wäre der Abschreibungsprozentsatz ohne die Zuschreibung?

$$p_b = \left(1 - \sqrt[n]{\frac{R_n}{w_1}}\right) \cdot 100$$

$$= \left(1 - \sqrt[4]{\frac{625 \text{ DM}}{10\,000 \text{ DM}}}\right) \cdot 100$$

$$= (1 - 0{,}5) \cdot 100$$

$$= \underline{\underline{50}}$$

Wie verläuft die Wertentwicklung der Maschine?

$$d_{tz} = w_{tz} \cdot p_z \cdot \frac{1}{100}$$

$$= (w_1 + z) \cdot 27{,}3223 \cdot \frac{1}{100}$$

Für t = 1,···,4 ist die Werteentwicklung in nebenstehender Tabelle durch w_t angegeben.

t	d_{tz}	w_{tz}	w_t
1	3533,20 DM	13000,00 DM	10 000,00 DM
2	2582,03 DM	9446,80 DM	6446,80 DM
3	1876,30 DM	6864,77 DM	3864,77 DM
4	1363,47 DM	4988,47 DM	1988,47 DM
			R_4 = 625,00 DM

In der Praxis wird häufig der Abschreibungsprozentsatz durch Bilanzierungsvorschriften gegeben, so daß der erforderliche Zuschreibungsbetrag z zu ermitteln ist. Dabei wird auf die Anfangsbedingungen zurückgegriffen.

$$R_z = w_{1z} \cdot \left(1 - \frac{p_z}{100}\right)^n$$

$$R_n + z = (w_1 + z) \cdot \left(1 - \frac{p_z}{100}\right)^n$$

$$z - z\left(1 - \frac{p_z}{100}\right)^n = w_1 \cdot \left(1 - \frac{p_z}{100}\right)^n - R_n$$

$$z\left[1 - \left(1 - \frac{p_z}{100}\right)^n\right] = w_1 \cdot \left(1 - \frac{p_z}{100}\right)^n - R_n$$

$$\boxed{z = \frac{w_1 \cdot \left(1 - \frac{p_z}{100}\right)^n - R_n}{1 - \left(1 - \frac{p_z}{100}\right)^n}}$$

Beispiel:

Bei einer Maschine im Werte von 10 000 DM ergibt sich bei einer Nutzungsdauer von 4 Jahren ein Restwert von 256 DM.

Wie groß muß eine Zuschreibung z sein, damit der Abschreibungsprozentsatz 30% beträgt?

$w_1 = 10\,000$ DM
$n = 4$
$R_n = 256$ DM
$p_z = 30$

$$z = \frac{10000 \text{ DM} \cdot \left(1 - \frac{30}{100}\right)^4 - 256 \text{ DM}}{1 - \left(1 - \frac{30}{100}\right)^4}$$

$$= \frac{10000 \text{ DM} \cdot 0{,}2401 - 256 \text{ DM}}{1 - 0{,}2401}$$

$$= \frac{2145 \text{ DM}}{0{,}7599}$$

$$= \underline{\underline{2822{,}74 \text{ DM}}}$$

*****BASIC-Programm ZA.6.**

6.5. Abschreibung mit Zinseszins

Der zu einem bestimmten Zeitpunkt vorhandene Wert eines Objektes bindet Kapital; für diese Kapitalbindung sind in der Kalkulation Zinsen anzusetzen. Weiterhin kann für viele Objekte unterstellt werden, daß sie während ihrer Nutzungsdauer gleichbleibende Nutzungen abgeben, denen gleichmäßige Kostengrößen gegenüberzustellen sind. Diese beiden Überlegungen führten zu der Vorgehensweise, jährlich gleichbleibende Beträge (Annuitäten) für den Wertverzehr des Objektes unter Berücksichtigung von Zinsen anzusetzen. Für einen Restwert von Null findet die Berechnung der Annuitäten volle Anwendung.

Die **Annuität** A setzt sich aus der **Abschreibung** d_{td} und den **Zinsen** Z_t zusammen.

$$A = d_{td} + Z_t$$

$$w_1 = A \cdot a_n$$

Wird der Anschaffungswert w_1 voll abgeschrieben, so gilt:

$$A = w_1 \cdot \frac{q^n (q-1)}{q^n - 1}$$

Die zu berechnende Annuität wird unter Verwendung des Annuitätenfaktors $\frac{1}{a_n}$ bestimmt.

$$= w_1 \cdot \frac{1}{a_n}$$

Der Abschreibungsbetrag des ersten Jahres beträgt unter Verwendung des Abzinsungsfaktors v^n:

$$\boxed{d_{1d} = A \cdot v^n}$$

Die übrigen Abschreibungen ergeben sich aus:

$$\boxed{d_{td} = d_{1d} \cdot q^{t-1}}$$

Der Wert des Objektes am Anfang eines Jahres t beträgt unter Verwendung des Rentenendwertfaktors s_n:

$$\boxed{w_t = w_1 \left(1 - \frac{s_{t-1}}{s_n}\right)}$$

Beispiel:

Eine Maschine im Wert von 28 000 DM soll in 6 Jahren so abgeschrieben werden, daß unter Berücksichtigung von 9% p.a. Zinsen eine gleichmäßige Belastung aus Zinsen und Abschreibung erfolgt. Ein Restwert verbleibt nicht.

$w_1 = 28\,000$ DM

$n = 6$

$i = 0{,}09$

a) Wie hoch ist die jährliche Belastung?

$$A = w_1 \cdot \frac{1}{a_n}$$
$$= 28\,000 \text{ DM} \cdot 0{,}2291978$$
$$\underline{\underline{= 6241{,}75 \text{ DM}}}$$

b) Wie hoch ist die erste Abschreibung?

$$d_{1d} = A \cdot v^n$$
$$= 6241{,}75 \text{ DM} \cdot 0{,}5962673$$
$$\underline{\underline{= 3721{,}75 \text{ DM}}}$$

c) Wie hoch ist die Abschreibung im letzten Jahr?

$$d_{6d} = d_{1d} \cdot q^5$$
$$= 3721{,}75 \text{ DM} \cdot 1{,}538624$$
$$\underline{\underline{= 5726{,}38 \text{ DM}}}$$

d) Wie verläuft die Wertentwicklung des Objektes?

t	d_{td}	w_t
1	3721,75 DM	28 000,00 DM
2	4056,71 DM	24 278,25 DM
3	4421,82 DM	20 221,54 DM
4	4819,78 DM	15 799,72 DM
5	5253,56 DM	10 979,94 DM
6	5726,38 DM	5726,38 DM
		$R = 0$ DM

Unter Berücksichtigung von Restwerten $R_n > 0$ ist die Differenz von Anschaffungswert und Restwert zu bilden und entsprechend der gleichbleibende Jahresbetrag zu errechnen. In die Kalkulation geht zusätzlich zur Annuität A ein gleichbleibender Betrag für die Verzinsung des Restwertes ein. Die **Gesamtbelastung** B beträgt dann:

$$C = w_1 - R_n$$

$$A = C \cdot \frac{1}{a_n}$$

$$\boxed{B = A + R_n \cdot i}$$

Für die Wertentwicklung gilt unter Beachtung von $C + R_n = w_1$ bei beliebigem Restwert R_n:

$$w_2 = R_n + (C - d_{1d})$$

$$\vdots$$

$$w_t = R_n + (C - \sum_{m=1}^{t-1} d_{md})$$

$$\boxed{w_t = w_1 - \sum_{m=1}^{t-1} d_{md}}$$

*****BASIC-Programm AZZ.6**

Übungsaufgaben zu Kapitel 6

1. Eine Maschine im Wert von 35 000 DM soll in 7 Jahren abgeschrieben werden.
   a) Wie groß ist der jährliche Abschreibungsbetrag bei linearer Abschreibung?
   b) Wie groß ist der Abschreibungsprozentsatz, wenn bei geometrisch-degressiver Abschreibung ein Restwert von 3000 DM bleiben soll?
   c) Wie groß ist bei einem Restwert von 3000 DM die lineare Abschreibung pro Jahr absolut und in Prozent?
   d) Wie groß ist der Abschreibungsbetrag im dritten Jahr bei arithmetisch-degressiver Abschreibung, wenn kein Restwert bleiben soll? Der jährliche Unterschiedsbetrag sei 1000 DM.
   e) Wie groß muß ein Zuschreibungsbetrag sein, damit bei einem Restwert von 3000 DM die Abschreibung im ersten Jahr bei geometrisch-degressiver Abschreibung nicht mehr als doppelt so groß ist wie bei linearer Abschreibung?
   f) Wie hoch ist die jährliche Gesamtbelastung, wenn bei Berücksichtigung von 8% p.a. Zinsen ein gleichbleibender Betrag für Abschreibung und Zinsen angesetzt werden und kein Restwert verbleiben soll?
   g) Um wieviel DM verändert sich diese jährliche Gesamtbelastung, wenn ein Restwert von 3000 DM verbleiben soll?

2. Eine Anlage im Wert von 120000 DM hat eine Nutzungsdauer von 8 Jahren.
   a) Wie lautet der Abschreibungsprozentsatz bei linearer Abschreibung und einem Restwert von 24000 DM?
   b) Wie groß ist der Abschreibungsbetrag im ersten Jahr bei geometrisch-degressiver Abschreibung und einem Restwert von 24000 DM?
   c) Wie verändert sich das Ergebnis zu b) bei einem Restwert von 400 DM?
   d) Welcher Zuschreibungsbetrag ist festzusetzen, damit bei geometrisch-degressiver Abschreibung und einem Restwert von 1000 DM der Abschreibungsprozentsatz kleiner als 25% ist?
   e) Wie ist die Wertentwicklung, wenn ein Restwert von 12 000 DM bleiben soll und im letzten Jahr 8000 DM arithmetisch-degressiv abgeschrieben werden sollen?
   f) Wie hoch ist die Abschreibung des ersten Jahres, wenn eine Berücksichtigung von 10% p.a. Zinsen erfolgen soll, und eine gleichmäßige Belastung über die Nutzungsdauer hinweg angestrebt wird? Ein Restwert soll nicht verbleiben!
3. Ein Auto im Wert von 9000 DM hat eine Nutzungsdauer von 4 Jahren.
   a) Wie hoch ist die lineare Abschreibung im Jahr bei einem Restwert von 1000 DM?
   b) Wie hoch ist der Abschreibungsprozentsatz bei geometrisch-degressiver Abschreibung bei einem Restwert von 450 DM?
   c) Wie hoch müßte der Restwert sein, damit der Abschreibungsprozentsatz bei geometrisch-degressiver Abschreibung nicht größer ist als 44%?
   d) Wie groß muß die Zuschreibung sein, damit sich bei Fehlen eines Restwertes ein Abschreibungsprozentsatz ergibt, der nicht größer ist als 40%?
   e) Wie hoch ist der Abschreibungsbetrag im dritten Jahr bei arithmetisch-degressiver Abschreibung und einem Restwert von 1000 DM, wenn der Unterschiedsbetrag 500 DM ausmachen soll?
   f) Wie hoch ist eine gleichmäßige Belastung durch Abschreibung und Zinsen von 7% p.a., wenn das Auto völlig abgeschrieben wird?

7. Formelsammlung und Symbole

Zu 1. Mathematische Grundlagen

Symbole

a_1: Anfangsglied
a_n: Endglied
d: Differenz zweier aufeinanderfolgender Glieder (konstant bei arithmetischer Reihe)
n: Zahl der Glieder
q: Quotient zweier aufeinanderfolgender Glieder (konstant bei geometrischer Reihe)

$$S_n = \sum_{i=1}^{n} a_i = a_1 + \dots + a_n$$

Arithmetische Reihe:

$$a_n = a_1 + (n-1)\,d \qquad n = 1 + \frac{a_n - a_1}{d}$$

$$S_n = \frac{n}{2}\,(a_1 + a_n)$$

$$S_n = \frac{n}{2}\,(2a_1 + (n-1)\,d) \qquad n = \frac{2S_n}{a_1 + a_n}$$

Geometrische Reihe ($q \neq 0$, $q \neq 1$):

$$a_n = a_1 \cdot q^{n-1} \qquad q = \sqrt[n-1]{\frac{a_n}{a_1}}$$

$$S_n = a_1 \cdot \frac{q^n - 1}{q - 1}$$

$$S_{n,\infty} = a_1 \cdot \frac{1}{1-q} \quad (|q|<1) \qquad n = \frac{\lg a_n - \lg a_1}{\lg q} + 1$$

$$q = \frac{S_n - a_1}{S_n - a_n} \qquad n = \frac{\lg\,[S_n\,(q-1) + a_1] - \lg a_1}{\lg q}$$

Zu 2. Zinsrechnung

Symbole

K_k:	Kapital zum Zeitpunkt k	n:	Zahl der Jahre
Z_k:	Zinsen für das Jahr k	T:	Zahl der Tage
i:	Zinssatz (in Dezimalen)	$q = 1 + i$:	Aufzinsungsfaktor
Z_T:	Zinsen für T Tage	m:	Zahl der Zinstermine
i_k	konformer unterjähriger Zinssatz	j:	effektiver jährlicher Zinssatz

---

Einfache Zinsen:

$$K_n = K_0 \cdot i \cdot n + K_0 = K_0\,(1 + i \cdot n) \qquad Z_T = K_0\,\frac{i \cdot T}{360}$$

$$K_T = K_0 \left(1 + \frac{i \cdot T}{360}\right)$$

Zinseszinsen (nachschüssig):

$$K_n = K_0 \cdot q^n \qquad K_0 = K_n \cdot q^{-n}$$

$$n = \frac{\lg K_n - \lg K_0}{\lg q} \qquad q = \sqrt[n]{\frac{K_n}{K_0}}$$

Zinseszinsen (vorschüssig; i: vorschüssiger Zinssatz):

$$K_n = \frac{K_0}{(1-i)^n} \qquad K_0 = K_n \cdot (1-i)^n$$

$$n = \frac{\lg K_0 - \lg K_n}{\lg (1-i)} \qquad i = 1 - \sqrt[n]{\frac{K_0}{K_n}}$$

Ersatzzinssatz i_e zur nachschüssigen Rechnung:

$$i_e = \frac{i}{1-i} \qquad q_e = \frac{1}{1-i}$$

Unterjährige Verzinsung:

$$i_{\text{rel}} = \frac{i}{m} \qquad j = (1 + i_{\text{rel}})^m - 1$$

$$K_n = K_0 (1 + i_{\text{rel}})^{m \cdot n} \qquad i = m\left(\sqrt[m]{1+j} - 1\right)$$

$$K_n = K_0 (1 + i_k)^{m \cdot n} \qquad i_k = \sqrt[m]{1+i} - 1$$

$$i = (1 + i_k)^m - 1$$

Gemischte Verzinsung:

$$t = n + T = n + \frac{1}{m} \qquad K_0 = \frac{K_t}{q^n \left(1 + \frac{1}{m}\right)}$$

$$K_t = K_0 \cdot q^n \left(1 + \frac{1}{m}\right) \qquad K_0 = \frac{K_t}{q^n \left(1 + \frac{i \cdot T}{360}\right)}$$

$$K_t = K_0 \cdot q^n \left(1 + \frac{i \cdot T}{360}\right)$$

Stetige Verzinsung:

$$\ln x = \frac{\lg x}{\lg \mathrm{e}} \qquad \mathrm{e} = 2{,}7182818\ldots$$

$$\lg \mathrm{e} = 0{,}4343\ldots$$

$$K_n = K_0 \cdot \mathrm{e}^{i \cdot n} \qquad j = \mathrm{e}^i - 1$$

$$K_0 = K_n \cdot \mathrm{e}^{-i \cdot n} \qquad i = \ln(1+j) = \lg(1+j) : \lg \mathrm{e}$$

Zu 3. Rentenrechnung

Symbole

r: Betrag einer Rentenzahlung
i: Zinssatz
R_n: Rentenendwert
R_0: Rentenbarwert
$R_{0\infty}$: Barwert einer ewigen (unendlichen) Rente
R_{v0}: Barwert einer vorschüssigen Rente
R_{vn}: Endwert einer vorschüssigen Rente
$R_{v0\infty}$: Barwert einer vorschüssigen ewigen Rente

g: Wartezeit
n: Laufzeit der Rente (außer bei abgebrochener Rente; dort Betrachtungszeitraum)
r_k: konforme unterjährige Rente
s_n: Rentenendwertfaktor
a_n: Rentenbarwertfaktor
a'_n: vorschüssiger Rentenbarwertfaktor
s'_n: vorschüssiger Rentenendwertfaktor

Nachschüssige Rente:

$$R_n = r \cdot \frac{q^n - 1}{q - 1} \qquad R_0 = r \cdot \frac{q^n - 1}{q^n (q - 1)}$$

$$s_n = \frac{q^n - 1}{q - 1} \qquad a_n = \frac{q^n - 1}{q^n (q - 1)}$$

$$R_n = r \cdot s_n \qquad R_0 = r \cdot a_n$$

$$n = \frac{\lg [1 + s_n (q - 1)]}{\lg q} \qquad n = -\frac{\lg [1 - a_n (q - 1)]}{\lg q}$$

$$R_{0\infty} = \frac{r}{i} \qquad r = i \cdot R_{0\infty}$$

Vorschüssige Rente:

$$R_{vn} = r \cdot q \cdot \frac{q_n - 1}{q - 1} \qquad R_{vo} = r \cdot q \cdot \frac{q^n - 1}{q^n (q - 1)}$$

$$s'_n = q \cdot \frac{q^n - 1}{q - 1} \qquad a'_n = q \cdot \frac{q^n - 1}{q^n (q - 1)}$$

$$R_{vn} = r \cdot s'_n \qquad R_{vo} = r \cdot a'_n$$

$$s'_n = s_{n+1} - 1 \qquad a'_n = a_{n-1} + 1$$

$$n = \frac{\lg \left(1 + s'_n \cdot \frac{q - 1}{q} \right)}{\lg q} \qquad n = -\frac{\lg \left(1 - a'_n \cdot \frac{q - 1}{q} \right)}{\lg q}$$

$$R_{vo} = \frac{r \cdot q}{i} \qquad r = \frac{R_{vo\infty} \cdot i}{q}$$

Kapitalvermehrung und -verminderung durch Renten:

$$K_n = K_0 \cdot q^n + r \cdot s_n \qquad K_n = K_0 \cdot q^n - r \cdot s_n$$

Aufgeschobene Renten:

$$R_0 = r \cdot a_n \cdot q^{-g} = r \cdot \frac{q^n - 1}{(q-1)\, q^n\, q^g} \qquad R_0 = r \cdot (a_{n+g} - a_g)$$

Abgebrochene Renten: (Rentendauer $n - g$!)

$$R_n = r \cdot \frac{q^{n-g} - 1}{q-1}\, q^g = r \cdot \frac{q^n - q^g}{q-1} \qquad R_n = r \cdot s_{n-g} \cdot q^g = r \cdot (s_n - s_g)$$

Unterjährige Zins- und Rentenzahlung:
zu 3.6.1

$$r = r_k \cdot \frac{j}{i_{\text{rel}}} \qquad r_k = r \cdot \frac{i_{\text{rel}}}{j}$$

$$r = r_{\text{Vk}} \cdot q_{\text{rel}} \frac{j}{i_{\text{rel}}}$$

$$R_0 = r_k \cdot \frac{{q_{\text{rel}}}^{m \cdot n} - 1}{{q_{\text{rel}}}^{m \cdot n} \cdot (q_{\text{rel}} - 1)} \qquad R_n = r_k \cdot \frac{{q_{\text{rel}}}^{m \cdot n} - 1}{q_{\text{rel}} - 1}$$

zu 3.6.2

$$R_n = r_k \cdot \left(m + \frac{m-1}{2}\, i\right) \frac{q^n - 1}{q - 1}$$

$$R_0 = r_k \cdot \left(m + \frac{m-1}{2}\, i\right) \frac{q^n - 1}{q^n (q - 1)}$$

Zu 4. Tilgungsrechnung

Symbole
K_0: Anfangsschuld
A_k: Annuität des Jahres k
T_k: Tilgung des Jahres k
a: Aufgeld in Prozent
n: Tilgungszeit
K_k: Schuldrest am Ende des Jahres k
Z_0: Barwert der Zinsen
Z_k: Zinsen des Jahres k

A_0: Barwert der Annuitäten
a_n: Rentenbarwertfaktor
a_n^*: Rentenbarwertfaktor
A^*: Annuität
i^*: Zinssatz in Dezimalen
K_0^*: Anfangsschuld
T_k^*: Tilgung des Jahres k
} unter Einrechnung von a in die Annuität

Ratenschuld:

$$T_1 = T_2 = \ldots = T_n = \text{const} \qquad T_k = \frac{K_0}{n}$$

$$K_k = K_0 - k \cdot T_k$$

$$K_0 = Z_0 + T \cdot \frac{q^n - 1}{q^n \cdot (q-1)} = Z_0 + T \cdot a_n = A_0 \qquad K_0 = \sum_{k=1}^{n} A_k \cdot q^{-k}$$

$$K_k = K_0 \cdot \left(1 - \frac{k}{n}\right) \qquad K_k = T_k \cdot (n - k)$$

Annuitätsschuld:

$$A_1 = A_2 = \ldots = A_k = A$$

$$T_k = T_{k-1} \cdot q = T_1 \cdot q^{k-1} \qquad T_1 = A - K_0 \cdot i$$

$$T_1 = A \cdot q^{-n} \qquad K_1 = K_0 \cdot q - A$$

$$K_0 = T_1 \cdot \frac{q^n - 1}{q - 1} = T_1 \cdot s_n \qquad Z_k = Z_{k-1} - T_{k-1} \cdot i$$

$$K_0 = A \cdot a_n \qquad A = \frac{K_k}{a_{n-k}}$$

$$K_k = K_0 \cdot \left(1 - \frac{q^k - 1}{q^n - 1}\right) \qquad K_k = T_1 \cdot (s_n - s_k)$$

$$K_k = K_0 \cdot \left(1 - \frac{s_k}{s_n}\right) \qquad K_k = K_0 - T_1 \cdot s_k$$

$$n = \frac{\lg A - \lg T_1}{\lg q} \qquad Z_0 = K_0 - n \cdot T_1 \cdot q^{-1}$$

$$n = \frac{\lg\left(\frac{i}{i_T} + 1\right)}{\lg q} \qquad i_T = \frac{A}{K_0} - i$$

$$n = \frac{\lg\left(\frac{i}{i_{TK}} + 1\right)}{\lg q} \qquad i_{TK} = \frac{A}{K_k}$$

$$n = \frac{1}{m} \cdot \frac{\lg\left(\frac{i}{i_T} + 1\right)}{\lg\left(1 + \frac{i}{m}\right)}$$

Annuitätentilgung mit Aufgeld:

$$K_0^* = K_0 \cdot \left(1 + \frac{a}{100}\right) \qquad i^* = \frac{i}{1 + \frac{a}{100}}$$

$$T_k^* = T_k \cdot \left(1 + \frac{a}{100}\right) \qquad T_k = \frac{T_k^*}{1 + \frac{a}{100}}$$

$$a_n^* = \frac{q^{*n} - 1}{q^{*n} \cdot (q^* - 1)} \qquad A^* = K_0^* : a_n^*$$

$$T_k^* = T_1^* \cdot q^{*k-1} \qquad A^* = T_1^* \cdot q^{*n}$$

$$T_k^* = T_{k-1}^* + T_{k-1}^* \cdot i^* \qquad T_k^* = T_{k-1}^* + T_{k-1} \cdot i$$

$$Z_k = Z_k^* \qquad A^* = Z_k + T_k + \frac{T_k \cdot a}{100}$$

Zu 5. Kursrechnung

Symbole

K_o:	Nennwert	i:	Nominalverzinsung
K_o'':	Realkapital	i'':	Realverzinsung
C:	Kurs im Zeitpunkt 0	Kurs:	$C = 100 \cdot \frac{K_0''}{K_0}$

Kurs einer Zinsschuld:

$$C = 100 \cdot (i \cdot a_n'' + q''^{-n})$$

mit Aufgeld a

$$C = 100 \cdot \left(i \cdot a_n'' + \frac{1 + \frac{a}{100}}{q''^n} \right)$$

Kurs einer ewigen nachschüssigen Rente: $C = \frac{100 \cdot i}{i''}$

Kurs einer Annuitätsschuld:

$$C = 100 \cdot \frac{a_n''}{a_n}$$

mit Aufgeld a

$$C = \frac{(100 + a) \cdot a_n''}{a_n^*}$$

mit tilgungsfreier Zeit g ohne Aufgeld

$$C = \frac{100}{q''^g} \cdot \left[\frac{a_n''}{a_n} + i \cdot s_g'' \right]$$

mit tilgungsfreier Zeit g und Aufgeld a

$$C = \frac{100}{q''^q} \cdot \frac{\left(1 + \frac{a}{100}\right) \cdot a_n^*}{a_n^*} + i \cdot s_g''$$

Kurs einer Ratenschuld: $C = 100 \cdot \left[1 - (i'' - i) \frac{n - a_n''}{n \cdot i''} \right]$

Zu 6. Abschreibungen

Lineare Abschreibung:

$$d_{la} = \frac{w_1}{n} \qquad p_a = \frac{100}{n}$$

$$d_{la} = w_1 \cdot p_a \cdot \frac{1}{100} \qquad p_a = \frac{100 - R}{n}$$

Geometrisch-degressive Abschreibung:

$$t_{tb} = w_t \cdot p_b \cdot \frac{1}{100} \qquad p_b = \left(1 - \sqrt[n]{\frac{R}{100}}\right) \cdot 100$$

Arithmetisch-degressive Abschreibung:

$$d_{tc} = p_{tc} w_1 \cdot \frac{1}{100} \qquad p_{tc} = \frac{1}{n}(100 - R) - \frac{n-1}{2}\Delta$$

$$\Delta = \frac{2}{n(n-1)}(100 - R - n \cdot p_{tc}) \qquad \Delta = \frac{2}{n(n-2t+1)}(100 - R\,n \cdot p_{tc})$$

Zuschreibungsabschreibung:

$$d_{tz} = w_{tz} \cdot p_z \cdot \frac{1}{100}$$

$$p_z = \left(1 - \sqrt[n]{\frac{R_n + z}{w_1 + z}}\right) \cdot 100 \qquad z = \frac{w_1 \cdot \left(1 - \frac{p_z}{100}\right)^n - R_n}{1 - \left(1 - \frac{p_z}{100}\right)^n}$$

Abschreibung mit Zinseszins:

$$d_{td} = A \cdot v^n \qquad d_{td} = d_{1d} \cdot q^{i-1}$$

$$w_t = w_1 \left(1 - \frac{s_{t-1}}{s_n}\right)$$

8. Tabellen

Tabelle 1: Aufzinsungsfaktor: $q^n = (1 + i)^n$

n	*i*=0,01	*i*=0,02	*i*=0,03	*i*=0,035	*i*=0,04	*i*=0,045	*i*=0,05	*n*
1	1,010000	1,020000	1,030000	1,035000	1,040000	1,045000	1,050000	1
2	1,020100	1,040400	1,060900	1,071225	1,081600	1,092025	1,102500	2
3	1,030301	1,061208	1,092727	1,108718	1,124864	1,141166	1,157625	3
4	1,040604	1,082432	1,125509	1,147523	1,169859	1,192519	1,215506	4
5	1,051010	1,104081	1,159274	1,187686	1,216653	1,246182	1,276282	5
6	1,061520	1,126162	1,194052	1,229255	1,265319	1,302260	1,340096	6
7	1,072135	1,148686	1,229874	1,272279	1,315932	1,360862	1,407100	7
8	1,082857	1,171659	1,266770	1,316809	1,368569	1,422101	1,477455	8
9	1,093685	1,195093	1,304773	1,362897	1,423312	1,486095	1,551328	9
10	1,104622	1,218994	1,343916	1,410599	1,480244	1,552969	1,628895	10
11	1,115668	1,243374	1,384234	1,459970	1,539454	1,622853	1,710339	11
12	1,126825	1,268242	1,425761	1,511069	1,601032	1,695881	1,795856	12
13	1,138093	1,293607	1,468534	1,563956	1,665074	1,772196	1,885649	13
14	1,149474	1,319479	1,512590	1,618695	1,731676	1,851945	1,979932	14
15	1,160969	1,345868	1,557967	1,675349	1,800944	1,935282	2,078928	15
16	1,172579	1,372786	1,604706	1,733986	1,872981	2,022370	2,182875	16
17	1,184304	1,400241	1,652848	1,794676	1,947900	2,113377	2,292018	17
18	1,196147	1,428246	1,702433	1,857489	2,025817	2,208479	2,406619	18
19	1,208109	1,456811	1,753506	1,922501	2,106849	2,307860	2,526950	19
20	1,220190	1,485947	1,806111	1,989789	2,191123	2,411714	2,653298	20
21	1,232392	1,515666	1,860295	2,059431	2,278768	2,520241	2,785963	21
22	1,244716	1,545980	1,916103	2,131512	2,369919	2,633652	2,925261	22
23	1,257163	1,576899	1,973587	2,206114	2,464716	2,752166	3,071524	23
24	1,269735	1,608437	2,032794	2,283328	2,563304	2,876014	3,225100	24
25	1,282432	1,640606	2,093778	2,363245	2,665836	3,005434	3,386355	25
26	1,295256	1,673418	2,156591	2,445959	2,772470	3,140679	3,555673	26
27	1,308209	1,706886	2,221289	2,531567	2,883369	3,282010	3,733456	27
28	1,321291	1,741024	2,287928	2,620172	2,998703	3,429700	3,920129	28
29	1,334504	1,775845	2,356566	2,711878	3,118651	3,584036	4,116136	29
30	1,347849	1,811362	2,427262	2,806794	3,243398	3,745318	4,321942	30
31	1,361327	1,847589	2,500080	2,905031	3,373133	3,913857	4,538039	31
32	1,374941	1,884541	2,575083	3,006708	3,508059	4,089981	4,764941	32
33	1,388690	1,922231	2,652335	3,111942	3,648381	4,274030	5,003189	33
34	1,402577	1,960676	2,731905	3,220860	3,794316	4,466362	5,253348	34
35	1,416603	1,999890	2,813862	3,333590	3,946089	4,667348	5,516015	35
36	1,430769	2,039887	2,898278	3,450266	4,103933	4,877378	5,791816	36
37	1,445076	2,080685	2,985227	3,571025	4,268090	5,096860	6,081407	37
38	1,459527	2,122299	3,074783	3,696011	4,438813	5,326219	6,385477	38
39	1,474123	2,164745	3,167027	3,825372	4,616366	5,565899	6,704751	39
40	1,488864	2,208040	3,262038	3,959260	4,801021	5,816365	7,039989	40
41	1,503752	2,252200	3,359899	4,097834	4,993061	6,078101	7,391988	41
42	1,518790	2,297244	3,460696	4,241258	5,192784	6,351615	7,761588	42
43	1,533978	2,343189	3,564517	4,389702	5,400495	6,637438	8,149667	43
44	1,549318	2,390053	3,671452	4,543342	5,616515	6,936123	8,557150	44
45	1,564811	2,437854	3,781596	4,702359	5,841176	7,248248	8,985008	45
46	1,580459	2,486611	3,895044	4,866941	6,074823	7,574420	9,434258	46
47	1,596263	2,536344	4,011895	5,037284	6,317816	7,915268	9,905971	47
48	1,612226	2,587070	4,132252	5,213589	6,570528	8,271456	10,40127	48
49	1,628348	2,638812	4,256219	5,396065	6,833349	8,643671	10,92133	49
50	1,644632	2,691588	4,383906	5,584927	7,106683	9,032636	11,46740	50

Tabelle 1 (Forts.): Aufzinsungsfaktor: $q^n = (1 + i)^n$

n	*i*=0,055	*i*=0,06	*i*=0,07	*i*=0,08	*i*=0,09	*i*=0,1	*i*=0,12	*n*
1	1,055000	1,060000	1,070000	1,080000	1,090000	1,100000	1,120000	1
2	1,113025	1,123600	1,144900	1,166400	1,188100	1,210000	1,254400	2
3	1,174241	1,191016	1,225043	1,259712	1,295029	1,331000	1,404928	3
4	1,238825	1,262477	1,310796	1,360489	1,411582	1,464100	1,573519	4
5	1,306960	1,338226	1,402552	1,469328	1,538624	1,610510	1,762342	5
6	1,378843	1,418519	1,500730	1,586874	1,677100	1,771561	1,973823	6
7	1,454679	1,503630	1,605781	1,713824	1,828039	1,948717	2,210681	7
8	1,534687	1,593848	1,718186	1,850930	1,992563	2,143589	2,475963	8
9	1,619094	1,689479	1,838459	1,999005	2,171893	2,357948	2,773079	9
10	1,708144	1,790848	1,967151	2,158925	2,367364	2,593742	3,105848	10
11	1,802092	1,898299	2,104852	2,331639	2,580426	2,853117	3,478550	11
12	1,901207	2,012196	2,252192	2,518170	2,812665	3,138428	3,895976	12
13	2,005774	2,132928	2,409845	2,719624	3,065805	3,452271	4,363493	13
14	2,116091	2,260904	2,578534	2,937194	3,341727	3,797498	4,887112	14
15	2,232476	2,396558	2,759032	3,172169	3,642482	4,177248	5,473566	15
16	2,355263	2,540352	2,952164	3,425943	3,970306	4,594973	6,130394	16
17	2,484802	2,692773	3,158815	3,700018	4,327633	5,054470	6,866041	17
18	2,621466	2,854339	3,379932	3,996019	4,717120	5,559917	7,689966	18
19	2,765647	3,025600	3,616528	4,315701	5,141661	6,115909	8,612762	19
20	2,917757	3,207135	3,869684	4,660957	5,604411	6,727500	9,646293	20
21	3,078234	3,399564	4,140562	5,033834	6,108808	7,400250	10,80385	21
22	3,247537	3,603537	4,430402	5,436540	6,658600	8,140275	12,10031	22
23	3,426152	3,819750	4,740530	5,871464	7,257874	8,954302	13,55235	23
24	3,614590	4,048935	5,072367	6,341181	7,911083	9,849733	15,17863	24
25	3,813392	4,291871	5,427433	6,848475	8,623081	10,83471	17,00006	25
26	4,023129	4,549383	5,807353	7,396353	9,399158	11,91818	19,04007	26
27	4,244401	4,822346	6,213868	7,988061	10,24508	13,10999	21,32488	27
28	4,477843	5,111687	6,648838	8,627106	11,16714	14,42099	23,88387	28
29	4,724124	5,418388	7,114257	9,317275	12,17218	15,86309	26,74993	29
30	4,983951	5,743491	7,612255	10,06266	13,26768	17,44940	29,95992	30
31	5,258069	6,088101	8,145113	10,86767	14,46177	19,19434	33,55511	31
32	5,547262	6,453387	8,715271	11,73708	15,76333	21,11378	37,58173	32
33	5,852362	6,840590	9,325340	12,67605	17,18203	23,22515	42,09153	33
34	6,174242	7,251025	9,978114	13,69013	18,72841	25,54767	47,14252	34
35	6,513825	7,686087	10,67658	14,78534	20,41397	28,10244	52,79962	35
36	6,872085	8,147252	11,42394	15,96817	22,25123	30,91268	59,13557	36
37	7,250050	8,636087	12,22362	17,24567	24,25384	34,00395	66,23184	37
38	7,648803	9,154252	13,07927	18,62528	26,43668	37,40434	74,17966	38
39	8,069487	9,703507	13,99482	20,11530	28,81598	41,14478	83,08122	39
40	8,513309	10,28572	14,97446	21,72452	31,40942	45,25926	93,05097	40
41	8,981541	10,90286	16,02267	23,46248	34,23627	49,78518	104,2171	41
42	9,475525	11,55703	17,14426	25,33948	37,31753	54,76370	116,7231	42
43	9,996679	12,25045	18,34435	27,36664	40,67611	60,24007	130,7299	43
44	10,54650	12,98548	19,62846	29,55597	44,33696	66,26408	146,4175	44
45	11,12655	13,76461	21,00245	31,92045	48,32729	72,89048	163,9876	45
46	11,73851	14,59049	22,47262	34,47409	52,67674	80,17953	183,6661	46
47	12,38413	15,46592	24,04571	37,23201	57,41765	88,19749	205,7061	47
48	13,06526	16,39387	25,72891	40,21057	62,58524	97,01723	230,3908	48
49	13,78385	17,37750	27,52993	43,42742	68,21791	106,7190	258,0377	49
50	14,54196	18,42015	29,45703	46,90161	74,35752	117,3909	289,0022	50

Tabelle II: Abzinsungsfaktor: $v^n = \dfrac{1}{(1+i)^n}$

n	i=0,01	i=0,02	i=0,03	i=0,035	i=0,04	i=0,045	i=0,05	n
1	0,9900990	0,9803922	0,9708738	0,9661836	0,9615385	0,9569378	0,9523810	1
2	0,9802960	0,9611688	0,9425959	0,9335107	0,9245562	0,9157300	0,9070295	2
3	0,9705901	0,9423223	0,9151417	0,9019427	0,8889964	0,8762966	0,8638376	3
4	0,9609803	0,9238454	0,8884870	0,8714422	0,8548042	0,8385613	0,8227025	4
5	0,9514657	0,9057308	0,8626088	0,8419732	0,8219271	0,8024510	0,7835262	5
6	0,9420452	0,8879714	0,8374843	0,8135006	0,7903145	0,7678957	0,7462154	6
7	0,9327181	0,8705602	0,8130915	0,7859910	0,7599178	0,7348285	0,7106813	7
8	0,9234832	0,8534904	0,7894092	0,7594116	0,7306902	0,7031851	0,6768394	8
9	0,9143398	0,8367553	0,7664167	0,7337310	0,7025867	0,6729044	0,6446089	9
10	0,9052870	0,8203483	0,7440939	0,7089188	0,6755642	0,6439277	0,6139133	10
11	0,8963237	0,8042630	0,7224213	0,6849457	0,6495809	0,6161987	0,5846793	11
12	0,8874492	0,7884932	0,7013799	0,6617833	0,6245970	0,5896639	0,5568374	12
13	0,8786626	0,7730325	0,6809513	0,6394042	0,6005741	0,5642716	0,5303214	13
14	0,8699630	0,7578750	0,6611178	0,6177818	0,5774751	0,5399729	0,5050680	14
15	0,8613495	0,7430147	0,6418619	0,5968906	0,5552645	0,5167204	0,4810171	15
16	0,8528213	0,7284458	0,6231669	0,5767059	0,5339082	0,4944693	0,4581115	16
17	0,8443775	0,7141626	0,6050164	0,5572038	0,5133732	0,4731764	0,4362967	17
18	0,8360173	0,7001594	0,5873946	0,5383611	0,4936281	0,4528004	0,4155207	18
19	0,8277399	0,6864308	0,5702860	0,5201557	0,4746424	0,4333018	0,3957340	19
20	0,8195445	0,6729713	0,5536758	0,5025659	0,4563869	0,4146429	0,3768895	20
21	0,8114302	0,6597758	0,5375493	0,4855709	0,4388336	0,3967874	0,3589424	21
22	0,8033962	0,6468390	0,5218925	0,4691506	0,4219554	0,3797009	0,3418499	22
23	0,7954418	0,6341559	0,5066917	0,4532856	0,4057263	0,3633501	0,3255713	23
24	0,7875661	0,6217215	0,4919337	0,4379571	0,3901215	0,3477035	0,3100679	24
25	0,7797684	0,6095309	0,4776056	0,4231470	0,3751168	0,3327306	0,2953028	25
26	0,7720480	0,5975793	0,4636947	0,4088377	0,3606892	0,3184025	0,2812407	26
27	0,7644039	0,5858620	0,4501891	0,3950122	0,3468166	0,3046914	0,2678483	27
28	0,7568356	0,5743746	0,4370768	0,3816543	0,3334775	0,2915707	0,2550936	28
29	0,7493421	0,5631123	0,4243464	0,3687482	0,3206514	0,2790150	0,2429463	29
30	0,7419229	0,5520709	0,4119868	0,3562784	0,3083187	0,2670000	0,2313774	30
31	0,7345771	0,5412460	0,3999871	0,3442303	0,2964603	0,2555024	0,2203595	31
32	0,7273041	0,5306333	0,3883370	0,3325897	0,2850579	0,2444999	0,2098662	32
33	0,7201031	0,5202287	0,3770262	0,3213427	0,2740942	0,2339712	0,1998725	33
34	0,7129733	0,5100282	0,3660449	0,3104761	0,2635521	0,2238959	0,1903548	34
35	0,7059142	0,5000276	0,3553834	0,2999769	0,2534155	0,2142544	0,1812903	35
36	0,6989249	0,4902232	0,3450324	0,2898327	0,2436687	0,2050282	0,1726574	36
37	0,6920049	0,4806109	0,3349829	0,2800316	0,2342968	0,1961992	0,1644356	37
38	0,6851534	0,4711872	0,3252262	0,2705619	0,2252854	0,1877504	0,1566054	38
39	0,6783697	0,4619482	0,3157535	0,2614125	0,2166206	0,1796655	0,1491480	39
40	0,6716531	0,4528904	0,3065568	0,2525725	0,2082890	0,1719287	0,1420457	40
41	0,6650031	0,4440102	0,2976280	0,2440314	0,2002779	0,1645251	0,1352816	41
42	0,6584189	0,4353041	0,2889592	0,2357791	0,1925749	0,1574403	0,1288396	42
43	0,6518999	0,4267688	0,2805429	0,2278059	0,1851682	0,1506605	0,1227044	43
44	0,6454455	0,4184007	0,2723718	0,2201023	0,1780463	0,1441728	0,1168613	44
45	0,6390549	0,4101968	0,2644386	0,2126592	0,1711984	0,1379644	0,1112965	45
46	0,6327276	0,4021537	0,2567365	0,2054679	0,1646139	0,1320233	0,1059967	46
47	0,6264630	0,3942684	0,2492588	0,1985197	0,1582826	0,1263381	0,1009492	47
48	0,6202604	0,3865376	0,2419988	0,1918065	0,1521948	0,1208977	0,0961421	48
49	0,6141192	0,3789584	0,2349503	0,1853202	0,1463411	0,1156916	0,0915639	49
50	0,6080388	0,3715279	0,2281071	0,1790534	0,1407126	0,1107096	0,0872037	50

Tabelle II (Forts.): Abzinsungsfaktor: $v^n = \dfrac{1}{(1+i)^n}$

n	*i*=0,055	*i*=0,06	*i*=0,07	*i*=0,08	*i*=0,09	*i*=0,1	*i*=0,12	*n*
1	0,9478673	0,9433962	0,9345794	0,9259259	0,9174312	0,9090909	0,8928571	1
2	0,8984524	0,8899964	0,8734387	0,8573388	0,8416800	0,8264463	0,7971939	2
3	0,8516137	0,8396193	0,8162979	0,7938322	0,7721835	0,7513148	0,7117802	3
4	0,8072167	0,7920937	0,7628952	0,7350299	0,7084252	0,6830135	0,6355181	4
5	0,7651344	0,7472582	0,7129862	0,6805832	0,6499314	0,6209213	0,5674269	5
6	0,7252458	0,7049605	0,6663422	0,6301696	0,5962673	0,5644739	0,5066311	6
7	0,6874368	0,6650571	0,6227497	0,5834904	0,5470342	0,5131581	0,4523492	7
8	0,6515989	0,6274124	0,5820091	0,5402689	0,5018663	0,4665074	0,4038832	8
9	0,6176293	0,5918985	0,5439337	0,5002490	0,4604278	0,4240976	0,3606100	9
10	0,5854306	0,5583948	0,5083493	0,4631935	0,4224108	0,3855433	0,3219732	10
11	0,5549105	0,5267875	0,4750928	0,4288829	0,3875329	0,3504939	0,2874761	11
12	0,5259815	0,4969694	0,4440120	0,3971138	0,3555347	0,3186308	0,2566751	12
13	0,4985607	0,4688390	0,4149644	0,3676979	0,3261786	0,2896644	0,2291742	13
14	0,4725694	0,4423010	0,3878172	0,3404610	0,2992465	0,2633313	0,2046198	14
15	0,4479330	0,4172651	0,3624460	0,3152417	0,2745380	0,2393920	0,1826963	15
16	0,4245811	0,3936463	0,3387346	0,2918905	0,2518698	0,2176291	0,1631217	16
17	0,4024465	0,3713644	0,3165744	0,2702690	0,2310732	0,1978447	0,1456443	17
18	0,3814659	0,3503438	0,2958639	0,2502490	0,2119937	0,1798588	0,1300396	18
19	0,3615791	0,3305130	0,2765083	0,2317121	0,1944897	0,1635080	0,1161068	19
20	0,3427290	0,3118047	0,2584190	0,2145482	0,1784309	0,1486436	0,1036668	20
21	0,3248616	0,2941554	0,2415131	0,1986557	0,1636981	0,1351306	0,0925596	21
22	0,3079257	0,2775051	0,2257132	0,1839405	0,1501817	0,1228460	0,0826425	22
23	0,2918727	0,2617973	0,2109469	0,1703153	0,1377814	0,1116782	0,0737880	23
24	0,2766566	0,2469785	0,1971466	0,1576993	0,1264049	0,1015256	0,0658821	24
25	0,2622337	0,2329986	0,1842492	0,1460179	0,1159678	0,0922960	0,0588233	25
26	0,2485628	0,2198100	0,1721955	0,1352018	0,1063925	0,0839055	0,0525208	26
27	0,2356045	0,2073680	0,1609304	0,1251868	0,0976078	0,0762777	0,0468936	27
28	0,2233218	0,1956301	0,1504022	0,1159137	0,0895484	0,0693433	0,0418693	28
29	0,2116794	0,1845567	0,1405628	0,1073275	0,0821545	0,0630394	0,0373833	29
30	0,2006440	0,1741101	0,1313671	0,0993773	0,0753711	0,0573086	0,0333779	30
31	0,1901839	0,1642548	0,1227730	0,0920160	0,0691478	0,0520987	0,0298017	31
32	0,1802691	0,1549574	0,1147411	0,0852000	0,0634384	0,0473624	0,0266087	32
33	0,1708712	0,1461862	0,1072347	0,0788889	0,0582003	0,0430568	0,0237577	33
34	0,1619632	0,1379115	0,1002193	0,0730453	0,0533948	0,0391425	0,0212123	34
35	0,1535196	0,1301052	0,0936629	0,0676345	0,0489861	0,0355841	0,0189395	35
36	0,1455162	0,1227408	0,0875355	0,0626246	0,0449413	0,0323492	0,0169103	36
37	0,1379301	0,1157932	0,0818088	0,0579857	0,0412306	0,0294083	0,0150985	37
38	0,1307394	0,1092389	0,0764569	0,0536905	0,0378262	0,0267349	0,0134808	38
39	0,1239236	0,1030555	0,0714550	0,0497134	0,0347030	0,0243044	0,0120364	39
40	0,1174631	0,0972222	0,0667804	0,0460309	0,0318376	0,0220949	0,0107468	40
41	0,1113395	0,0917190	0,0624116	0,0426212	0,0292088	0,0200863	0,0095954	41
42	0,1055350	0,0865274	0,0583286	0,0394641	0,0267971	0,0182603	0,0085673	42
43	0,1000332	0,0816296	0,0545127	0,0365408	0,0245845	0,0166002	0,0076494	43
44	0,0948182	0,0770091	0,0509464	0,0338341	0,0225545	0,0150911	0,0068298	44
45	0,0898751	0,0726501	0,0476135	0,0313279	0,0206922	0,0137192	0,0060980	45
46	0,0851897	0,0685378	0,0444986	0,0290073	0,0189837	0,0124720	0,0054447	46
47	0,0807485	0,0646583	0,0415875	0,0268586	0,0174162	0,0113382	0,0048613	47
48	0,0765389	0,0609984	0,0388668	0,0248691	0,0159782	0,0103074	0,0043405	48
49	0,0725487	0,0575457	0,0363241	0,0230269	0,0146589	0,0093704	0,0038754	49
50	0,0687665	0,0542884	0,0339478	0,0213212	0,0134485	0,0085186	0,0034602	50

Tabelle III: Rentenendwertfaktor: $s_n = \dfrac{q^n - 1}{q - 1}$

n	*i*=0,01	*i*=0,02	*i*=0,03	*i*=0,035	*i*=0,04	*i*=0,045	*i*=0,05	*n*
1	1,000000	1,000000	1,000000	1,000000	1,000000	1,000000	1,000000	1
2	2,010000	2,020000	2,030000	2,035000	2,040000	2,045000	2,050000	2
3	3,030100	3,060400	3,090900	3,106225	3,121600	3,137025	3,152500	3
4	4,060401	4,121608	4,183627	4,214943	4,246464	4,278191	4,310125	4
5	5,101005	5,204040	5,309136	5,362466	5,416323	5,470710	5,525631	5
6	6,152015	6,308121	6,468410	6,550152	6,632975	6,716892	6,801913	6
7	7,213535	7,434283	7,662462	7,779408	7,898294	8,019152	8,142008	7
8	8,285671	8,582969	8,892336	9,051687	9,214226	9,380014	9,549109	8
9	9,368527	9,754628	10,15911	10,36850	10,58280	10,80211	11,02656	9
10	10,46221	10,94972	11,46388	11,73139	12,00611	12,28821	12,57789	10
11	11,56683	12,16872	12,80780	13,14199	13,48635	13,84118	14,20679	11
12	12,68250	13,41209	14,19203	14,60196	15,02581	15,46403	15,91713	12
13	13,80933	14,68033	15,61779	16,11303	16,62684	17,15991	17,71298	13
14	14,94742	15,97394	17,08632	17,67699	18,29191	18,93211	19,59863	14
15	16,09690	17,29342	18,59891	19,29568	20,02359	20,78405	21,57856	15
16	17,25786	18,63929	20,15688	20,97103	21,82453	22,71934	23,65749	16
17	18,43044	20,01207	21,76159	22,70502	23,69751	24,74171	25,84037	17
18	19,61475	21,41231	23,41444	24,49969	25,64541	26,85508	28,13238	18
19	20,81090	22,84056	25,11687	26,35718	27,67123	29,06356	30,53900	19
20	22,01900	24,29737	26,87037	28,27968	29,77808	31,37142	33,06595	20
21	23,23919	25,78332	28,67649	30,26947	31,96920	33,78314	35,71925	21
22	24,47159	27,29898	30,53678	32,32890	34,24797	36,30338	38,50521	22
23	25,71630	28,84496	32,45288	34,46041	36,61789	38,93703	41,43048	23
24	26,97346	30,42186	34,42647	36,66653	39,08260	41,68920	44,50200	24
25	28,24320	32,03030	36,45926	38,94986	41,64591	44,56521	47,72710	25
26	29,52563	33,67091	38,55304	41,31310	44,31174	47,57064	51,11345	26
27	30,82089	35,34432	40,70963	43,75906	47,08421	50,71132	54,66913	27
28	32,12910	37,05121	42,93092	46,29063	49,96758	53,99333	58,40258	28
29	33,45039	38,79223	45,21885	48,91080	52,96629	57,42303	62,32271	29
30	34,78489	40,56808	47,57542	51,62268	56,08494	61,00707	66,43885	30
31	36,13274	42,37944	50,00268	54,42947	59,32834	64,75239	70,76079	31
32	37,49407	44,22703	52,50276	57,33450	62,70147	68,66625	75,29883	32
33	38,86901	46,11157	55,07784	60,34121	66,20953	72,75623	80,06377	33
34	40,25770	48,03380	57,73018	63,45315	69,85791	77,03026	85,06696	34
35	41,66028	49,99448	60,46208	66,67401	73,65222	81,49662	90,32031	35
36	43,07688	51,99437	63,27594	70,00760	77,59831	86,16397	95,83632	36
37	44,50765	54,03425	66,17422	73,45787	81,70225	91,04134	101,6281	37
38	45,95272	56,11494	69,15945	77,02889	85,97034	96,13820	107,7095	38
39	47,41225	58,23724	72,23423	80,72491	90,40915	101,4644	114,0950	39
40	48,88637	60,40198	75,40126	84,55028	95,02552	107,0303	120,7998	40
41	50,37524	62,61002	78,66330	88,50954	99,82654	112,8467	127,8398	41
42	51,87899	64,86222	82,02320	92,60737	104,8196	118,9248	135,2318	42
43	53,39778	67,15947	85,48389	96,84863	110,0124	125,2764	142,9933	43
44	54,93176	69,50266	89,04841	101,2383	115,4129	131,9138	151,1430	44
45	56,48107	71,89271	92,71986	105,7817	121,0294	138,8500	159,7002	45
46	58,04589	74,33056	96,50146	110,4840	126,8706	146,0982	168,6852	46
47	59,62634	76,81718	100,3965	115,3510	132,9454	153,6726	178,1194	47
48	61,22261	79,35352	104,4084	120,3883	139,2632	161,5879	188,0254	48
49	62,83483	81,94059	108,5406	125,6018	145,8337	169,8594	198,4267	49
50	64,46318	84,57940	112,7969	130,9979	152,6671	178,5030	209,3480	50

Tabelle III (Forts.): Rentenendwertfaktor: $s_n = \dfrac{q^n - 1}{q - 1}$

n	i=0,055	i=0,06	i=0,07	i=0,08	i=0,09	i=0,10	i=0,12	n
1	1,000000	1,000000	1,000000	1,000000	1,000000	1,000000	1,000000	1
2	2,055000	2,060000	2,070000	2,080000	2,090000	2,100000	2,120000	2
3	3,168025	3,183600	3,214900	3,246400	3,278100	3,310000	3,374400	3
4	4,342266	4,374616	4,439943	4,506112	4,573129	4,641000	4,779328	4
5	5,581091	5,637093	5,750739	5,866601	5,984711	6,105100	6,352847	5
6	6,888051	6,975319	7,153291	7,335929	7,523335	7,715610	8,115189	6
7	8,266894	8,393838	8,654021	8,922803	9,200435	9,487171	10,08901	7
8	9,721573	9,897468	10,25980	10,63663	11,02847	11,43589	12,29969	8
9	11,25626	11,49132	11,97799	12,48756	13,02104	13,57948	14,77566	9
10	12,87535	13,18079	13,81645	14,48656	15,19293	15,93742	17,54874	10
11	14,58350	14,97164	15,78360	16,64549	17,56029	18,53117	20,65458	11
12	16,38559	16,86994	17,88845	18,97713	20,14072	21,38428	24,13313	12
13	18,28680	18,88214	20,14064	21,49530	22,95338	24,52271	28,02911	13
14	20,29257	21,01507	22,55049	24,21492	26,01919	27,97498	32,39260	14
15	22,40866	23,27597	25,12902	27,15211	29,36092	31,77248	37,27971	15
16	24,64114	25,67253	27,88805	30,32428	33,00340	35,94973	42,75328	16
17	26,99640	28,21288	30,84022	33,75023	36,97370	40,54470	48,88367	17
18	29,48120	30,90565	33,99903	37,45024	41,30134	45,59917	55,74971	18
19	32,10267	33,75999	37,37896	41,44626	46,01846	51,15909	63,43968	19
20	34,86832	36,78559	40,99549	45,76196	51,16012	57,27500	72,05244	20
21	37,78608	39,99273	44,86518	50,42292	56,76453	64,00250	81,69874	21
22	40,86431	43,39229	49,00574	55,45676	62,87334	71,40275	92,50258	22
23	44,11185	46,99583	53,43614	60,89330	69,53194	79,54302	104,6029	23
24	47,53800	50,81558	58,17667	66,76476	76,78981	88,49733	118,1552	24
25	51,15259	54,86451	63,24904	73,10594	84,70090	98,34706	133,3339	25
26	54,96598	59,15638	68,67647	79,95442	93,32398	109,1818	150,3339	26
27	58,98911	63,70577	74,48382	87,35077	102,7231	121,0999	169,3740	27
28	63,23351	68,52811	80,69769	95,33883	112,9682	134,2099	190,6989	28
29	67,71135	73,63980	87,34653	103,9659	124,1354	148,6309	214,5828	29
30	72,43548	79,05819	94,46079	113,2832	136,3075	164,4940	241,3327	30
31	77,41943	84,80168	102,0730	123,3459	149,5752	181,9434	271,2926	31
32	82,67750	90,88978	110,2182	134,2135	164,0370	201,1378	304,8477	32
33	88,22476	97,34316	118,9334	145,9506	179,8003	222,2515	342,4294	33
34	94,07712	104,1838	128,2588	158,6267	196,9823	245,4767	384,5210	34
35	100,2514	111,4348	138,2369	172,3168	215,7108	271,0244	431,6635	35
36	106,7652	119,1209	148,9135	187,1021	236,1247	299,1268	484,4631	36
37	113,6373	127,2681	160,3374	203,0703	258,3759	330,0395	543,5987	37
38	120,8873	135,9042	172,5610	220,3159	282,6298	364,0434	609,8305	38
39	128,5361	145,0585	185,6403	238,9412	309,0665	401,4478	684,0102	39
40	136,6056	154,7620	199,6351	259,0565	337,8824	442,5926	767,0914	40
41	145,1189	165,0477	214,6096	280,7810	369,2919	487,8518	860,1424	41
42	154,1005	175,9505	230,6322	304,2435	403,5281	537,6370	964,3595	42
43	163,5760	187,5076	247,7765	329,5830	440,8457	592,4007	1081,083	43
44	173,5727	199,7580	266,1209	356,9496	481,5218	652,6408	1211,813	44
45	184,1192	212,7435	285,7493	386,5056	525,8587	718,9048	1358,230	45
46	195,2457	226,5081	306,7518	418,4261	574,1860	791,7953	1522,218	46
47	206,9842	241,0986	329,2244	452,9002	626,8628	871,9749	1705,884	47
48	219,3684	256,5645	353,2701	490,1322	684,2804	960,1723	1911,590	48
49	232,4336	272,9584	378,9990	530,3427	746,8656	1057,190	2141,981	49
50	246,2175	290,3359	406,5289	573,7702	815,0836	1163,909	2400,019	50

Tabelle IV: Rentenbarwertfaktor: $a_n = s_n \cdot v^n = \dfrac{q^n - 1}{q^n \cdot (q-1)}$

n	*i*=0,01	*i*=0,02	*i*=0,03	*i*=0,035	*i*=0,04	*i*=0,045	*i*=0,05	*n*
1	0,990099	0,980392	0,970874	0,966184	0,961538	0,956938	0,952381	1
2	1,970395	1,941561	1,913470	1,899694	1,886095	1,872668	1,859410	2
3	2,940985	2,883883	2,828611	2,801637	2,775091	2,748964	2,723248	3
4	3,901966	3,807729	3,717098	3,673079	3,629895	3,587526	3,545951	4
5	4,853431	4,713460	4,579707	4,515052	4,451822	4,389977	4,329477	5
6	5,795476	5,601431	5,417191	5,328553	5,242137	5,157872	5,075692	6
7	6,728195	6,471991	6,230283	6,114544	6,002055	5,892701	5,786373	7
8	7,651678	7,325481	7,019692	6,873956	6,732745	6,595886	6,463213	8
9	8,566018	8,162237	7,786109	7,607687	7,435332	7,268790	7,107822	9
10	9,471305	8,982585	8,530203	8,316605	8,110896	7,912718	7,721735	10
11	10,36763	9,786848	9,252624	9,001551	8,760477	8,528917	8,306414	11
12	11,25508	10,57534	9,954004	9,663334	9,385074	9,118581	8,863252	12
13	12,13374	11,34837	10,63496	10,30274	9,985648	9,682852	9,393573	13
14	13,00370	12,10625	11,29607	10,92052	10,56312	10,22283	9,898641	14
15	13,86505	12,84926	11,93794	11,51741	11,11839	10,73955	10,37966	15
16	14,71787	13,57771	12,56110	12,09412	11,65230	11,23402	10,83777	16
17	15,56225	14,29187	13,16612	12,65132	12,16567	11,70719	11,27407	17
18	16,39827	14,99203	13,75351	13,18968	12,65930	12,15999	11,68959	18
19	17,22601	15,67846	14,32380	13,70984	13,13394	12,59329	12,08532	19
20	18,04555	16,35143	14,87747	14,21240	13,59033	13,00794	12,46221	20
21	18,85698	17,01121	15,41502	14,69797	14,02916	13,40472	12,82115	21
22	19,66038	17,65805	15,93692	15,16712	14,45112	13,78442	13,16300	22
23	20,45582	18,29220	16,44361	15,62041	14,85684	14,14777	13,48857	23
24	21,24339	18,91393	16,93554	16,05837	15,24696	14,49548	13,79864	24
25	22,02316	19,52346	17,41315	16,48151	15,62208	14,82821	14,09394	25
26	22,79520	20,12104	17,87684	16,89035	15,98277	15,14661	14,37519	26
27	23,55961	20,70690	18,32703	17,28536	16,32959	15,45130	14,64303	27
28	24,31644	21,28127	18,76411	17,66702	16,66306	15,74287	14,89813	28
29	25,06579	21,84438	19,18845	18,03577	16,98371	16,02189	15,14107	29
30	25,80771	22,39646	19,60044	18,39205	17,29203	16,28889	15,37245	30
31	26,54229	22,93770	20,00043	18,73628	17,58849	16,54439	15,59281	31
32	27,26959	23,46833	20,38877	19,06887	17,87355	16,78889	15,80268	32
33	27,98969	23,98856	20,76579	19,39021	18,14765	17,02286	16,00255	33
34	28,70267	24,49859	21,13184	19,70068	18,41120	17,24676	16,19290	34
35	29,40858	24,99862	21,48722	20,00066	18,66461	17,46101	16,37419	35
36	30,10751	25,48884	21,83225	20,29049	18,90828	17,66604	16,54685	36
37	30,79951	25,96945	22,16724	20,57053	19,14258	17,86224	16,71129	37
38	31,48466	26,44064	22,49246	20,84109	19,36786	18,04999	16,86789	38
39	32,16303	26,90259	22,80822	21,10250	19,58448	18,22966	17,01704	39
40	32,83469	27,35548	23,11477	21,35507	19,79277	18,40158	17,15909	40
41	33,49969	27,79949	23,41240	21,59910	19,99305	18,56611	17,29437	41
42	34,15811	28,23479	23,70136	21,83488	20,18563	18,72355	17,42321	42
43	34,81001	28,66156	23,98190	22,06269	20,37079	18,87421	17,54591	43
44	35,45545	29,07996	24,25427	22,28279	20,54884	19,01838	17,66277	44
45	36,09451	29,49016	24,51871	22,49545	20,72004	19,15635	17,77407	45
46	36,72724	29,89231	24,77545	22,70092	20,88465	19,28837	17,88007	46
47	37,35370	30,28658	25,02471	22,89944	21,04294	19,41471	17,98101	47
48	37,97396	30,67312	25,26671	23,09124	21,19513	19,53561	18,07716	48
49	38,58808	31,05208	25,50166	23,27656	21,34147	19,65130	18,16872	49
50	39,19612	31,42361	25,72976	23,45562	21,48218	19,76201	18,25593	50

Tabelle IV (Forts.): Rentenbarwertfaktor: $a_n = s_n \cdot v^n = \dfrac{q^n - 1}{q^n \cdot (q-1)}$

n	*i*=0,055	*i*=0,06	*i*=0,07	*i*=0,08	*i*=0,09	*i*=0,1	*i*=0,12	*n*
1	0,947867	0,943396	0,934579	0,925926	0,917431	0,909091	0,892857	1
2	1,846320	1,833393	1,808018	1,783265	1,759111	1,735537	1,690051	2
3	2,697933	2,673012	2,624316	2,577097	2,531295	2,486852	2,401831	3
4	3,505150	3,465106	3,387211	3,312127	3,239720	3,169865	3,037349	4
5	4,270284	4,212364	4,100197	3,992710	3,889651	3,790787	3,604776	5
6	4,995530	4,917324	4,766540	4,622880	4,485919	4,355261	4,111407	6
7	5,682967	5,582381	5,389289	5,206370	5,032953	4,868419	4,563757	7
8	6,334566	6,209794	5,971299	5,746639	5,534819	5,334926	4,967640	8
9	6,952195	6,801692	6,515232	6,246888	5,995247	5,759024	5,328250	9
10	7,537626	7,360087	7,023582	6,710081	6,417658	6,144567	5,650223	10
11	8,092536	7,886875	7,498674	7,138964	6,805191	6,495061	5,937699	11
12	8,618518	8,383844	7,942686	7,536078	7,160725	6,813692	6,194374	12
13	9,117079	8,852683	8,357651	7,903776	7,486904	7,103356	6,423548	13
14	9,589648	9,294984	8,745468	8,244237	7,786150	7,366687	6,628168	14
15	10,03758	9,712249	9,107914	8,559479	8,060688	7,606080	6,810864	15
16	10,46216	10,10590	9,446649	8,851369	8,312558	7,823709	6,973986	16
17	10,86461	10,47726	9,763223	9,121638	8,543631	8,021553	7,119630	17
18	11,24607	10,82760	10,05909	9,371887	8,755625	8,201412	7,249670	18
19	11,60765	11,15812	10,33560	9,603599	8,950115	8,364920	7,365777	19
20	11,95038	11,46992	10,59401	9,818147	9,128546	8,513564	7,469444	20
21	12,27524	11,76408	10,83553	10,01680	9,292244	8,648694	7,562003	21
22	12,58317	12,04158	11,06124	10,20074	9,442425	8,771540	7,644646	22
23	12,87504	12,30338	11,27219	10,37106	9,580207	8,883218	7,718434	23
24	13,15170	12,55036	11,46933	10,52876	9,706612	8,984744	7,784316	24
25	13,41393	12,78336	11,65358	10,67478	9,822580	9,077040	7,843139	25
26	13,66250	13,00317	11,82578	10,80998	9,928972	9,160945	7,895660	26
27	13,89810	13,21053	11,98671	10,93516	10,02658	9,237223	7,942554	27
28	14,12142	13,40616	12,13711	11,05108	10,11613	9,306567	7,984423	28
29	14,33310	13,59072	12,27767	11,15841	10,19828	9,369606	8,021806	29
30	14,53375	13,76483	12,40904	11,25778	10,27365	9,426914	8,055184	30
31	14,72393	13,92909	12,53181	11,34980	10,34280	9,479013	8,084986	31
32	14,90420	14,08404	12,64656	11,43500	10,40624	9,526376	8,111594	32
33	15,07507	14,23023	12,75379	11,51389	10,46444	9,569432	8,135352	33
34	15,23703	14,36814	12,85401	11,58693	10,51784	9,608575	8,156564	34
35	15,39055	14,49825	12,94767	11,65457	10,56682	9,644159	8,175504	35
36	15,53607	14,62099	13,03521	11,71719	10,61176	9,676508	8,192414	36
37	15,67400	14,73678	13,11702	11,77518	10,65299	9,705917	8,207513	37
38	15,80474	14,84602	13,19347	11,82887	10,69082	9,732651	8,220993	38
39	15,92866	14,94907	13,26493	11,87858	10,72552	9,756956	8,233030	39
40	16,04612	15,04630	13,33171	11,92461	10,75736	9,779051	8,243777	40
41	16,15746	15,13802	13,39412	11,96724	10,78657	9,799137	8,253372	41
42	16,26300	15,22454	13,45245	12,00670	10,81337	9,817397	8,261939	42
43	16,36303	15,30617	13,50696	12,04324	10,83795	9,833998	8,269589	43
44	16,45785	15,38318	13,55791	12,07707	10,86051	9,849089	8,276418	44
45	16,54773	15,45583	13,60552	12,10840	10,88120	9,862808	8,282516	45
46	16,63292	15,52437	13,65002	12,13741	10,90018	9,875280	8,287961	46
47	16,71366	15,58903	13,69161	12,16427	10,91760	9,886618	8,292822	47
48	16,79020	15,65003	13,73047	12,18914	10,93358	9,896926	8,297163	48
49	16,86275	15,70757	13,76680	12,21216	10,94823	9,906296	8,301038	49
50	16,93152	15,76186	13,80075	12,23348	10,96168	9,914814	8,304498	50

Tabelle V: Annuitätenfaktor: $\frac{1}{a_n} = \frac{q^n \cdot (q-1)}{q^n - 1}$

n	*i*=0,01	*i*=0,02	*i*=0,03	*i*=0,035	*i*=0,04	*i*=0,045	*i*=0,05	*n*
1	1,01000000	1,02000000	1,03000000	1,03500000	1,04000000	1,04500000	1,05000000	1
2	0,50751244	0,51504950	0,52261084	0,52640049	0,53019608	0,53399756	0,53780488	2
3	0,34002211	0,34675467	0,35353036	0,35693418	0,36034854	0,36377336	0,36720856	3
4	0,25628109	0,26262375	0,26902705	0,27225114	0,27549005	0,27874365	0,28201183	4
5	0,20603980	0,21215839	0,21835457	0,22148137	0,22462711	0,22779164	0,23097480	5
6	0,17254837	0,17852581	0,18459750	0,18766821	0,19076190	0,19387839	0,19701747	6
7	0,14862828	0,15451196	0,16050635	0,16354449	0,16660961	0,16970147	0,17281982	7
8	0,13069029	0,13650980	0,14245639	0,14547665	0,14852783	0,15160965	0,15472181	8
9	0,11674036	0,12251544	0,12843386	0,13144601	0,13449299	0,13757447	0,14069008	9
10	0,10558208	0,11132653	0,11723051	0,12024137	0,12329094	0,12637882	0,12950457	10
11	0,09645408	0,10217794	0,10807745	0,11109197	0,11414904	0,11724818	0,12038889	11
12	0,08884879	0,09455960	0,10046209	0,10348395	0,10655217	0,10966619	0,11282541	12
13	0,08241482	0,08811835	0,09402954	0,09706157	0,10014373	0,10327535	0,10645577	13
14	0,07690117	0,08260197	0,08852634	0,09157073	0,09466897	0,09782032	0,10102397	14
15	0,07212378	0,07782547	0,08376658	0,08682507	0,08994110	0,09311381	0,09634229	15
16	0,06794460	0,07365013	0,07961085	0,08268483	0,08582000	0,08901537	0,09226991	16
17	0,06425806	0,06996984	0,07595253	0,07904313	0,08219852	0,08541758	0,08869914	17
18	0,06098205	0,06670210	0,07270870	0,07581684	0,07899333	0,08223690	0,08554622	18
19	0,05805175	0,06378177	0,06981388	0,07294033	0,07613862	0,07940734	0,08274501	19
20	0,05541531	0,06115672	0,06721571	0,07036108	0,07358175	0,07687614	0,08024259	20
21	0,05303075	0,05878477	0,06487178	0,06803659	0,07128011	0,07460057	0,07799611	21
22	0,05086372	0,05663140	0,06274739	0,06593207	0,06919881	0,07254565	0,07597051	22
23	0,04888584	0,05466810	0,06081390	0,06401880	0,06730906	0,07068249	0,07413682	23
24	0,04707347	0,05287110	0,05904742	0,06227283	0,06558683	0,06898703	0,07247090	24
25	0,04540675	0,05122044	0,05742787	0,06067404	0,06401196	0,06743903	0,07095246	25
26	0,04386888	0,04969923	0,05593829	0,05920540	0,06256738	0,06602137	0,06956432	26
27	0,04244553	0,04829309	0,05456421	0,05785241	0,06123854	0,06471946	0,06829186	27
28	0,04112444	0,04698967	0,05329323	0,05660265	0,06001298	0,06352081	0,06712253	28
29	0,03989502	0,04577836	0,05211467	0,05544538	0,05887993	0,06241461	0,06604551	29
30	0,03874811	0,04464992	0,05101926	0,05437133	0,05783010	0,06139154	0,06505144	30
31	0,03767573	0,04359635	0,04999893	0,05337240	0,05685535	0,06044345	0,06413212	31
32	0,03667089	0,04261061	0,04904662	0,05244150	0,05594859	0,05956320	0,06328042	32
33	0,03572744	0,04168653	0,04815612	0,05157242	0,05510357	0,05874453	0,06249004	33
34	0,03483997	0,04081867	0,04732196	0,05075966	0,05431477	0,05798191	0,06175545	34
35	0,03400368	0,04000221	0,04653929	0,04999835	0,05357732	0,05727045	0,06107171	35
36	0,03321431	0,03923285	0,04580379	0,04928416	0,05288688	0,05660578	0,06043446	36
37	0,03246805	0,03850678	0,04511162	0,04861325	0,05223957	0,05598402	0,05983979	37
38	0,03176150	0,03782057	0,04445934	0,04798214	0,05163192	0,05540169	0,05928423	38
39	0,03109160	0,03717114	0,04384385	0,04738775	0,05106083	0,05485567	0,05876462	39
40	0,03045560	0,03655575	0,04326238	0,04682728	0,05052349	0,05434315	0,05827816	40
41	0,02985102	0,03597188	0,04271241	0,04629822	0,05001738	0,05386158	0,05782229	41
42	0,02927563	0,03541729	0,04219167	0,04579828	0,04954020	0,05340868	0,05739471	42
43	0,02872737	0,03488993	0,04169811	0,04532539	0,04908989	0,05298235	0,05699333	43
44	0,02820441	0,03438794	0,04122985	0,04487768	0,04866454	0,05258071	0,05661625	44
45	0,02770505	0,03390962	0,04078518	0,04445343	0,04826246	0,05220202	0,05626173	45
46	0,02722775	0,03345342	0,04036254	0,04405108	0,04788205	0,05184471	0,05592820	46
47	0,02677111	0,03301792	0,03996051	0,04366919	0,04752189	0,05150734	0,05561421	47
48	0,02633384	0,03260184	0,03957777	0,04330646	0,04718065	0,05118858	0,05531843	48
49	0,02591474	0,03220396	0,03921314	0,04296167	0,04685712	0,05088722	0,05503965	49
50	0,02551273	0,03182321	0,03886549	0,04263371	0,04655020	0,05060215	0,05477674	50

Tabelle V (Forts.): Annuitätenfaktor: $\frac{1}{a_n} = \frac{q^n \cdot (q-1)}{q^n - 1}$

n	i=0,055	i=0,06	i=0,07	i=0,08	i=0,09	i=0,10	i=0,12	n
1	1,05500000	1,06000000	1,07000000	1,08000000	1,09000000	1,10000000	1,12000000	1
2	0,54161800	0,54543689	0,55309179	0,56076923	0,56846890	0,57619048	0,59169811	2
3	0,37065407	0,37410981	0,38105167	0,38803351	0,39505476	0,40211480	0,41634898	3
4	0,28529449	0,28859149	0,29522812	0,30192080	0,30866866	0,31547080	0,32923444	4
5	0,23417644	0,23739640	0,24389069	0,25045645	0,25709246	0,26379748	0,27740973	5
6	0,20017895	0,20336263	0,20979580	0,21631539	0,22291978	0,22960738	0,24322572	6
7	0,17596442	0,17913502	0,18555322	0,19207240	0,19869052	0,20540550	0,21911774	7
8	0,15786401	0,16103594	0,16746776	0,17401476	0,18067438	0,18744402	0,20130284	8
9	0,14383946	0,14702224	0,15348647	0,16007971	0,16679880	0,17364054	0,18767889	9
10	0,13266777	0,13586796	0,14237750	0,14902949	0,15582009	0,16274539	0,17698416	10
11	0,12357065	0,12679294	0,13335690	0,14007634	0,14694666	0,15396314	0,16841540	11
12	0,11602923	0,11927703	0,12590199	0,13269502	0,13965066	0,14676332	0,16143681	12
13	0,10968426	0,11296011	0,11965085	0,12652181	0,13356656	0,14077852	0,15567720	13
14	0,10427912	0,10758491	0,11434494	0,12129685	0,12843317	0,13574622	0,15087125	14
15	0,09962560	0,10296276	0,10979462	0,11682954	0,12405888	0,13147378	0,14682424	15
16	0,09558254	0,09895214	0,10585765	0,11297687	0,12029991	0,12781662	0,14339002	16
17	0,09204197	0,09544480	0,10242519	0,10962943	0,11704625	0,12466413	0,14045673	17
18	0,08891992	0,09235654	0,09941260	0,10670210	0,11421229	0,12193022	0,13793731	18
19	0,08615006	0,08962086	0,09675301	0,10412763	0,11173041	0,11954687	0,13576300	19
20	0,08367933	0,08718456	0,09439293	0,10185221	0,10954648	0,11745962	0,13387878	20
21	0,08146478	0,08500455	0,09228900	0,09983225	0,10761663	0,11562439	0,13224009	21
22	0,07947123	0,08304557	0,09040577	0,09803207	0,10590499	0,11400506	0,13081051	22
23	0,07766965	0,08127848	0,08871393	0,09642217	0,10438188	0,11257181	0,12955996	23
24	0,07603580	0,07967900	0,08718902	0,09497796	0,10302256	0,11129978	0,12846344	24
25	0,07454935	0,07822672	0,08581052	0,09367878	0,10180625	0,11016807	0,12749997	25
26	0,07319307	0,07690435	0,08456103	0,09250713	0,10071536	0,10915904	0,12665186	26
27	0,07195228	0,07569717	0,08342573	0,09144810	0,09973491	0,10825764	0,12590409	27
28	0,07081440	0,07459255	0,08239193	0,09048891	0,09885205	0,10745101	0,12524387	28
29	0,06976857	0,07357961	0,08144865	0,08961854	0,09805572	0,10672807	0,12466021	29
30	0,06880539	0,07264891	0,08058640	0,08882743	0,09733635	0,10607925	0,12414366	30
31	0,06791665	0,07179222	0,07979691	0,08810728	0,09668560	0,10549621	0,12368606	31
32	0,06709519	0,07100234	0,07907292	0,08745081	0,09609619	0,10497172	0,12328033	32
33	0,06633469	0,07027293	0,07840807	0,08685163	0,09556173	0,10449941	0,12292031	33
34	0,06562958	0,06959843	0,07779674	0,08630411	0,09507660	0,10407371	0,12260064	34
35	0,06497493	0,06897386	0,07723396	0,08580326	0,09463584	0,10368971	0,12231662	35
36	0,06436635	0,06839483	0,07671531	0,08534467	0,09423505	0,10334306	0,12206414	36
37	0,06379993	0,06785743	0,07623685	0,08492440	0,09387033	0,10302994	0,12183959	37
38	0,06327217	0,06735812	0,07579505	0,08453894	0,09353820	0,10274692	0,12163980	38
39	0,06277991	0,06689377	0,07538676	0,08418513	0,09323555	0,10249098	0,12146197	39
40	0,06232034	0,06646154	0,07500914	0,08386016	0,09295961	0,10225941	0,12130363	40
41	0,06189090	0,06605886	0,07465962	0,08356149	0,09270789	0,10204980	0,12116260	41
42	0,06148927	0,06568342	0,07433591	0,08328684	0,09247814	0,10185999	0,12103696	42
43	0,06111337	0,06533312	0,07403590	0,08303414	0,09226837	0,10168805	0,12092500	43
44	0,06076128	0,06500606	0,07375769	0,08280152	0,09207675	0,10153224	0,12082521	44
45	0,06043127	0,06470050	0,07349957	0,08258728	0,09190165	0,10139100	0,12073625	45
46	0,06012175	0,06441485	0,07325996	0,08238991	0,09174160	0,10126295	0,12065694	46
47	0,05983129	0,06414768	0,07303744	0,08220799	0,09159525	0,10114682	0,12058621	47
48	0,05955854	0,06389765	0,07283070	0,08204027	0,09146139	0,10104148	0,12052312	48
49	0,05930230	0,06366356	0,07263853	0,08188557	0,09133893	0,10094590	0,12046686	49
50	0,05906145	0,06344429	0,07245985	0,08174286	0,09122687	0,10085917	0,12041666	50

Tabelle VI: Konformer Zinsfuß: $p_k = \left(\sqrt[m]{1 + \frac{p}{100}} - 1\right) \cdot 100$

$i = \frac{p}{100}$; $i_k = \frac{p_k}{100}$

p	m=2	m=4	m=12
1,0	0,498756	0,249068	0,082954
1,5	0,747208	0,372909	0,124149
2,0	0,995049	0,496293	0,165158
2,5	1,242284	0,619225	0,205984
3,0	1,488916	0,741707	0,246627
3,5	1,734950	0,863745	0,287090
4,0	1,980390	0,985341	0,327374
4,5	2,225242	1,106499	0,367481
5,0	2,469508	1,227223	0,407412
5,5	2,713193	1,347517	0,447170
6,0	2,956301	1,467385	0,486755
6,5	3,198837	1,586828	0,526169
7,0	3,440804	1,705853	0,565415
7,5	3,682207	1,824460	0,604492
8,0	3,923048	1,942655	0,643403
8,5	4,163333	2,060440	0,682149
9,0	4,403065	2,177818	0,720732
9,5	4,642248	2,294793	0,759153
10,0	4,880885	2,411369	0,797414
10,5	5,118980	2,527548	0,835516
11,0	5,356538	2,643333	0,873459
11,5	5,593560	2,758727	0,911247
12,0	5,830052	2,873734	0,948879
12,5	6,066017	2,988357	0,986358
13,0	6,301458	3,102598	1,023684
13,5	6,536379	3,216461	1,060860
14,0	6,770783	3,329948	1,097885
14,5	7,004673	3,443063	1,134762
15,0	7,238053	3,555808	1,171492
15,5	7,470926	3,668185	1,208075
16,0	7,703296	3,780199	1,244514
16,5	7,935166	3,891850	1,280809
17,0	8,166538	4,003143	1,316961
17,5	8,397417	4,114080	1,352972
18,0	8,627805	4,224664	1,388843
18,5	8,857705	4,334896	1,424575
19,0	9,087121	4,444780	1,460169
19,5	9,316056	4,554319	1,495626
20,0	9,544512	4,663514	1,530947

Tabelle VII: Logarithmus naturalis: ln *q*

q	0,0000	0,0025	0,0050	0,0075	0,0100
1,00	0,0000000	0,0024969	0,0049875	0,0074720	0,0099503
1,01	0,0099503	0,0124225	0,0148886	0,0173486	0,0198026
1,02	0,0198026	0,0222506	0,0246926	0,0271287	0,0295588
1,03	0,0295588	0,0319830	0,0344014	0,0368140	0,0392207
1,04	0,0392207	0,0416217	0,0440169	0,0464064	0,0487902
1,05	0,0487902	0,0511683	0,0535408	0,0559076	0,0582689
1,06	0,0582689	0,0606246	0,0629748	0,0653195	0,0676586
1,07	0,0676586	0,0699924	0,0723207	0,0746435	0,0769610
1,08	0,0769610	0,0792732	0,0815800	0,0838815	0,0861777
1,09	0,0861777	0,0884686	0,0907544	0,0930349	0,0953102
1,10	0,0953102	0,0975803	0,0998453	0,1021052	0,1043600
1,11	0,1043600	0,1066097	0,1088544	0,1110940	0,1133287
1,12	0,1133287	0,1155583	0,1177830	0,1200028	0,1222176
1,13	0,1222176	0,1244276	0,1266327	0,1288329	0,1310283
1,14	0,1310283	0,1332188	0,1354046	0,1375857	0,1397619
1,15	0,1397619	0,1419335	0,1441003	0,1462625	0,1484200
1,16	0,1484200	0,1505729	0,1527211	0,1548647	0,1570037
1,17	0,1570037	0,1591382	0,1612681	0,1633935	0,1655144
1,18	0,1655144	0,1676308	0,1697428	0,1718503	0,1739533
1,19	0,1739533	0,1760519	0,1781462	0,1802361	0,1823216

Tabelle VIII: Aufzinsungsfaktor für stetige Verzinsung: $e^{i \cdot n}$

n	i=0,01	i=0,02	i=0,03	i=0,035	i=0,04	i=0,045	i=0,05	n
1	1,010050	1,020201	1,030455	1,035620	1,040811	1,046028	1,051271	1
2	1,020201	1,040811	1,061837	1,072508	1,083287	1,094174	1,105171	2
3	1,030455	1,061837	1,094174	1,110711	1,127497	1,144537	1,161834	3
4	1,040811	1,083287	1,127497	1,150274	1,173511	1,197217	1,221403	4
5	1,051271	1,105171	1,161834	1,191246	1,221403	1,252323	1,284025	5
6	1,061837	1,127497	1,197217	1,233678	1,271249	1,309964	1,349859	6
7	1,072508	1,150274	1,233678	1,277621	1,323130	1,370259	1,419068	7
8	1,083287	1,173511	1,271249	1,323130	1,377128	1,433329	1,491825	8
9	1,094174	1,197217	1,309964	1,370259	1,433329	1,499303	1,568312	9
10	1,105171	1,221403	1,349859	1,419068	1,491825	1,568312	1,648721	10
11	1,116278	1,246077	1,390968	1,469614	1,552707	1,640498	1,733253	11
12	1,127497	1,271249	1,433329	1,521962	1,616074	1,716007	1,822119	12
13	1,138828	1,296930	1,476981	1,576173	1,682028	1,794991	1,915541	13
14	1,150274	1,323130	1,521962	1,632316	1,750673	1,877611	2,013753	14
15	1,161834	1,349859	1,568312	1,690459	1,822119	1,964033	2,117000	15
16	1,173511	1,377128	1,616074	1,750673	1,896481	2,054433	2,225541	16
17	1,185305	1,404948	1,665291	1,813031	1,973878	2,148994	2,339647	17
18	1,197217	1,433329	1,716007	1,877611	2,054433	2,247908	2,459603	18
19	1,209250	1,462285	1,768267	1,944491	2,138276	2,351374	2,585710	19
20	1,221403	1,491825	1,822119	2,013753	2,225541	2,459603	2,718282	20
21	1,233678	1,521962	1,877611	2,085482	2,316367	2,572813	2,857651	21
22	1,246077	1,552707	1,934792	2,159766	2,410900	2,691234	3,004166	22
23	1,258600	1,584074	1,993716	2,236696	2,509290	2,815106	3,158193	23
24	1,271249	1,616074	2,054433	2,316367	2,611696	2,944680	3,320117	24
25	1,284025	1,648721	2,117000	2,398875	2,718282	3,080217	3,490343	25
26	1,296930	1,682028	2,181472	2,484323	2,829217	3,221993	3,669297	26
27	1,309964	1,716007	2,247908	2,572813	2,944680	3,370294	3,857426	27
28	1,323130	1,750673	2,316367	2,664456	3,064854	3,525421	4,055200	28
29	1,336427	1,786038	2,386911	2,759363	3,189933	3,687689	4,263115	29
30	1,349859	1,822119	2,459603	2,857651	3,320117	3,857426	4,481689	30
31	1,363425	1,858928	2,534509	2,959440	3,455613	4,034975	4,711470	31
32	1,377128	1,896481	2,611696	3,064854	3,596640	4,220696	4,953032	32
33	1,390968	1,934792	2,691234	3,174023	3,743421	4,414965	5,206980	33
34	1,404948	1,973878	2,773195	3,287081	3,896193	4,618177	5,473947	34
35	1,419068	2,013753	2,857651	3,404166	4,055200	4,830742	5,754603	35
36	1,433329	2,054433	2,944680	3,525421	4,220696	5,053090	6,049647	36
37	1,447735	2,095936	3,034358	3,650996	4,392946	5,285673	6,359820	37
38	1,462285	2,138276	3,126768	3,781043	4,572225	5,528961	6,685894	38
39	1,476981	2,181472	3,221993	3,915723	4,758821	5,783448	7,028688	39
40	1,491825	2,225541	3,320117	4,055200	4,953032	6,049647	7,389056	40
41	1,506818	2,270500	3,421230	4,199645	5,155170	6,328100	7,767901	41
42	1,521962	2,316367	3,525421	4,349235	5,365556	6,619369	8,166170	42
43	1,537258	2,363161	3,632787	4,504154	5,584528	6,924044	8,584858	43
44	1,552707	2,410900	3,743421	4,664590	5,812437	7,242743	9,025013	44
45	1,568312	2,459603	3,857426	4,830742	6,049647	7,576111	9,487736	45
46	1,584074	2,509290	3,974902	5,002811	6,296538	7,924823	9,974182	46
47	1,599994	2,559981	4,095955	5,181010	6,553505	8,289586	10,48557	47
48	1,616074	2,611696	4,220696	5,365556	6,820958	8,671138	11,02318	48
49	1,632316	2,664456	4,349235	5,556676	7,099327	9,070252	11,58835	49
50	1,648721	2,718282	4,481689	5,754603	7,389056	9,487736	12,18249	50

Tabelle VIII (Forts.): Aufzinsungsfaktor für stetige Verzinsung: $e^{i\cdot n}$

n	*i*=0,055	*i*=0,06	*i*=0,07	*i*=0,08	*i*=0,09	*i*=0,10	*i*=0,12	*n*
1	1,056541	1,061837	1,072508	1,083287	1,094174	1,105171	1,127497	1
2	1,116278	1,127497	1,150274	1,173511	1,197217	1,221403	1,271249	2
3	1,179393	1,197217	1,233678	1,271249	1,309964	1,349859	1,433329	3
4	1,246077	1,271249	1,323130	1,377128	1,433329	1,491825	1,616074	4
5	1,316531	1,349859	1,419068	1,491825	1,568312	1,648721	1,822119	5
6	1,390968	1,433329	1,521962	1,616074	1,716007	1,822119	2,054433	6
7	1,469614	1,521962	1,632316	1,750673	1,877611	2,013753	2,316367	7
8	1,552707	1,616074	1,750673	1,896481	2,054433	2,225541	2,611696	8
9	1,640498	1,716007	1,877611	2,054433	2,247908	2,459603	2,944680	19
10	1,733253	1,822119	2,013753	2,225541	2,459603	2,718282	3,320117	10
11	1,831252	1,934792	2,159766	2,410900	2,691234	3,004166	3,743421	11
12	1,934792	2,054433	2,316367	2,611696	2,944680	3,320117	4,220696	12
13	2,044187	2,181472	2,484323	2,829217	3,221993	3,669297	4,758821	13
14	2,159766	2,316367	2,664456	3,064854	3,525421	4,055200	5,365556	14
15	2,281881	2,459603	2,857651	3,320117	3,857426	4,481689	6,049647	15
16	2,410900	2,611696	3,064854	3,596640	4,220696	4,953032	6,820958	16
17	2,547213	2,773195	3,287081	3,896193	4,618177	5,473947	7,690609	17
18	2,691234	2,944680	3,525421	4,220696	5,053090	6,049647	8,671138	18
19	2,843399	3,126768	3,781043	4,572225	5,528961	6,685894	9,776680	19
20	3,004166	3,320117	4,055200	4,953032	6,049647	7,389056	11,02318	20
21	3,174023	3,525421	4,349235	5,365556	6,619369	8,166170	12,42860	21
22	3,353485	3,743421	4,664590	5,812437	7,242743	9,025013	14,01320	22
23	3,543093	3,974902	5,002811	6,296538	7,924823	9,974182	15,79984	23
24	3,743421	4,220696	5,365556	6,820958	8,671138	11,02318	17,81427	24
25	3,955077	4,481689	5,754603	7,389056	9,487736	12,18249	20,08554	25
26	4,178699	4,758821	6,171858	8,004469	10,38124	13,46374	22,64638	26
27	4,414965	5,053090	6,619369	8,671138	11,35888	14,87973	25,53372	27
28	4,664590	5,365556	7,099327	9,393331	12,42860	16,44465	28,78919	28
29	4,928329	5,697343	7,614086	10,17567	13,59905	18,17415	32,45972	29
30	5,206960	6,049647	8,166170	11,02318	14,87973	20,08554	36,59823	30
31	5,501386	6,423737	8,758284	11,94126	16,28102	22,19795	41,26439	31
32	5,812437	6,820958	9,393331	12,93582	17,81427	24,53253	46,52547	32
33	6,141076	7,242743	10,07442	14,01320	19,49192	27,11264	52,45733	33
34	6,488296	7,690609	10,80490	15,18032	21,32756	29,96410	59,14547	34
35	6,855149	8,166170	11,58835	16,44465	23,33606	33,11545	66,68633	35
36	7,242743	8,671138	12,42860	17,81427	25,53372	36,59823	75,18863	36
37	7,652252	9,207331	13,32977	19,29797	27,93834	40,44730	84,77494	37
38	8,084915	9,776680	14,29629	20,90524	30,56942	44,70118	95,58348	38
39	8,542041	10,38124	15,33289	22,64638	33,44827	49,40245	107,7701	39
40	9,025013	11,02318	16,44465	24,53253	36,59823	54,59815	121,5104	40
41	9,535293	11,70481	17,63702	26,57577	40,04485	60,34029	137,0026	41
42	10,07442	12,42860	18,91585	28,78919	43,81604	66,68633	154,4700	42
43	10,64404	13,19714	20,28740	31,18696	47,94239	73,69979	174,1645	43
44	11,24586	14,01320	21,75840	33,78443	52,45733	81,45087	196,3699	44
45	11,88171	14,87973	23,33606	36,59823	57,39746	90,01713	221,4064	45
46	12,55351	15,79984	25,02812	39,64639	62,80282	99,48432	249,6350	46
47	13,26329	16,77685	26,84286	42,94843	68,71723	109,9472	281,4627	47
48	14,01320	17,81427	28,78919	46,52547	75,18863	121,5104	317,3483	48
49	14,80552	18,91585	30,87664	50,40044	82,26946	134,2898	357,8092	49
50	15,64263	20,08554	33,11545	54,59815	90,01713	148,4132	403,4288	50

Tabelle IX:
Laufzeit einer Annuitätentilgung (Hypothek) bei gegebenem Sollsinssatz i und Tilgungssatz i_T (Zinssätze in % angegeben), jährliche Rechnung

	i_T						
i	1,0	2,0	3,0	4,0	5,0	6,0	7,0
1,0	69,66	40,75	28,91	22,43	18,32	15,49	13,42
1,5	61,54	37,59	27,23	21,39	17,62	14,99	13,04
2,0	55,48	35,00	25,80	20,48	16,99	14,53	12,69
2,5	50,73	32,84	24,55	19,66	16,42	14,11	12,37
3,0	46,90	31,00	23,45	18,93	15,90	13,72	12,07
3,5	43,72	29,41	22,48	18,27	15,42	13,36	11,79
4,0	41,04	28,01	21,60	17,67	14,99	13,02	11,52
4,5	38,73	26,78	20,82	17,12	14,58	12,71	11,28
5,0	36,72	25,68	20,10	16,62	14,21	12,42	11,05
5,5	34,96	24,69	19,45	16,16	13,86	12,15	10,83
6,0	33,40	23,79	18,85	15,73	13,53	11,90	10,62
6,5	32,00	22,98	18,30	15,32	13,23	11,65	10,43
7,0	30,73	22,23	17,79	14,95	12,94	11,43	10,24
7,5	29,59	21,54	17,32	14,60	12,67	11,21	10,07
8,0	28,55	20,91	16,88	14,27	12,42	11,01	9,09
8,5	27,60	20,33	16,47	13,97	12,18	10,82	9,74
9,0	26,72	19,78	16,09	13,68	11,95	10,63	9,59
9,5	25,91	19,27	15,73	13,40	11,73	10,46	9,46
10,0	25,16	18,80	15,38	13,14	11,53	10,29	9,31
10,5	24,46	18,35	15,06	12,90	11,33	10,13	9,18
11,0	23,81	17,94	14,76	12,67	11,15	9,98	9,05
11,5	23,20	17,54	14,47	12,44	10,97	9,83	8,93
12,0	22,63	17,17	14,20	12,23	10,80	9,69	8,81

i	8,0	9,0	10,0	11,0	12,0	13,0	14,0
1,0	11,84	10,59	9,58	8,74	8,04	7,45	6,93
1,5	11,54	10,35	9,39	8,59	7,91	7,33	6,84
2,0	11,27	10,13	9,21	8,44	7,78	7,23	6,74
2,5	11,01	9,93	9,04	8,29	7,66	7,12	6,65
3,0	10,77	9,73	8,88	8,16	7,55	7,02	6,57
3,5	10,55	9,55	8,72	8,03	7,44	6,93	6,49
4,0	10,34	9,38	8,58	7,91	7,33	6,84	6,41
4,5	10,14	9,21	8,44	7,79	7,23	6,75	6,33
5,0	9,95	9,06	8,31	7,68	7,14	6,67	6,26
5,5	9,77	8,91	8,19	7,57	7,05	6,59	6,19
6,0	9,60	8,77	8,07	7,47	6,96	6,51	6,12
6,5	9,44	8,63	7,95	7,37	6,87	6,44	6,06
7,0	9,29	8,50	7,84	7,28	6,79	6,37	5,99
7,5	9,15	8,38	7,74	7,19	6,71	6,30	5,93
8,0	9,01	8,26	7,64	7,10	6,64	6,23	5,87
8,5	8,87	8,15	7,54	7,02	6,56	6,17	5,82
9,0	8,75	8,04	7,45	6,94	6,49	6,10	5,76
9,5	8,63	7,94	7,36	6,86	6,43	6,04	5,71
10,0	8,51	7,84	7,27	6,78	6,36	5,99	5,66
10,5	8,40	7,74	7,19	6,71	6,30	5,93	5,60
11,0	8,29	7,65	7,11	6,64	6,23	5,87	5,56
11,5	8,18	7,56	7,03	6,57	6,17	5,82	5,51
12,0	8,09	7,48	6,69	6,51	6,12	5,77	5,46

Tabelle IX (Fortsetzung)

	i_T						
i	15,0	16,0	17,0	18,0	19,0	20,0	21,0
1,0	6,49	6,09	5,74	5,43	5,15	4,90	4,68
1,5	6,40	6,02	5,68	5,38	5,10	4,86	4,63
2,0	6,32	5,95	5,62	5,32	5,05	4,81	4,59
2,5	6,24	5,88	5,56	5,27	5,01	4,77	4,56
3,0	6,17	5,81	5,50	5,22	4,96	4,73	4,52
3,5	6,10	5,75	5,44	5,16	4,91	4,69	4,48
4,0	6,03	5,69	5,39	5,12	4,87	4,65	4,45
4,5	5,96	5,63	5,34	5,07	4,83	4,61	4,41
5,0	5,90	5,57	5,28	5,02	4,79	4,57	4,38
5,5	5,83	5,52	5,24	4,98	4,75	4,54	4,34
6,0	5,77	5,47	5,19	4,94	4,71	4,50	4,31
6,5	5,72	5,41	5,14	4,90	4,67	4,47	4,28
7,0	5,66	5,36	5,10	4,86	4,64	4,44	4,25
7,5	5,61	5,32	5,05	4,82	4,60	4,40	4,22
8,0	5,55	5,27	5,01	4,78	4,57	4,37	4,19
8,5	5,50	5,22	4,97	4,74	4,53	4,34	4,17
9,0	5,45	5,18	4,93	4,70	4,50	4,31	4,14
9,5	5,41	5,14	4,89	4,67	4,47	4,28	4,11
10,0	5,36	5,09	4,85	4,64	4,44	4,25	4,09
10,5	5,31	5,05	4,82	4,60	4,41	4,23	4,06
11,0	5,27	5,01	4,78	4,57	4,38	4,20	4,04
11,5	5,23	4,98	4,75	4,54	4,35	4,17	4,01
12,0	5,19	4,94	4,71	4,51	4,32	4,15	3,99

Tabelle X:
Laufzeit einer Annuitätentilgung (Hypothek) bei gegebenem Nominalzinssatz i und Nominaltilgungssatz i_T bei vierteljährlicher Zahlungs- und Verzinsungsweise. Zinssätze in %, Laufzeit in Jahren.

	i_T						
i	1,0	1,5	2,0	2,5	3,0	3,5	4,0
1,0	69,40	51,15	40,60	33,69	28,80	25,16	22,34
1,5	61,20	46,30	37,38	31,39	27,08	23,82	21,27
2,0	55,07	42,47	34,74	29,46	25,60	22,66	20,32
2,5	50,27	39,36	32,54	27,81	24,32	21,63	19,48
3,0	46,38	36,76	30,66	26,38	23,19	20,71	18,72
3,5	43,16	34,55	29,03	25,12	22,19	19,89	18,04
4,0	40,44	32,64	27,60	24,01	21,29	19,15	17,42
4,5	38,10	30,98	26,34	23,01	20,48	18,47	16,84
5,0	36,06	29,51	25,21	22,11	19,74	17,86	16,32
5,5	34,27	28,20	24,20	21,29	19,07	17,29	15,84
6,0	32,67	27,02	23,28	20,55	18,45	16,77	15,39
6,5	31,25	25,96	22,44	19,87	17,88	16,28	14,97
7,0	29,97	25,00	21,67	19,24	17,35	15,83	14,58
7,5	28,80	24,11	20,97	18,66	16,86	15,41	14,21
8,0	27,74	23,30	20,32	18,12	16,40	15,02	13,87
8,5	26,77	22,56	19,72	17,62	15,98	14,65	13,55
9,0	25,87	21,86	19,15	17,15	15,58	14,30	13,24
9,5	25,04	21,22	18,63	16,71	15,20	13,98	12,96
10,0	24,28	20,62	18,14	16,29	14,85	13,67	12,68
10,5	23,56	20,06	17,68	15,91	14,51	13,38	12,43
11,0	22,90	19,54	17,25	15,54	14,20	13,10	12,18
11,5	22,28	19,05	16,84	15,19	13,90	12,84	11,95
12,0	21,69	18,58	16,46	14,87	13,61	12,59	11,72

Tabelle XI:
Laufzeit einer Annuitätentilgung (Hypothek) bei gegebenem Nominalzinssatz i und Nominaltilgungssatz i_T bei monatlicher Zahlungs- und Verzinsungsweise. Zinssätze in %, Laufzeit in Jahren.

	i_T						
i	1,0	1,5	2,0	2,5	3,0	3,5	4,0
1,0	69,34	51,10	40,56	33,66	28,78	25,14	22,32
1,5	61,13	46,24	37,33	31,35	27,05	23,79	21,24
2,0	54,98	42,40	34,69	29,41	25,56	22,62	20,29
2,5	50,16	39,27	32,47	27,75	24,27	21,58	19,44
3,0	46,27	36,67	30,58	26,31	23,13	20,66	18,64
3,5	43,04	34,45	28,95	25,05	22,12	19,83	17,99
4,0	40,30	32,54	27,51	23,93	21,22	19,09	17,36
4,5	37,96	30,87	26,24	22,92	20,40	18,41	16,78
5,0	35,91	29,39	25,11	22,02	19,66	17,78	16,25
5,5	34,11	28,07	24,09	21,20	18,89	17,21	15,76
6,0	32,51	26,89	23,16	20,45	18,36	16,68	15,31
6,5	31,08	25,82	22,32	19,76	17,78	16,19	14,89
7,0	29,79	24,85	21,55	19,13	17,25	15,74	14,49
7,5	28,62	23,96	20,84	18,54	16,76	15,32	14,12
8,0	27,56	23,15	20,19	18,00	16,30	14,92	13,78
8,5	26,58	22,40	19,58	17,49	15,86	14,55	13,45
9,0	25,68	21,70	19,01	17,02	15,46	14,20	13,15
9,5	24,85	21,06	18,49	16,58	15,08	13,87	12,85
10,0	24,08	20,45	17,99	16,16	14,72	13,56	12,58
10,5	23,36	19,89	17,53	15,77	14,39	13,26	12,32
11,0	22,69	19,36	17,09	15,40	14,07	12,98	12,07
11,5	22,07	18,87	16,68	15,05	13,77	12,72	11,84
12,0	21,48	18,40	16,30	14,72	13,48	12,46	11,61

9. Lösungen der Übungsaufgaben

1. Mathematische Grundlagen

1.1. Die Logarithmenrechnung

Aufgabe 1:

a) $\log_2 32 = \underline{\underline{5}}$

b) $\log_6 36 = \underline{\underline{2}}$

c) $\log_3 729 = \underline{\underline{6}}$

d) $\log_9 729 = \underline{\underline{3}}$

e) $\log_5 625 = \underline{\underline{4}}$

f) $\log_4 256 = \underline{\underline{4}}$

g) $\log_8 512 = \underline{\underline{3}}$

h) $\log_{11} 121 = \underline{\underline{2}}$

Aufgabe 2:

a) $8 = \log_2 256$; die Basis ist 2.
b) $2 = \log_{16} 256$; die Basis ist 16.
c) $4 = \log_3 81$; die Basis ist 3.
d) $4 = \log_6 1896$; die Basis ist 6.
e) $3 = \log_5 125$; die Basis ist 5.
f) $5 = \log_3 243$; die Basis ist 3.
g) $2 = \log_{10} 100$; die Basis ist 100.
h) $3 = \log_3 27$; die Basis ist 3.

Aufgabe 3:

a) $100 = 10^2 \rightarrow \lg 100 = \underline{\underline{2}}$

b) $100\,000 = 10^5 \rightarrow \lg 100\,000 = \underline{\underline{5}}$

c) $0{,}01 = 10^{-2} \rightarrow \lg 0{,}01 = \underline{\underline{-2}}$

d) $1 = 10^0 \rightarrow \lg 1 = \underline{\underline{0}}$

Aufgabe 4:

a) $600 = 2 \cdot 3 \cdot 100 \rightarrow \lg 600 = \lg 2 + \lg 3 + \lg 100$
$= 0{,}30103 + 0{,}47712 + 2$
$= \underline{\underline{2{,}77815}}$

b) $0{,}06 = 2 \cdot 3 \cdot 10^{-2} \rightarrow \lg 0{,}06 = \lg 2 + \lg 3 + \lg 10^{-2}$
$= \underline{\underline{0{,}77815 - 2}}$

c) $36 = 6 \cdot 6 = 2 \cdot 3 \cdot 2 \cdot 3 \rightarrow \lg 36 = \lg 2 + \lg 3 + \lg 2 + \lg 3$
$= \underline{\underline{1{,}55630}}$

d) $12 = 3 \cdot 2 \cdot 2 \rightarrow \lg 12 = \lg 3 + \lg 2 + \lg 2$
$= \underline{\underline{1{,}07918}}$

e) $15 = (3 : 2) \cdot 10 \rightarrow \lg 15 = \lg 3 - \lg 2 + \lg 10$
$= \underline{\underline{1{,}17609}}$

f) $0{,}75 = 3 : (2 \cdot 2) \rightarrow \lg 0{,}75 = \lg 3 - (\lg 2 + \lg 2)$
$= \underline{\underline{0{,}87506-1}}$

Aufgabe 5:

a) $\lg y = 6 \cdot \lg 3 = 6 \cdot 0{,}47712 = 2{,}86272 \quad \rightarrow \quad \underline{\underline{y = 729}}$

b) $\lg y = 4 \cdot \lg 4 = 4 \cdot 0{,}60206 = 2{,}40824 \quad \rightarrow \quad \underline{\underline{y = 256}}$

c) $\lg y = 5 \cdot \lg 7 = 5 \cdot 0{,}8451 = 4{,}2255 \quad \rightarrow \quad \underline{\underline{y = 16807}}$

d) $\lg y = 3 \cdot \lg 12 = 3 \cdot 1{,}0792 = 3{,}2376 \quad \rightarrow \quad \underline{\underline{y = 1728}}$

e) $\lg y = \frac{1}{2} \cdot \lg 2025 = \frac{1}{2} \cdot 3{,}306425 = 1{,}65312 \quad \rightarrow \quad \underline{\underline{y = 45}}$

f) $\lg y = \frac{1}{3} \cdot \lg 0{,}03 = \frac{1}{3} \cdot (0{,}4771 - 2) = \frac{1}{3} \cdot (1{,}4771-3)$

$= 0{,}4924-1 \quad \rightarrow \quad \underline{\underline{y = 0{,}3107}}$

g) $\lg y = \frac{1}{3} \cdot \lg 0{,}017 = \frac{1}{3} \cdot (0{,}23045-2) = \frac{1}{3} \cdot (1{,}23045-3)$

$= 0{,}41015-1 \quad \rightarrow \quad \underline{\underline{y = 0{,}25713}}$

h) $\lg y = \frac{1}{3} \cdot \lg 8 = \frac{1}{3} \cdot 0{,}90309 = 0{,}30103 \quad \rightarrow \quad \underline{\underline{y = 2}}$

i) $\lg y = \lg 3{,}5 + 2 \cdot \lg 4{,}3 = 0{,}544068 + 2 \cdot 0{,}633468 = 1{,}811006$

$\rightarrow \quad \underline{\underline{y = 64{,}715}}$

k) $\lg y = \lg 7 + 4 \cdot \lg 1{,}06 = 0{,}845098 + 4 \cdot 0{,}025306 = 0{,}946322$

$\rightarrow \quad \underline{\underline{y = 8{,}8373}}$

l) $\lg y = \lg 12 + 6 \cdot \lg 1{,}08 = 1{,}079181 + 6 \cdot 0{,}033424 = 1{,}279725$

$\rightarrow \quad \underline{\underline{y = 19{,}043}}$

1.2. Die arithmetische Reihe

Aufgabe 6:

a) $a_n = a_1 + (n-1)\, d = 48 + 19(-8) = \underline{\underline{-104}}$

Erster Weg zur Berechnung von S_n:

$$S_n = \frac{n}{2}\,(a_1+a_n) = 10 \cdot (48-104) = \underline{\underline{-560}}$$

Zweiter Weg zur Berechnung von S_n:

$$S_n = \frac{n}{2}\,(2a_1 + (n-1)d) = 10 \cdot (96+19(-8)) = \underline{\underline{-560}}$$

b) $a_n = 3 + 11 \cdot 7 = \underline{\underline{80}}$

$$S_n = \frac{12}{2}\,(3+80) = \underline{\underline{498}}$$

c) $a_n = 106 + 18(-4) = \underline{\underline{34}}$

$$S_n = \frac{19}{2}\,(212+18(-4)) = \frac{19}{2} \cdot 140 = \underline{\underline{1330}}$$

d) $a_n = 12 + 42\,\frac{1}{2} = \underline{\underline{33}}$

$$S_n = \frac{43}{2}\,(12+33) = \underline{\underline{967\,\frac{1}{2}}}$$

e) $a_n = 85 + 5(-17) = 85 - 85 = \underline{\underline{0}}$

$$S_n = \frac{6}{2}\,(85-0) = \underline{\underline{255}}$$

f) $a_n = 7 + 6 \cdot 7 = \underline{\underline{49}}$

$$S_n = \frac{7}{2}\,(14+6 \cdot 7) = \underline{\underline{196}}$$

Aufgabe 7:

a) $a_{13} = a_1 + 12 \cdot d$

Aus der Grundformel für a_n wird eine Gleichung für d abgeleitet:

$$a_n = a_1 + (n-1)d \rightarrow d = \frac{a_n - a_1}{n-1} = \frac{88 - 12}{19} = 4$$

$a_{13} = 12 + 4 \cdot 12 = \underline{\underline{60}}$

Das 13. Glied ist die Zahl 60.

b) zum Vorgehen vgl. a)

$$d = \frac{a_n - a_1}{n-1} = \frac{42 - 6}{4} = 9$$

$a_{12} = 6 + 11 \cdot 9 = \underline{\underline{105}}$

Das 12. Glied hat den Wert 105.

c) zum Vorgehen vgl. a)

$$d = \frac{a_n - a_1}{n-1} = \frac{111 - 7}{8} = 13$$

$a_6 = 7 + 5 \cdot 13 = \underline{\underline{72}}$

Das 6. Glied hat den Wert 72.

d) $a_1 = a_n - (n-1)d \rightarrow d = \frac{a_n - a_1}{n-1}$

$a_1 = a_n - (i-1)d$ mit $i = 8$ eingesetzt

$$d = \frac{55 - 31 + (8-1)d}{16 - 1} = \frac{55 - 31 + 7d}{15}$$

$15 \cdot d = 55 - 31 + 7 \cdot d \rightarrow d = 3$

$a_1 = a_{16} - 15 \cdot d = \underline{\underline{10}}$

Das erste Glied lautet 10.

Aufgabe 8:

a) $n = \frac{a_n - a_1}{d} + 1 = \frac{90 - 6}{7} = \underline{\underline{13}}$

b) $n = \frac{0 + 15}{3} + 1 = \underline{\underline{6}}$

c) $n = \frac{79 - 184}{-7} + 1 = \underline{\underline{16}}$

d) $n = \frac{108 - 12}{8} + 1 = \underline{\underline{13}}$

Aufgabe 9:

a) $n = \frac{2 S_n}{a_1 + a_n} = \frac{820}{77 + 5} = \underline{\underline{10}}$

b) $n = \frac{126}{12 + 6} = \underline{\underline{7}}$

c) $n = \frac{64}{17 - 13} = \underline{\underline{16}}$

d) $n = \frac{13860}{40 + 620} = \underline{\underline{21}}$

Aufgabe 10:

a) $a_1^{(1,2)} = \frac{d}{2} \pm \sqrt{\frac{d^2}{4} - (2 \cdot S_n \cdot d - a_n \cdot d - a_n^2)}$

$$= \frac{3}{2} \pm \sqrt{\frac{9}{4} - (2 \cdot 216 \cdot 3 - 36 \cdot 3 - 36^2)} = \frac{3}{2} \pm \sqrt{\frac{441}{4}} = \frac{3}{2} \pm \frac{21}{2}$$

Erste Lösung:

$a_1^{(1)} = \frac{3}{2} + \frac{21}{2} = 12$

Es wird die Formel $n = \frac{a_n - a_1}{d} + 1$ angewandt:

$$n^{(1)} = \frac{36 - 12}{3} + 1 = \underline{\underline{9}}$$

Zweite Lösung:

$$a_1^{(2)} = \frac{3}{2} - \frac{21}{2} = -9$$

$$n^{(2)} = \frac{36 + 9}{3} + 1 = \underline{\underline{16}}$$

Die gegebenen Bedingungen werden von einer Reihe der Länge 9 und einer der Länge 16 erfüllt.

b) $a_n = 60$; $d = 5$; $S_n = 385$

$$a_1^{(1,2)} = \frac{d}{2} \pm \sqrt{\frac{d^2}{4} - (2 \cdot S_n \cdot d - a_n \cdot d - a_n^2)}$$

$$= \frac{5}{2} \pm \sqrt{\frac{25}{4} - (2 \cdot 385 \cdot 5 - 60 \cdot 5 - 60^2)} = \frac{5}{2} \pm \sqrt{\frac{225}{4}}$$

Erste Lösung:

$$a_1^{(1)} = \frac{5}{2} + \frac{15}{2} = 10$$

$$n^{(1)} = \frac{60 - 10}{5} + 1 = \underline{\underline{11}}$$

Zweite Lösung:

$$a_1^{(2)} = \frac{5}{2} - \frac{15}{2} = -5$$

$$n^{(2)} = \frac{60 + 5}{5} + 1 = \underline{\underline{14}}$$

Die gegebenen Bedingungen werden von einer Reihe der Länge 11 und einer der Länge 14 erfüllt.

c) $a_n = 10$; $d = -2$; $S_n = 400$

$$a_1^{(1,2)} = \frac{d}{2} \pm \sqrt{\frac{d^2}{4} - (2 \cdot S_n \cdot d - a_n \cdot d - a_n^2)}$$

$$= -1 \pm \sqrt{1 - (2 \cdot 400 \cdot (-2) - 10 \cdot (-2) - 10^2)} = -1 \pm \sqrt{1681}$$

Erste Lösung:

$$a_1^{(1)} = -1 + 41 = 40$$

$$n^{(1)} = \frac{10 - 40}{-2} + 1 = \underline{\underline{16}}$$

Zweite Lösung:

$$a_1^{(2)} = -1 - 41 = -42$$

$$n^{(2)} = \frac{10 + 42}{-2} + 1 = \underline{\underline{-25}}$$

Dieses Ergebnis ist formal richtig, jedoch sinnlos, da eine Reihe mit weniger als einem Glied nicht definiert ist.

Die gegebenen Bedingungen werden von einer Reihe der Länge 16 erfüllt.

d) $a_n = 75$; $d = 7$; $S_n = 404$

$$a_1^{(1,2)} = \frac{d}{2} \pm \sqrt{\frac{d^2}{4} - (2 \cdot S_n \cdot d - a_n \cdot d - a_n^2)}$$

$$= \frac{7}{2} \pm \sqrt{\frac{49}{4} - (2 \cdot 404 \cdot 7 - 75 \cdot 7 - 75^2)} = \frac{7}{2} \pm \sqrt{\frac{2025}{4}}$$

Erste Lösung:

$$a_1^{(1)} = \frac{7}{2} + \frac{45}{2} = 26$$

$$n^{(1)} = \frac{75 - 26}{7} + 1 = \underline{\underline{8}}$$

Zweite Lösung:

$$a_1^{(2)} = \frac{7}{2} - \frac{45}{2} = -19$$

$$n^{(2)} = \frac{75 + 19}{7} + 1 = \underline{\underline{14\frac{3}{7}}}$$

Auch diese zweite Lösung ist sinnlos, da eine nicht ganzzahlige Anzahl von Gliedern definitionswidrig ist.

Die gegebenen Bedingungen werden von einer Reihe der Länge 8 erfüllt.

e) $a_n = 84$; $d = 8$; $S_n = 480$

$$a_1^{(1,2)} = \frac{d}{2} \pm \sqrt{\frac{d^2}{4} - (2 \cdot S_n \cdot d - a_n \cdot d - a_n^2)}$$

$$= 4 \pm \sqrt{16 - (2 \cdot 480 \cdot 8 - 84 \cdot 8 - 84^2)} = 4 \pm \sqrt{64}$$

Erste Lösung:

$$a_1^{(1)} = 4 + 8 = 12$$

a_1 wird in die Formel $n = \frac{2\,S_n}{a_n + a_1}$ eingesetzt:

$$n^{(1)} = \frac{960}{84 + 12} = \underline{\underline{10}}$$

Zweite Lösung:

$$a_1^{(2)} = 4 - 8 = -4$$

$$n^{(2)} = \frac{960}{84 - 4} = \underline{\underline{12}}$$

Die gegebenen Bedingungen werden von einer Reihe der Länge 10 und einer der Länge 12 erfüllt.

1.3. Die geometrische Reihe

Aufgabe 11:

a) $a_2 : a_1 = q \rightarrow 3 : 1 = 3$
$a_n = a_1 \cdot q^{n-1} = 1 \cdot 3^7 = \underline{\underline{2187}}$

Das letzte Glied a_8 lautet 2187.

$$S_n = a_1 \cdot \frac{q^n - 1}{q - 1} = 1\,\frac{3^8 - 1}{2} = \underline{\underline{3280}}$$

Die Summe der Reihe beträgt 3280.

b) Es gibt zwei Lösungswege, bei denen einmal die Aufstiegsstrecke, zum anderen die Fallstrecke Ausgangspunkt der Überlegungen ist.

1. Lösungsweg:

$$a_1 = 90 \; ; \; q = \frac{2}{3} \; ; \; n = 6$$

$$a_n = a_1 \cdot q^{n-1} = 90\left(\frac{2}{3}\right)^n = \underline{\underline{11{,}85}}$$

Nach dem 6. Aufschlag steigt er 11,85 m hoch.

Jede Strecke wird zweimal zurückgelegt, außer der ersten Fallstrecke von 135 m.

$$W = 2 \cdot S_n + 135$$

$$= 2 \cdot a_1 \frac{q^n - 1}{q - 1} + 135 = 2 \cdot 90 \frac{\left(\frac{2}{3}\right)^6 - 1}{\frac{2}{3} - 1} + 135 = \underline{\underline{532{,}77}}$$

Bis zum 7. Aufschlag hat der Ball 532,77 m zurückgelegt.

2. Lösungsweg:

$$a_1 = 135 \; ; a_2 = 90 \; ; q = \frac{2}{3} \; ; n = 7$$

$$a_n = a_1 \cdot q^{n-1} = 135\left(\frac{2}{3}\right)^6 = \underline{\underline{11{,}85}}$$

Nach dem 6. Aufschlag steigt er 11,85 m hoch.

Der Ball fällt siebenmal, steigt aber nur sechsmal auf.

$$W = a_1 \cdot \frac{q^n - 1}{q - 1} + a_2 \cdot \frac{q^{n-1} - 1}{q - 1} = 135 \cdot \frac{\left(\frac{2}{3}\right)^7 - 1}{\frac{2}{3} - 1} - 90 \cdot \frac{\left(\frac{2}{3}\right)^6 - 1}{\frac{2}{3} - 1}$$

$$= \underline{\underline{532{,}77}}$$

c) $q = a_2 : a_1 = 28 : 7 = 4$

$$a_n = a_1 \cdot q^{n-1} = 7 \cdot 4^4 = \underline{\underline{1792}}$$

$$S_n = a_1 \cdot \frac{q^n - 1}{q - 1} = 7 \cdot \frac{4^5 - 1}{4 - 1} = \underline{\underline{2387}}$$

Das letzte Glied a_5 lautet 1792, die Summe der Reihe hat den Wert 2387.

d) $q = a_2 : a_1 = (-25) : 5 = -5$

$$a_n = a_1 \cdot q^{n-1} = 5 \cdot (-5)^8 = \underline{\underline{1953125}}$$

$$S_n = a_1 \cdot \frac{q^n - 1}{q - 1} = 5 \cdot \frac{(-5)^9 - 1}{-5 - 1} = \underline{\underline{1627605}}$$

Das letzte Glied a_9 hat den Wert 1953125, die Summe der Reihe beträgt 1627605.

e) $a_1 = 2$; $a_2 = 4$

$q = a_2 : a_1 = 4 : 2 = 2$

$n = 15$

$a_n = a_1 \cdot q^{n-1} = 2 \cdot 2^{14} = \underline{\underline{32768}}$

Die Geschwindigkeit beträgt 32,768 km/s.

$$W = a_1 \cdot \frac{q^n - 1}{q - 1} = 2 \cdot \frac{2^{15} - 1}{2 - 1} = 2 \cdot (2^{15} - 1) = \underline{\underline{65534}}$$

Die zurückgelegte Strecke beträgt 65,534 km.

Aufgabe 12:

$a_1 = 135$; $q = \frac{2}{3}$; $n \to \infty$; $S_\infty = \frac{a_1}{1 - q}$;

$$W = a_1 + 2 \cdot \frac{a_2}{1 - q} = a_1 + 2 \frac{a_1 \cdot q}{1 - q} = 135 + 2 \cdot \frac{135 \cdot \frac{2}{3}}{\frac{1}{3}} = \underline{\underline{675}}$$

Die zurückgelegte Strecke beträgt 675 m.

Aufgabe 13:

a) $a_1 = 1$; $q = -\frac{1}{2}$; $n \to \infty$

$S_\infty = a_1 \cdot \frac{1}{1 - q} = 1 \cdot \frac{1}{\frac{3}{2}} = \underline{\underline{\frac{2}{3}}}$ Die Summe der Reihe beträgt $\frac{2}{3}$.

b) $a_1 = 6$; $q = \frac{2}{3}$; $n \to \infty$

$S_\infty = \frac{a_1}{1 - q} = \frac{6}{\frac{1}{3}} = \underline{\underline{18}}$ Die Summe der Reihe beträgt 18.

c) $a_1 = 0{,}7$; $q = 0{,}1$; $n \to \infty$

$S_\infty = a_1 \cdot \frac{1}{1-q} = 0{,}7 \cdot \frac{1}{1 - 0{,}1} = \frac{7}{10} \cdot \frac{10}{9} = \underline{\underline{\frac{7}{9}}}$ Die Summe der Reihe beträgt $\frac{7}{9}$.

d) $a_1 = 5$; $q = \frac{2}{5}$; $n \to \infty$

$S_\infty = a_1 \cdot \frac{1}{1 - q} = 5 \cdot \frac{1}{\frac{3}{5}} = \underline{\underline{\frac{25}{3}}}$ Die Summe der Reihe beträgt $\frac{25}{3}$.

e) $a_1 = 3$; $q = \frac{1}{2}$; $n \to \infty$

$$S_{\infty} = a_1 \cdot \frac{1}{1-q} = 3 \cdot \frac{1}{1-\frac{1}{2}} = \underline{\underline{6}}$$ Die Summe der Reihe beträgt 6.

f) $a_1 = 1$; $q = 0{,}9$; $n \to \infty$

$$S_{\infty} = a_1 \cdot \frac{1}{1-q} = 1 \cdot \frac{1}{1-0{,}9} = \underline{\underline{10}}$$ Die Summe der Reihe beträgt 10.

Aufgabe 14:

a) Die Dezimalzahl wird in eine Reihe umgewandelt und deren Summe für $n \to \infty$ ermittelt.

$0{,}\overline{45} = 0{,}45 + 0{,}0045 + 0{,}000045 + \ldots$
$q = 0{,}0045 : 0{,}45 = 0{,}001$

$$S_n = 0{,}45 \frac{1}{1-\frac{1}{100}} = \frac{45}{100} \cdot \frac{100}{99} = \underline{\underline{\frac{5}{11}}}$$

Die Dezimalzahl lautet als Bruch $\frac{5}{11}$

b) $0{,}\overline{6} = 0{,}6 + 0{,}06 + 0{,}006 + \ldots$
$q = 0{,}06 : 0{,}6 = 0{,}1$

$$S_n = \frac{6}{10} \cdot \frac{1}{\frac{9}{10}} = \underline{\underline{\frac{2}{3}}}$$

Die Dezimalzahl lautet als Bruch $\frac{2}{3}$

c) Die Zahl $1{,}2\overline{3}$ wird in die Zahl 1,2 und in die Reihe 0,03 + 0,003 + ... zerlegt, und es wird die Summe der Reihe für $n \to \infty$ bestimmt.

$1{,}2\overline{3} = 1{,}2 + 0{,}03 + 0{,}003 + \ldots$
$a_1 = 0{,}03$
$q = 0{,}003 : 0{,}03 = 0{,}1$

$$S_n = \frac{3}{100} \cdot \frac{1}{\frac{9}{10}} = \frac{1}{30}$$

$$1{,}2\overline{3} = 1{,}2 + \frac{1}{30} = \underline{\underline{\frac{37}{30}}}$$

Die Dezimalzahl lautet als Bruch $\frac{37}{30}$

d) $8,\overline{1} = 8,0 + 0,1 + 0,01 + ...$
$a_1 = 0,1$
$q = 0,01 : 0,1 = 0,1$

$$S_n = \frac{1}{10} \cdot \frac{1}{\frac{9}{10}} = \frac{1}{9}$$

$$8,\overline{1} = 8\frac{1}{9}$$

Die Dezimalzahl lautet als Bruch $8\frac{1}{9}$.

e) $0,\overline{22} = 0,22 + 0,0022 + 0,000022 + ...$
$a_1 = 0,22$; $q = 0,22 : 0,0022 = 0,01$

$$S_n = a_1 \frac{1}{1-q} = \frac{22}{100} \cdot \frac{1}{\frac{99}{100}} = \frac{2}{9}$$

Die Dezimalzahl lautet als Bruch $\frac{2}{9}$.

Aufgabe 15:

$a_1 = 5$; $q = 2$; $a_n \leq 1800$; $a_{n+1} > 1800$

Es wird eine Zahl m ($0 \leq m < 1$) eingeführt, um eine Gleichsetzung von a_{n+m} mit 1800 DM zu ermöglichen; n+m wird dann mit der entsprechenden Formel berechnet.

$a_{n+m} = 1800$

$$n+m = \frac{\lg a_{n+m} - \lg a_1}{\lg q} + 1 = \frac{\lg 1800 - \lg 5}{\lg 2} + 1$$

$$= \frac{3,2553 - 0,6990}{0,3010} + 1 = 9,4$$

$\rightarrow n = 9$

$a_9 = a_1 \cdot q^8 = 5 \cdot 2^8 = 1280$

Das Geld des Spielers reicht für 9 Runden; er setzt dann 1280 DM ein.

Aufgabe 16:

a) $$n = \frac{\lg a_n - \lg a_1}{\lg q} + 1 = \frac{\lg 1701 - \lg 7}{\lg 3} + 1$$

$$= \frac{3,2306 - 0,8451}{0,4771} + 1 = 6$$

b) $n = \frac{\lg 307{,}55 - \lg 12}{\lg 1{,}5} + 1 = \frac{2{,}4880 - 1{,}0792}{0{,}1761} + 1 = \underline{\underline{9}}$

c) $n = \frac{\lg 3661 - \lg 600}{\lg 1{,}1} + 1 = \frac{3{,}5636 - 2{,}7782}{0{,}0414} + 1 = \underline{\underline{20}}$

d) $n = \frac{\lg 4096 - \lg 1}{\lg 4} + 1 = \frac{3{,}6124 - 0}{0{,}6021} + 1 = \underline{\underline{7}}$

e) $n = \frac{\lg (S_n \cdot (q-1) + a_1) - \lg a_1}{\lg q} = \frac{\lg (2420 \cdot 2 + 20) - \lg 20}{\lg 3}$

$= \frac{3{,}6866 - 1{,}3010}{0{,}4771} = \underline{\underline{5}}$

f) $n = \frac{\lg (800 \cdot 6 + 2) - \lg 2}{\lg 7} = \frac{\lg 4802 - \lg 2}{\lg 7}$

$= \frac{3{,}6814 - 0{,}3010}{0{,}8451} = \underline{\underline{4}}$

g) $n = \frac{\lg (5076 \cdot 0{,}15 + 250) - \lg 250}{\lg 1{,}15} = \frac{\lg 1011{,}40 - \lg 250}{\lg 1{,}15}$

$= \frac{3{,}0049 - 2{,}3979}{0{,}0607} = \underline{\underline{10}}$

h) q und S_n werden als Brüche geschrieben; unter Anwendung der Rechenregeln der Logarithmenrechnung ergibt sich:

$$n = \frac{\lg \left(\frac{671}{5} \cdot \frac{1}{5} + \frac{625}{25} \right) - \lg 25}{\lg \frac{6}{5}} = \frac{\lg 1296 - \lg 25 - \lg 25}{\lg 1{,}2}$$

$= \frac{3{,}1126 - 1{,}3979 - 1{,}3979}{0{,}0792} = \underline{\underline{4}}$

Aufgabe 17:

a) $q = \sqrt[n-1]{\frac{a_n}{a_1}} = \sqrt[3]{\frac{448}{7}} = \underline{\underline{4}}$

b) $q = \sqrt[n-1]{\frac{a_n}{a_1}} = \sqrt[6]{\frac{1529437}{13}}$

$q^2 = \sqrt[3]{117649} = 49$

Die Quadratwurzel ergibt zwei Lösungswerte:

$\underline{\underline{q^{(1)} = 7}}$; $\underline{\underline{q^{(2)} = -7}}$

c) Diese Aufgabe wird logarithmisch gelöst.

$$q = \sqrt[n-1]{\frac{a_n}{a_1}}$$

$$\lg q = \frac{1}{n-1} \cdot \lg\left(\frac{a_n}{a_1}\right) = \frac{1}{25} \cdot \lg 95{,}5 = \frac{1}{25} \cdot 1{,}9800 = 0{,}0792$$

$\rightarrow \underline{\underline{q = 1{,}2}}$

d) $q = \sqrt[n-1]{\frac{a_n}{a_1}} = \sqrt[5]{\frac{-1215}{5}} = \sqrt[5]{-243} = -\sqrt[5]{243} \rightarrow = \underline{\underline{-3}}$

Aufgabe 18:

a) $a_1 = 6000$; $a_n = 15000$; $S_n = 115000$

$$q = \frac{S_n - a_1}{S_n - a_n} = \frac{115000 - 6000}{115000 - 15000} = \underline{\underline{1{,}09}}$$

Der Lohn erhöhte sich jedes Jahr um den Faktor 1,09, d.h. um 9%.

b) $a_1 = 2000$; $a_n = 200$; $S_n = 5000$

$$q = \frac{5000 - 2000}{5000 - 200} = \underline{\underline{\frac{5}{8}}}$$

Die Abschreibung verändert sich um den Faktor $\frac{5}{8}$.

$$d = 1 - q = \underline{\underline{\frac{3}{8}}}$$

Der Abschreibungssatz beträgt $\frac{3}{8}$.

Der Anschaffungswert A ist der Wert, von dem aus mit dem Abschreibungssatz d der erste Abschreibungsbetrag a_1 ermittelt wurde .

$$A \cdot d = a_1 \rightarrow A = \frac{a_1}{d} = \frac{2000}{\frac{3}{8}} = \underline{\underline{5333{,}33}}$$

Der Anschaffungswert beträgt 5333,33 DM.

c) $a_1 = 2 \cdot 5 = 10$; $a_n = 10^6$; $S_n = 1{,}6 \cdot 10^6$

$$q = \frac{S_n - a_1}{S_n - a_n} = \frac{1{,}6 \cdot 10^6 - 10}{1{,}6 \cdot 10^6 - 10^6} = \frac{1599990}{600000} = \underline{\underline{2{,}6667}}$$

Die jährliche Nettovermehrungsrate beträgt ca. 2,67.

d) $a_1 = 2$; $a_2 = 64$

$$q = \frac{a_2}{a_1} = \frac{64}{2} = \underline{\underline{32}}$$

Gesucht ist eine Reihe mit : $a_1 = 2$; $a_6 = 64$.

$a_6 = a_1 \cdot q^5$

$64 = 2 \cdot q^5 \quad \rightarrow \quad q^5 = 32$

$\rightarrow \underline{\underline{q = 2}}$

2. Die Zinsrechnung

2.1. Einfache Zinsen

Aufgabe 1:

a) $K_0 = 1000 \,;\, i = 0{,}06 \,;\, n = \frac{8}{12}$

$Z = K_0 \cdot i \cdot n = 1000 \cdot 0{,}06 \cdot \frac{8}{12} = \underline{\underline{40}}$ Die Zinsen betragen 40 DM.

b) $K_0 = 1000 \,;\, i = 0{,}0525 \,;\, n = 2$

$Z = 1000 \cdot 0{,}0525 \cdot 2 = 1000 \cdot 0{,}105 = \underline{\underline{105}}$ Die Zinsen betragen 105 DM.

c) $K_0 = 1000 \,;\, i = 0{,}035 \,;\, n = \frac{1}{2}$

$Z = 1000 \cdot 0{,}035 \cdot \frac{1}{2} = 1000 \cdot 0{,}0175 = \underline{\underline{17{,}50}}$ Die Zinsen betragen 17,50 DM.

d) $K_0 = 1000 \,;\, i = 0{,}04 \,;\, n = \frac{15}{12}$

$Z = 1000 \cdot 0{,}04 \cdot \frac{15}{12} = \underline{\underline{50}}$ Die Zinsen betragen 50 DM.

Aufgabe 2:

a) $K_0 = 3600 \,;\, i = 0{,}07 \,;\, n = \frac{3}{4}$

$Z = K_0 \cdot i \cdot n = 3600 \cdot 0{,}07 \cdot 0{,}75 = \underline{\underline{189}}$ Die Zinsen betragen 189 DM.

b) $K_0 = 5000 \,;\, i = 0{,}0625 \,;\, n = 10$

$Z = K_0 \cdot i \cdot n = 5000 \cdot 0{,}0625 \cdot 10 = \underline{\underline{3125}}$ Die Zinsen betragen 3125 DM.

c) $K_0 = 2200 \,;\, i = 0{,}08 \,;\, n = 4$

$Z = K_0 \cdot i \cdot n = 2200 \cdot 0{,}08 \cdot 4 = \underline{\underline{704}}$ Die Zinsen betragen 704 DM.

d) $K_0 = 3500 \,;\, i = 0{,}055 \,;\, n = 1{,}5$

$Z = K_0 \cdot i \cdot n = 3500 \cdot 0{,}055 \cdot 1{,}5 = \underline{\underline{288{,}75}}$ Die Zinsen betragen 288,75 DM.

Aufgabe 3:

a) $K_0 = 1650 \,;\, K_n = 1677{,}50 \,;\, n = \frac{4}{12}$

$K_n = K_0 \cdot (1 + i \cdot n)$

$1677{,}50 = 1650 \cdot (1 + i \cdot \frac{1}{3}) = 1650 + \frac{1650}{3} \cdot i$

$27{,}5 = \frac{1650}{3} \cdot i$

$i = \frac{3 \cdot 27{,}5}{1650} = \underline{\underline{0{,}05}}$ Der Zinssatz beträgt 0,05.

b) $K_0 = 1650$; $K_n = 1705$; $n = \frac{10}{12}$

$K_n = K_0 \cdot (1 + i \cdot n)$

$1705 = 1650 \cdot (1 + i \cdot \frac{10}{12}) = 1650 + \frac{1650 \cdot 5}{6} \cdot i$

$55 = \frac{1650 \cdot 5}{6} \cdot i$

$i = \frac{55 \cdot 6}{1650 \cdot 5} = \underline{\underline{0{,}04}}$

Der Zinssatz beträgt 0,04.

c) $K_0 = 2400$; $K_n = 2616$; $n = 1{,}5$

$2616 = 2400 \cdot (1 + i \cdot 1{,}5) = 2400 + 2400 \cdot 1{,}5 \cdot i$

$216 = 3600 \cdot i$

$i = \frac{216}{3600} = \underline{\underline{0{,}06}}$

Der Zinssatz beträgt 0,06.

d) $K_0 = 1300$; $K_n = 1378$; $n = \frac{2}{3}$

$1378 = 1300\,(1 + i \cdot \frac{2}{3}) = 1300 + \frac{1300 \cdot 2}{3}\, i$

$78 = \frac{1300 \cdot 2}{3}\, i$

$i = \frac{78 \cdot 3}{1300 \cdot 2} = \underline{\underline{0{,}09}}$

Der Zinssatz beträgt 0,09.

e) $K_0 = 2000$; $K_n = 2330$; $n = 3$

$K_n = K_0\,(1 + i \cdot n)$

$2330 = 2000\,(1 + i \cdot 3)$

$\quad = 2000 + 2000 \cdot i \cdot 3$

$330 = 6000\, i$

$\frac{330}{6000} = i$

$i = \underline{\underline{0{,}055}}$

Der Zinssatz beträgt 0,055.

f) $K_0 = 1800$; $K_n = 2088$; $n = 4$

$2088 = 1800\,(1 + i \cdot 4)$

$\quad = 1800 + 1800 \cdot i \cdot 4$

$288 = 7200\, i$

$i = \underline{\underline{0{,}04}}$

Der Zinssatz beträgt 0,04.

g) $K_0 = 5400$; $K_n = 6156$; $n = 2\frac{1}{3}$

$$6156 = 5400\left(1 + i \cdot 2\frac{1}{3}\right)$$

$$= 5400 + 5400 \cdot i \cdot 2\frac{1}{3}$$

$$756 = 12600\, i$$

$$i = \underline{\underline{0{,}06}}$$

Der Zinssatz beträgt 0,06.

h) $K_0 = 6000$; $K_n = 9000$; $n = 10$

$$9000 = 6000(1 + i \cdot 10)$$

$$= 6000 + 6000 \cdot i \cdot 10$$

$$3000 = 60000\, i$$

$$i = \underline{\underline{0{,}05}}$$

Der Zinssatz beträgt 0,05.

Aufgabe 4:

a) **Kalendermäßig:**

Hier wird das Jahr mit 365 Tagen gerechnet.

25 + 30 + 31 + 30 + 14 = 130 (Tage)

$$Z = K_0 \cdot i \frac{T}{365} = 1000 \cdot 0{,}04 \cdot \frac{130}{365} = \underline{\underline{14{,}25}}$$

Bei kalendermäßiger Dauer betragen die Zinsen 14,25 DM.

Rechnerisch:

Monate	Tage	
12	14	
8	6	–
4	8	

Das entspricht 128 Tagen, den Monat zu 30 Tagen gerechnet.

Mit 1 Jahr = 12 • 30 Tage = 360 Tage folgt:

$$Z = K_0 \cdot i \cdot \frac{T}{360} = 1000 \cdot 0{,}04 \cdot \frac{128}{360} = \underline{\underline{14{,}22}}$$

Bei rechnerischer Laufzeit betragen die Zinsen 14,22 DM.

b) **Kalendermäßig:**

Voraussetzungen wie unter a)

20 + 31 + 31 + 30 + 31 + 7 = 150 (Tage)

$$Z = 1750 \cdot 0{,}05 \cdot \frac{150}{365} = \frac{175 \cdot 15}{73} = \underline{\underline{35{,}96}}$$

Bei kalendermäßiger Dauer betragen die Zinsen 35,96 DM.

Rechnerisch:

Monate	Tage	
11	7	(*)
6	10	–
10	37	
6	10	–
4	27	

Damit die Subtraktion möglich ist, werden in der mit (*) bezeichneten Zeile Umwandlungen vorgenommen.

Das entspricht 147 Tagen, den Monat zu 30 Tagen gerechnet.

$$Z = 1750 \cdot 0{,}05 \cdot \frac{147}{360} = \underline{\underline{35{,}73}}$$

Bei rechnerischer Laufzeit betragen die Zinsen 35,73 DM.

c) **Kalendermäßig:**

10 + 29 + 31 + 30 + 31 + 30 + 31 + 13 = 205 (Tage)

Das Schaltjahr wird bei der Zahl der Tage und für das Bezugsjahr mit berücksichtigt. Das gilt aber nur für Deutschland; die Berechnung der Laufzeit ist in anderen Ländern verschieden.

$$Z = 2500 \cdot 0{,}045 \cdot \frac{205}{366} = \underline{\underline{63{,}01}}$$

Bei kalendermäßiger Dauer betragen die Zinsen 63,01 DM.

Rechnerisch:

Monate	Tage	
8	13	
1	21	–
7	43	
1	21	–
6	22	

Das entspricht 202 Tagen, den Monat zu 30 Tagen gerechnet.

$$Z = 2500 \cdot 0{,}045 \cdot \frac{202}{360} = \underline{\underline{63{,}13}}$$

Bei rechnerischer Laufzeit betragen die Zinsen 63,13 DM.

d) **Kalendermäßig:**

13 + 30 + 31 + 31 + 6 = 111 (Tage)

$$Z = 2000 \cdot 0{,}0525 \cdot \frac{111}{365} = \underline{\underline{31{,}93}}$$

Bei kalendermäßiger Dauer betragen die Zinsen 31,93 DM.

Rechnerisch:

Jahre	Monate	Tage	
66	2	6	
65	10	18	–
65	13	36	
65	10	18	–
	3	18	

Zur Durchführung der Subtraktion werden 66 Jahre 2 Monate 6 Tage umgewandelt in 65 Jahre 13 Monate 36 Tage.

Das entspricht 108 Tagen, den Monat zu 30 Tagen gerechnet.

$$Z = 2000 \cdot 0{,}0525 \cdot \frac{108}{360} = \underline{\underline{31{,}50}}$$

Bei rechnerischer Laufzeit betragen die Zinsen 31,50 DM.

e) **Kalendermäßig:**

2 + 31 + 30 + 31 + 21 = 115 Tage

$Z = 4000 \cdot 0{,}06 \cdot 115:365 = \underline{\underline{75{,}62}}$

Bei kalendermäßiger Berechnung betragen die Zinsen 75,62 DM.

Rechnerisch:

Jahre	Monate	Tage
87	1	21
86	9	28
86	12	51
86	9	28
	3	23

Zur Durchführung der Subtraktion werden 87 Jahre, 1 Monat und 21 Tage in 65 Jahre, 12 Monate und 51 Tage umgewandelt.

Das entspricht 113 Tagen, den Monat zu 30 Tagen gerechnet.

$Z = 4000 \cdot 0{,}06 \cdot 113:360 = \underline{\underline{75{,}33}}$

Die Zinsen betragen bei rechnerischer Dauer 75,33 DM.

f) **Kalendermäßig:**

$19 + 31 + 28 + 10 = 88$

$Z = 5200 \cdot 0{,}0625 \cdot 88:365 = \underline{\underline{78{,}36}}$

Die Zinsen betragen bei kalendermäßiger Dauer 78,36 DM.

Rechnerisch:

Jahre	Monate	Tage
87	3	10
86	12	12
86	14	40
86	12	12
	2	28

Zur Subtraktion wird umgewandelt.

Das entspricht 88 Tagen, den Monat zu 30 Tagen gerechnet.

$Z = 5200 \cdot 0{,}0625 \cdot 88:360 = \underline{\underline{79{,}44}}$

Die Zinsen betragen bei rechnerischer Dauer 79,44 DM.

g) **Kalendermäßig:**

$26 + 31 + 30 + 31 + 31 + 30 + 19 = 198$

$Z = 1600 \cdot 0{,}07 \cdot 198:365 = \underline{\underline{60{,}76}}$

Die Zinsen betragen bei kalendermäßiger Betrachtung 60,76 DM.

Rechnerisch:

Monate	Tage
10	19
4	4
6	15

Das ergibt 195 Tage, den Monat zu 30 Tagen gerechnet.

$Z = 1600 \cdot 0{,}07 \cdot 195:360 = \underline{\underline{60{,}67}}$

Bei rechnerischer Dauer betragen die Zinsen 60,67 DM.

h) **Kalendermäßig:**

$31 + 31 + 30 = 92$

$Z = 12000 \cdot 0{,}075 \cdot 92:365 = \underline{\underline{226{,}85}}$

Die Zinsen betragen bei kalendermäßiger Betrachtung 226,85 DM.

Rechnerisch:

Monate	Tage
9	30
7	1
2	29

Das ergibt 89 Tage, den Monat zu 30 Tagen gerechnet.

$$Z = 12000 \cdot 0{,}075 \cdot 89:360 = \underline{\underline{225{,}5}}$$

Bei rechnerischer Dauer betragen die Zinsen 225,50 DM.

Aufgabe 5:

a) $K_n = 2500\ ;\ n = \frac{9}{12}\ ;\ i = 0{,}06$

$$K_0 = \frac{K_n}{1 + i \cdot n} = 2500 : (1 + 0{,}06 \cdot \frac{3}{4}) = \underline{\underline{2392{,}34}}$$

Die Schuld ist 2392,34 DM wert.

b) $K_{n_1} = 450\ ;\ n_1 = \frac{1}{3}\ ;\ K_{n_2} = 600\ ;\ n_2 = \frac{1}{2}\ ;\ i = 0{,}05\ ;\ n_3 = \frac{1}{4}$

$$n_1 - n_3 = \frac{1}{12}\ ;\ n_2 - n_3 = \frac{1}{4}$$

$$K_{n_3} = \frac{K_{n_1}}{1 + i(n_1 - n_3)} + \frac{K_{n_2}}{1 + i(n_2 - n_3)}$$

$$= \frac{450}{1 + 0{,}05 \cdot 1:12} + \frac{600}{1 + 0{,}05 \cdot 1:4} = 448{,}13 + 592{,}59$$

$$= \underline{\underline{1040{,}72}}$$

Herr Müller benötigt 1040,72 DM.

c) Es sind zwei Werte zu vergleichen:

$$K_{01} = 4000 + \frac{6000}{1 + 0{,}06 \cdot \frac{1}{2}} = 9825{,}24$$

$$K_{02} = 6000 + \frac{4000}{1 + 0{,}06} = 9773{,}58$$

Die zweite Kondition ist heute um 51,66 DM günstiger.

d) $K_{n_1} = 2000$; $n_1 = \frac{1}{6}$; $K_{n_2} = 1000$; $n_2 = \frac{5}{12}$; $K_{n_3} = 18000$; $n_3 = \frac{3}{4}$;

$i = 0{,}06$

Um die Werte vergleichbar zu machen, ist ein einheitlicher Bezugstermin zu wählen; hier wird die Zahlung der zweiten Rate x_2 gewählt: $n_{x_2} = 1$.

Der Wert der Schuld an diesem Tag wird durch Aufzinsung bestimmt.

$$K_{n_x} = 2000\,(1 + 0{,}06\,(1 - \frac{1}{6})) + 1000\,(1 + 0{,}06\,(1 - \frac{5}{12})) +$$
$$+ 1800\,(1 + 0{,}06\,(1 - \frac{3}{4}))$$

Diesem Wert sollen zwei Zahlungen $x_1 = x_2 = x$ entsprechen, von denen die eine in $n_{x_2} = 1$, die andere in $n_{x_1} = \frac{1}{2}$ liegt; die letztere wird also aufgezinst.

$$K_{n_x} = x + x\,(1 + 0{,}06\,(1 - \frac{1}{2}))$$

Aus der Gleichsetzung der beiden Werte für K_{n_x} ergibt sich x:

$2000 \cdot 1{,}05 + 1000 \cdot 1{,}035 + 1800 \cdot 1{,}015 = x + 1{,}03 \cdot x$

$4962 = 2{,}03 \cdot x$

$\underline{\underline{x = 2444{,}33}}$

Die Raten betragen 2444,33 DM.

e) $K_{n_1} = 1000$; $n_1 = 0{,}25$; $K_{n_2} = 2000$; $n_2 = 0{,}5$; $K_{n_3} = 3000$; $n_3 = 1$;

$i = 0{,}06$

Ansatz: $K_{01} + K_{02} = K_{03} + x$

$$\frac{1000}{1 + 0{,}06 \cdot 0{,}25} + \frac{2000}{1 + 0{,}06 \cdot 0{,}5} = \frac{3000}{1{,}06} + x$$

$\underline{\underline{x = 96{,}78}}$

Für die Prolongation sind heute 96,78 DM zu bezahlen.

f) $K_{01} = 1600$; $n_1 = 5/6$; $K_{02} = 2400$; $n_2 = 5/12$; $i = 0{,}05$

$K_n = K_{n_1} + K_{n_2}$

$K_n = 1600\,(1 + 0{,}05 \cdot 5/6) + 2400\,(1 + 0{,}05 \cdot 5/12)$

$\quad \underline{\underline{= 4116{,}67}}$

Der Wechsel ist auf 4116,67 DM auszustellen.

g) $K_{n_1} = 5000$; $n_1 = 0$; $K_{n_2} = 3000$; $n_2 = 0{,}5$; $K_{n_3} = 3000$; $n_3 = 1$

$K_{n_4} = 3000$; $n_4 = 1{,}5$; $i = 0{,}055$.

$K_0 = K_{01} + K_{02} + K_{03} + K_{04}$

$$K_0 = 5000 + \frac{3000}{1{+}0{,}055 \cdot 0{,}5} + \frac{3000}{1{+}0{,}055} + \frac{3000}{1{+}0{,}055 \cdot 1{,}5}$$

$$= \underline{\underline{13534{,}67}}$$

Herr Müller hätte bei Barzahlung 13534,67 DM bezahlen sollen.

h) $K_{n_1} = 1000$; $n_1 = 0{,}25$; $K_{n_2} = 2000$; $n_2 = 0{,}5$; $K_{n_3} = 3000$; $n_3 = 8/12$

$n_3 = 0{,}\overline{6}$; $i = 0{,}09$

Barpreis: $6000 \cdot 0{,}98 = 5880$

$$\text{Barwert Zielkauf: } \frac{1000}{1{+}0{,}09 \cdot 0{,}25} + \frac{2000}{1{+}0{,}09 \cdot 0{,}5} + \frac{3000}{1{+}0{,}09 \cdot 0{,}\overline{6}} = 5722{,}05$$

Die Differenz beträgt 157,95 DM zugunsten des Zielkaufs; der Barkauf hätte sich nicht gelohnt.

i) Als Bezugszeitpunkt wird der 1.3.87 gewählt.

Barpreis: $100000 \cdot 0{,}98 = 98000$

$$\text{Barwert Zielkauf: } 20000\,(1 + 0{,}11 \cdot 5/12) + 40000 + \frac{20000}{1{+}0{,}11{\cdot}0{,}25} + \frac{20000}{1{+}0{,}11{\cdot}0{,}5}$$

Die vereinbarte Zahlungsweise kostet bezogen auf den 1.3.87 99338,74 DM; das sind 1338,74 DM mehr, als bei Bezahlung mit Skonto am gleichen Tag.

2.2. Die Zinseszinsrechnung bei nachschüssiger Verzinsung

Aufgabe 6:

a) (mit Tabelle I)
$K_n = K_0 \cdot q^n = 100 \cdot 1{,}628895 = \underline{\underline{162{,}89}}$ Das Endkapital beträgt 162,89 DM.

b) (mit Tabelle I)
$K_n = 100 \cdot 4{,}321942 = \underline{\underline{432{,}19}}$ Das Endkapital beträgt 432,19 DM.

c) (mit Tabelle I)
$K_n = 100 \cdot 3{,}869684 = \underline{\underline{386{,}97}}$ Das Endkapital beträgt 386,97 DM.

d) (mit Tabelle I)
$K_n = 100 \cdot 3{,}262038 = \underline{\underline{326{,}20}}$ Das Endkapital beträgt 326,20 DM.

e) $K_n = 100 \cdot 1{,}454679 = \underline{\underline{145{,}47 \text{ DM}}}$ Das Endkapital beträgt 145,47 DM.

f) $K_n = 100 \cdot 2{,}069889 = \underline{\underline{206{,}99 \text{ DM}}}$ Das Endkapital beträgt 206,99 DM.

g) $K_n = 100 \cdot 2{,}633652 = \underline{\underline{263{,}37 \text{ DM}}}$ Das Endkapital beträgt 263,37 DM.

h) $K_n = 100 \cdot 4{,}509519 = \underline{\underline{450{,}95 \text{ DM}}}$ Das Endkapital beträgt 450,95 DM.

i) $K_n = 100 \cdot 24{,}82161 = \underline{\underline{2482{,}16 \text{ DM}}}$ Das Endkapital beträgt 2482,16 DM.

k) $K_n = 100 \cdot 5{,}780399 = \underline{\underline{578{,}04 \text{ DM}}}$ Das Endkapital beträgt 578,04 DM.

Aufgabe 7:

a) $K_0 = 50$; $n = 100$; $i = 0{,}035$

Tabellarische Lösung (Tabelle I):

$$K_n = K_0 \cdot q^n$$

$$= K_0 \cdot q^{\frac{n}{2}} \cdot q^{\frac{n}{2}} = 50 \cdot 5{,}584927 \cdot 5{,}584927 = \underline{\underline{1559{,}57}}$$

Das Kapital wächst auf 1559,57 DM an.

b) $$n = \frac{\lg K_n - \lg K_0}{\lg q} = \frac{3{,}1930 - 1{,}6990}{0{,}0211189} = \underline{\underline{70{,}51}}$$

c) $$n = \frac{3{,}1930 - 1{,}6990}{0{,}025306} = \underline{\underline{59{,}04}}$$

d) $$n = \frac{3{,}1930 - 1{,}6990}{0{,}03342} = \underline{\underline{44{,}7}}$$

Aufgabe 8:

a) $K_n = K_0 \cdot q^n$; $K_0=1$; $i=0{,}03$; $n=20$

$K_n = \underline{\underline{1{,}81}}$ Der Betrag lautet 1,81 DM.

b) wie a) ; $n = 50$

$K_n = \underline{\underline{4{,}38}}$ Der Betrag lautet 4,38 DM.

c) wie a) ; $n = 100$

$K_n = \underline{\underline{19{,}22}}$ Der Betrag lautet 19,22 DM.

d) wie a) ; $n = 500$

$K_n = \underline{\underline{2621870}}$ Der Betrag lautet 2621870 DM.

e) wie a) ; $n = 1000$

$K_n = \underline{\underline{6{,}87424 \cdot 10^{12}}}$ Der Betrag lautet $6{,}87424 \cdot 10^{12}$ DM.

f) wie a) ; $n = 1971$

$K_n = \underline{\underline{2{,}005256 \cdot 10^{25}}}$ Der Betrag lautet $2{,}005256 \cdot 10^{25}$ DM.

g) wie a) ; $n = 1987$

$K_n = \underline{\underline{3{,}2178477 \cdot 10^{25}}}$ Der Betrag lautet $3{,}2178477 \cdot 10^{25}$ DM.

Aufgabe 9:

a) $n = 6$; $i = 0{,}07$

Erster Rechenweg:

$K_0 = 20000$

Der Endbetrag wird mit der entsprechenden Formel errechnet; die Zinsen Z werden auf den Zeitpunkt $t = 0$ abgezinst und von K_0 subtrahiert.

$$K_n = K_0 \cdot q^n = 20000 \cdot 1{,}500730 = \underline{\underline{30014{,}60}}$$

Der Endbetrag lautet 30014,60 DM.

$Z = 10014{,}60$

$Z_0 = Z : q^n = 10014{,}60 : 1{,}500730 = 6673{,}15$

Die Zinsen betragen 6673,15 DM.

$$K_0 - Z_0 = \underline{\underline{13326{,}85}}$$

Der auszuzahlende Betrag lautet 13326,85 DM.

Zweiter Rechenweg:

$K_n = 20000$

Hier wird die geschuldete Summe als fällig in $t = n$ betrachtet und K_0 als gesucht angenommen. Das Ergebnis weicht rundungsbedingt um 0,01 DM ab.

$$K_0 = K_n \cdot v^n = 20000 \cdot 0{,}6663422 = \underline{\underline{13326{,}84}}$$

Der auszuzahlende Betrag lautet 13326,84 DM.

b) $n = 9$; $i = 0{,}05$

Von den zwei Rechenwegen (siehe a)) wird hier nur der zweite angeführt.

$K_n = 44000$

$$K_0 = K_n \cdot v^n = 44000 \cdot 0{,}6446089 = \underline{\underline{28362{,}79}}$$

Der auszuzahlende Betrag lautet 28362,79 DM.

c) $K_n = 80000$; $n = 12$; $i = 0{,}0825$

$$K_0 = K_n : (1 + i)^n = \underline{\underline{30899{,}76 \text{ DM}}}$$

Herr Müller darf 30899,76 DM aufnehmen.

d) $K_n = 120000$; $n = 12$, $i = 0{,}055$

$$K_0 = K_n : (1 + i)^n = \underline{\underline{63117{,}78 \text{ DM}}}$$

Heinz sollten 63117,78 DM ausbezahlt werden.

Aufgabe 10

a) $i_1 = 0{,}07$; $n_1 = 10$;

$i_{2a} = 0{,}08$; $n_{2a} = 6$; $i_{2b} = 0{,}06$; $n_{2b} = 4$

$i_{3a} = 0{,}06$; $n_{3a} = 2$; $i_{3b} = 0{,}07$; $n_{3b} = 3$; $i_{3c} = 0{,}075$, $n_{3c} = 5$

$K_{n_1} = 10000\,(1+0{,}07)^{10} = 19671{,}51$ DM

$K_{n_2} = 10000\,(1+0{,}08)^6\,(1+0{,}06)^4 = 20033{,}93$ DM.

$K_{n_3} = 10000\,(1+0{,}06)^2\,(1+0{,}07)^3\,(1+0{,}075)^5 = 19760{,}83$ DM.

Die Kondition 8% für 6 Jahre, denn 6% für 4 Jahre ist die günstigste.

b) Als Planungshorizont wird für alle Alternativen n = 20 genommen.

$i_1 = 0{,}06$; $n_1 = 20$; $i_{2a} = 0{,}0575$; $n_{2a} = 10$; $i_{2b} = 0{,}0625$; $n_{2b} = 10$;

$i_{3a} = 0{,}055$; $n_{3a} = 5$; $i_{3b} = 0{,}0675$; $n_{3b} = 5$; $i_{3c} = 0{,}0625$; $n_{3c} = 10$.

$K_{n_1} = 120000 \cdot 1{,}06^{20} = 384856{,}26$ DM

$K_{n_2} = 12000 \cdot 1{,}0575^{10} \cdot 1{,}0625^{10} = 384834{,}85$ DM

$K_{n_3} = 120000 \cdot 1{,}055^5 \cdot 1{,}0675^5 \cdot 1{,}0625^{10} = 398632{,}17$ DM

Da K_{n_2} den geringsten Wert aufweist, sind diese Konditionen für Herrn Meyer am günstigsten.

Aufgabe 11:

a) $K_0 = 3600$; $K_n = 8100$; $n = 12$

$$i = \sqrt[n]{\frac{K_n}{K_0}} - 1$$

$$\lg q = \frac{1}{n}(\lg K_n - \lg K_0) = \frac{1}{12}(3{,}9085 - 3{,}5563) = 0{,}3522 : 12$$

$$= 0{,}02935$$

$$\rightarrow q = 1{,}0699 ;\quad \underline{\underline{i = 0{,}0699}}$$

Der Zinssatz beträgt 6,99% p.a.

b) $n = 16$; $K_n = 45600$; $i_{einf.} = 0{,}08$

Zuerst wird K_0 ermittelt, dann kann entsprechend Aufgabe a) vorgegangen werden.

$$K_0 = \frac{K_n}{1 + i_{einf.} \cdot n} = \frac{45600}{1 + 0{,}08 \cdot 16} = 20000$$

K_0 beträgt 20000 DM.

$$\lg q = \frac{1}{n}(\lg K_n - \lg K_0) = \frac{1}{16}(4{,}6590 - 4{,}3010) = 0{,}022375$$

$$\rightarrow q = 1{,}05287 ;\quad \underline{\underline{i = 0{,}05287}}$$

Der Zinssatz beträgt 5,287% p.a.

c) $n = 10 ; K_n ; K_0 = 2$

Einsetzen des gewünschten Verzinsungsfaktors in die logarithmische Formel:

$$\lg q = \frac{1}{n} \lg (K_n : K_0) = \frac{1}{10} \cdot 0{,}3010 = 0{,}03010$$

$\rightarrow q = 1{,}0718$; $\underline{\underline{i = 0{,}0718}}$

Der Zinssatz beträgt 7,18% p.a.

d) $K_0 = 5000$ DM ; $K_n = 6554$ DM ; $n = 4$

$$\lg q = \frac{1}{n} (\lg K_n - \lg K_0) = \frac{1}{4} (3{,}8165 - 3{,}6990) = 0{,}029375$$

$\rightarrow q = 1{,}07$; $\underline{\underline{i = 0{,}07}}$

Der Zinssatz beträgt 7% p.a.

e) Es sind zu vergleichen die Veränderungen der vorhandenen Mittel und des Kaufpreises.

$6554 \cdot (1 + 0{,}04)^n = 5000 \cdot 1{,}07^n$

$6554 : 5000 = 1{,}07^n : 1{,}04^n$

$\lg 6554 - \lg 5000 = n \cdot (\lg 1{,}07 - \lg 1{,}04)$

$0{,}1175 = n \cdot (0{,}02938 - 0{,}01703)$

$\underline{\underline{n = 9{,}52}}$

Der Verkauf verzögert sich um 5,52 Jahre.

Aufgabe 12

a) $K_n = 25000$ DM ; $n = 20$; $i = 0{,}03$

$K_0 = K_n : q^n = \underline{\underline{13841{,}90 \text{ DM}}}$

Der Vater müßte 13841,90 DM einzahlen.

b) $K_n = 25000$ DM ; $n = 20$; $i = 0{,}0625$

$K_0 = 7436{,}38$ DM

Beim Kauf von Obligationen zu 6,25% müßte er 7436,38 DM aufwenden. Das müßte auf volle 100 DM auf- (bzw. ab-) gerundet werden.

c) $K_0 = 7436{,}38$ DM ; $K_n = 25000$ DM ; $i = 0{,}07$

$n = \lg (K_n : K_0) : \lg (1+i)$

$= \lg 3{,}36185 : \lg 1{,}07$

$= 0{,}5265 : 0{,}02938$

$= \underline{\underline{17{,}92}}$

Die Obligationen zu 7% müßten im Betrag von 7436,38 17,92 Jahre vorher gekauft werden. Das gewünschte Ergebnis von 25000 DM ergibt sich beim Kauf von Obligationen für 7400 DM bei 18 Jahren Laufzeit.

2.3. Die Zinseszinsrechnung bei vorschüssiger Verzinsung

Aufgabe 13:

a) $K_0 = 8000\,DM ; i = 0{,}04 ; n = 6$

$$K_n = \frac{8000\text{ DM}}{(1-0{,}04)^6} = \underline{\underline{10220{,}27\text{ DM}}}$$

b) $K_0 = 12000$ DM ; $i = 0{,}06$; $n = 15$
$K_n\ 12000 : (1-0{,}06)^{15} = \underline{\underline{30357{,}32\text{ DM}}}$

c) $K_0 = 25000$ DM ; $i = 0{,}055$; $n = 4$
$K_n = 25000 : (1-0{,}055)^4 = \underline{\underline{31348{,}21\text{ DM}}}$

d) $K_0 = 20000$ DM ; $i = 0{,}08$; $n = 7$
$K_n = 20000 : (1-0{,}08)^7 = \underline{\underline{35852{,}15\text{ DM}}}$

e) $K_0 = 16000$ DM ; $i = 0{,}0725$; $n = 10$
$K_n = 16000 : (1-0{,}0725)^{10} = \underline{\underline{33961{,}03\text{ DM}}}$

f) $K_0 = 1000$ DM ; $i = 0{,}09$; $n = 2$
$K_n = 1000 : (1-0{,}09)^2 = \underline{\underline{1207{,}58\text{ DM}}}$

g) $K_0 = 30000$ DM ; $i = 0{,}03$; $n = 30$
$K_n = 30000 : (1-0{,}03)^{30} = \underline{\underline{74811{,}64\text{ DM}}}$

h) $K_0 = 27000$ DM ; $i = 0{,}0425$; $n = 35$
$K_n = 27000 : (1-0{,}0425)^{35} = \underline{\underline{123454{,}35\text{ DM}}}$

Aufgabe 14:

a) $K_n = 15420{,}68$ DM ; $i = 0{,}06$; $n = 7$
$K_0 = K_n \cdot (1-i)^n$
$= 15420{,}68\ (1-0{,}06)^7 = 9999{,}97$ DM

Es wurden [wahrscheinlich] 10000 DM eingezahlt; 0,03 DM Rundungsfehler.

b) $K_n = 27759{,}27$ DM ; $i = 0{,}05$; $n = 12$
$K_0 = 27759{,}27 \cdot (1-0{,}05)^{12} = 15000$ DM

Es wurden 15000 DM eingezahlt.

c) $K_n = 14833{,}50$ DM ; $i = 0{,}055$; $n = 16$
$K_0 = 14833{,}5 \cdot (1-0{,}055)^{16} = 6000{,}02$ DM

Es wurden 6000 DM eingezahlt; 0,02 DM Rundungsfehler.

d) $K_n = 2874{,}85$ DM ; $i = 0{,}07$; $n = 5$
$K_0 = 2874{,}85\ (1-0{,}07)^5 = 2000$ DM.
Es wurden 2000 DM eingezahlt.

e) $K_n = 10000$ DM ; $i = 0{,}03$; $n = 8$
$K_0 = 10000\ (1-0{,}03)^8 = 7837{,}43$ DM

Es wurden 7837,43 DM eingezahlt.

f) $K_n = 12220$ DM ; $i = 0{,}0725$; $n = 2$
$K_0 = 12220\,(1-0{,}0725)^2 = 10512{,}33$ DM

Es wurden 10512,33 DM eingezahlt.

g) $K_n = 62000$ DM ; $i = 0{,}04$; $n = 43$
$K_0 = 62000\,(1-0{,}04)^{43} = 10716{,}54$ DM

Es wurden 10716,54 DM eingezahlt.

h) $K_n = 12000$ DM ; $i = 0{,}1$; $n = 10$
$K_0 = 12000\,(1-0{,}1)^{10} = 4184{,}14$ DM

Es wurden 4184,14 DM einbezahlt.

Aufgabe 15:

$K_0 = 16000$ DM ; $i = 0{,}06$; $n = 6$

Es ist die Differenz D beider Endwerte zu bilden.

$D = K_{nv} - K_n$

$K_{nv} = K_0 : (1-i)^n$

$K_{nv} = 16000 : (1-0{,}06)^6 = 23192{,}78$ DM

$K_n = 16000\,(1+0{,}06)^6 = 22696{,}31$ DM

$D = 496{,}47$ DM

Der Schuldner muß 496,47 DM mehr zahlen.

Die effektive nachschüssige Verzinsung wird durch den Ersatzzinsfuß i_e gegeben.

$$i_e = \frac{i}{1-i} = \frac{0{,}06}{0{,}094} = \underline{\underline{0{,}06383}}$$

2.4. Unterjährige Verzinsung

Aufgabe 16:

a) $K_0 = 100$ DM ; $n = 10$; $i = 0{,}12$
$m = 2$ (Tabelle I verwenden)

$$K_n = K_0 \cdot \left(1 + \frac{i}{m}\right)^{m \cdot n}$$

$$= 100 \text{ DM} \cdot \left(1 + \frac{0{,}12}{2}\right)^{2 \cdot 10} = 100 \text{ DM} \cdot 1{,}06^{20}$$

$$= 100 \text{ DM} \cdot 3{,}207135 \underline{\underline{= 320{,}71 \text{ DM}}}$$

b) $m = 4$ (Tabelle I verwenden)

$$K_n = 100 \text{ DM} \cdot \left(1 + \frac{0{,}12}{4}\right)^{4 \cdot 10} = 100 \text{ DM} \cdot 1{,}03^{40}$$

$$= 100 \text{ DM} \cdot 3{,}262038 \underline{\underline{= 326{,}20 \text{ DM}}}$$

c) $m = 12$ (Tabelle I verwenden)

$$K_n = 100 \text{ DM} \cdot \left(1 + \frac{0{,}12}{12}\right)^{12 \cdot 10} = 10 \text{ DM} \cdot 1{,}01^{120} = \underline{\underline{330{,}04 \text{ DM}}}$$

Die effektive Verzinsung:

zu a) Man kann 1 + j jeweils in Tabelle I unter Zinssatz $\frac{i}{m}$ und m ablesen.

$$j = (1 + \frac{i}{m})^m - 1 = (1 + \frac{0,12}{2})^2 - 1 = \underline{\underline{0,1236}}$$

zu b) $j = (1 + \frac{0,12}{4})^4 - 1 = \underline{\underline{0,125509}}$

zu c) $j = (1 + \frac{0,12}{12})^{12} - 1 = \underline{\underline{0,126825}}$

Aufgabe 17:

$K_0 = 2400$ DM ; $i = 0,06$; $n = 8$

a) m = 2

$$K_n = 2400 \text{ DM } (1 + \frac{0,06}{2})^{2 \cdot 8} = 3851,30 \text{ DM}$$

Das Kapital wächst auf 3851,30 DM an.

Die effektive Verzinsung beträgt $j = (1 + \frac{0,06}{2})^2 - 1 = 0,0609.$

b) m = 6

$$K_n = 2400 \text{ DM } (1 + \frac{0,06}{6})^{6 \cdot 8} = 3869,34 \text{ DM}$$

Das Kapital wächst auf 3869,34 DM an.

Die effektive Verzinsung beträgt $j = (1 + \frac{0,06}{6})^6 - 1 = 0,06152.$

c) m = 36

$$K_n = 2400 \text{ DM } (1 + \frac{0,06}{36})^{36 \cdot 8} = 3877,03 \text{ DM}$$

Das Kapital wächst auf 3877,03 DM an.

Die effektive Verzinsung beträgt $j = (1 + \frac{0,06}{36})^{36} - 1 = 0,06178.$

d) m = 360

$$K_n = 2400 \text{ DM } (1 + \frac{0,06}{360})^{360 \cdot 8} = 3878,42 \text{ DM}$$

Das Kapital wächst auf 3878,42 DM an.

Die effektive Verzinsung beträgt $j = (1 + \frac{0,06}{360})^{360 \cdot 8} - 1 = 0,06183.$

Aufgabe 18:

a) $K_0 = 2500$ DM ; $i = 0{,}04$; $m = 12$; $n = 5{,}25$

$$K_n = K_0 \cdot (1 + \frac{i}{m})^{m \cdot n} = 2500 \text{ DM} \cdot (1{,}00\overline{3})^{5{,}25 \cdot 12}$$

$$= \underline{\underline{3083{,}12 \text{ DM}}}$$

Der Endbetrag lautet 3083,12 DM.

b) $K_0 = 1000$ DM ; $i = 0{,}07$; $m = 4$; $n = 8{,}5$

$$K_n = 1000 \text{ DM } (1 + \frac{0{,}07}{4})^{4 \cdot 8{,}5} = \underline{\underline{1803{,}72 \text{ DM}}}$$

Es sind 1803,72 DM zurückzuzahlen.

c) $K_0 = 2000$ DM ; $i = 0{,}042$; $m = 4$; $n = 6$

$$K_n = 2000 \text{ DM } (1 + \frac{0{,}042}{4})^{4 \cdot 6} = \underline{\underline{2569{,}81 \text{ DM}}}$$

Der Endbetrag lautet 2569,81 DM.

d) $K_n = 8200$ DM ; $i = 0{,}06$; $m = 4$; $n = 6$

$$K_0 = K_n : (1 + \frac{0{,}06}{4})^{4 \cdot 6} = \underline{\underline{5736{,}26 \text{ DM}}}$$

Der Anfangsbetrag lautete 5736,26 DM.

e) $K_0 = 11000$ DM ; $i = 0{,}09$; $m = 12$; $n = 8$

$$K_n = 11000 \text{ DM } (1 + \frac{0{,}09}{12})^{12 \cdot 8} = \underline{\underline{22538{,}13 \text{ DM}}}$$

Der Endbetrag lautet 22538,13 DM.

f) $K_n = 22000$ DM ; $i = 0{,}05$; $m = 4$; $n = 9{,}5$

$$K_0 = 22000 \text{ DM} : (1 + \frac{0{,}05}{4})^{4 \cdot 0.5} = \underline{\underline{13721{,}81 \text{ DM}}}$$

Am 1.1.1976 standen 13721,81 DM auf dem Konto.

Aufgabe 19:

a) $i = 0{,}0525$; $m = 4$

$$j = (1 + \frac{0{,}0525}{4})^4 - 1 = 0{,}053542666$$

Der effektive Jahreszins beträgt 0,05354.

b) $i = 0{,}06$; $m = 12$

$$j = (1 + \frac{0{,}06}{12})^{12} - 1 = 0{,}061677807$$

Der effektive Jahreszins beträgt 0,06168.

c) $m_1 = 12$; $i_2 = 0{,}06$; $m_2 = 2$

Beide effektiven Verzinsungen sind gleichzusetzen, um i_1 zu finden; es wird so umgewandelt, daß die Potenz auf einer Seite steht.

$$(1 + \frac{i_1}{12})^{12} = (1 + \frac{0{,}06}{2})^2$$

$$1 + \frac{i_1}{12} = (1 + \frac{0{,}06}{2})^{\frac{1}{6}}$$

$$\lg (1 + \frac{i_1}{12}) = \frac{1}{6} \cdot \lg 1{,}03 = 0{,}002139$$

$$\rightarrow 1 + \frac{i_1}{12} = 1{,}00494$$

$$\frac{i_1}{12} = 0{,}00494$$

$$\underline{\underline{i_1 = 0{,}05928}}$$

Der nominelle Zinssatz beträgt 5,928% p.a. Mit EDV-Programm ergibt sich 5,9263%.

d) $j = 0{,}05$; $m = 4$

$$(1 + \frac{i}{4})^4 = 1{,}05$$

$$1 + \frac{i}{4} = \sqrt[4]{1{,}05}$$

$$\frac{i}{4} = \sqrt[4]{1{,}05} - 1$$

$$i = 0{,}049088$$

Der nominelle Verzinsungen beträgt 0,04909.

Aufgabe 20:

a) $K_0 = 5000$ DM ; $K_n = 7461$ DM ; $i_{rel} = 0{,}03$; $m = 2$

$$n \cdot m = \frac{\lg K_n - \lg K_0}{\lg q_{rel}} = \frac{3{,}87277 - 3{,}69817}{0{,}01284} = 13{,}53$$

$$\rightarrow \underline{\underline{n = 6{,}77}}$$

Nach 6,77 Jahren ist der gegebene Betrag erreicht.

b) $K_0 = 2500$ DM ; $K_n = 3500$ DM ; $i = 0{,}06$; $m = 4$

$$n \cdot m = \frac{\lg 3500 - \lg 2500}{\lg 1{,}015} = \frac{3{,}54407 - 3{,}39794}{0{,}00647} = 22{,}6$$

$\rightarrow \underline{\underline{n = 5{,}65}}$

Es dauert 5,65 Jahre lang.

c) $i_{rel} = 0{,}02$; $m = 4$

$K_n = 2 \cdot K_0 \rightarrow$; $(1 + 0{,}02)^{n \cdot 4} = 2$

$4 \cdot n \cdot \lg 1{,}02 = \lg 2$

$$n = \frac{0{,}30103}{0{,}0086 \cdot 4} \underline{\underline{= 8{,}75}}$$

Das Kapital hat sich nach 8,75 Jahren verdoppelt.

d) $K_n : K_0 = 3$; $i = 0{,}09$; $m = 360$

$$(1 + \frac{0{,}09}{360})^{n \cdot 360} = 3$$

$360 \cdot n \cdot \lg 1{,}00025 = \lg 3$

$$n = \frac{0{,}4771}{360 \cdot 0{,}0001086} = \underline{\underline{12{,}21}}$$

Die Verdreifachung des Kapitals dauert 12,21 Jahre.

Aufgabe 21:

a) $K_n = 1250$ DM ; $n = 3$; $i = 0{,}04$; $m = 2$

Erster Rechenweg: (mit Tabelle I)

$K_0 = K_n : q_{rel}^{n \cdot m} = 1250 \text{ DM} : 1{,}02^{2 \cdot 3} = 1250 \text{ DM} : 1{,}126162$

$\underline{\underline{= 1109{,}96 \text{ DM}}}$

Der Gläubiger sollte 1109,96 DM akzeptieren.

Zweiter Rechenweg: (mit Tabelle II)

$$K_0 = K_n \cdot v_{rel}^{n \cdot m} = 1250 \text{ DM} \cdot \frac{1}{1{,}02^6} = 1250 \text{ DM} \cdot 0{,}8879714$$

$\underline{\underline{= 1109{,}96 \text{ DM}}}$

b) $K_0 = 5000$ DM ; $i = 0{,}05$; $m = 2$

Es wird alles auf den Zeitpunkt n=3 gerechnet; x sei der Rest.

$$x = K_n - T_1 \cdot (1 + \frac{i}{m})^{n-t_1} - T_2 (1 + \frac{i}{m})^{n-t_2}$$

$$= 5000 \text{ DM} (1 + \frac{0{,}05}{2})^{2 \cdot 3} - 1000 \text{ DM} (1 + \frac{0{,}05}{2})^{2 \cdot 2} - 2000 \text{ DM} (1 + \frac{0{,}05}{2})^{2 \cdot 1}$$

$$\underline{\underline{= 2593{,}40 \text{ DM}}}$$

Des Rest beträgt 2593,40 DM

c) $K_0 = 3000$ DM ; $i = 0{,}05$; $m = 4$; $n = 6$

$\bar{n} = 4$; $\bar{i} = 0{,}04$

Zuerst wird der Wert am Ende des 6. Jahres ermittelt.

$$K_6 = 3000 \text{ DM} \cdot 1{,}0125^{24}$$

$$\underline{\underline{= 4042{,}05 \text{ DM}}}$$

Dieser Betrag wird mit dem Kalkulationszinssatz auf das Ende des 4. Jahres abgezinst.

$$K_4 = K_6 \cdot (1 + \frac{0{,}04}{4})^{-8}$$

$$\underline{\underline{= 3732{,}77 \text{ DM}}}$$

Herr Popp sollte 3732,77 DM zahlen.

d) $K_0 = 17800$ DM ; $n = 8{,}53$; $m = 4$; $i_{rel} = 0{,}02$

$$K_n = K_0 \cdot q_{rel}^{n \cdot m} = 17800 \cdot 1{,}02^{34.12}$$

$$\underline{\underline{= 34983{,}06 \text{ DM}}}$$

Der Betrag lautet 34983,06 DM.

e) $K_0 = 20000$ DM ; $n = 3{,}6\overline{8}$; $i_1 = 0{,}06$; $m_1 = 2$

$i_2 = 0{,}059$; $m_2 = 12$

$$K_{n_1} = 20000 \text{ DM} (1 + \frac{0{,}06}{2})^{7.1\overline{8}}$$

$$\underline{\underline{= 24873{,}69 \text{ DM}}}$$

$$K_{n_2} = 20000 \text{ DM} (1 + \frac{0{,}059}{12})^{44.27}$$

$$\underline{\underline{= 24849{,}64 \text{ DM}}}$$

Die Verzinsung mit 6% bei halbjährlichem Zuschlag bringt 24,05 DM mehr.

2.5. Gemischte Verzinsung

Aufgabe 22:

a) $K_0 = 17800$ DM ; $i_{rel} = 0{,}02$; $m = 4$

Die Zeitbestimmung hat hier so zu erfolgen, daß vom 6.4.61 bis zum nächsten Quartalsende und vom letzten Quartalsende bis zum 17.10.69 gerechnet wird. Die dazwischenliegende Zeit ergibt die Jahre n.

$T_1 = 24 + 30 + 30 = 84$; $n = 8{,}25$, $T_2 = 17$

$$K_{T_1} = 17800 \text{ DM } (1 + \frac{i \cdot 84}{360}) = 18132{,}27 \text{ DM}$$

$$K_n = 18132{,}27 \text{ DM } (1 + 0{,}02)^{33} = 34854{,}42 \text{ DM}$$

$$K_{T_2} = 34854{,}42 \text{ DM} \cdot (1 + \frac{i \cdot 17}{360})$$

$$= \underline{\underline{34986{,}09 \text{ DM}}}.$$

Der Betrag lautet nun 34986,09 DM.

b) $K_0 = 20000$ DM ; $i_1 = 0{,}06$; $m = 2$; $T_{11} = 149$; $n_1 = 3$; $T_{12} = 99$

$i_2' = 0{,}059$; $m_2 = 12$; $T_{21} = 29$; $n_2 = 3\frac{7}{12}$; $T_{22} = 9$

$$K_{T_{11}} = 20000 \text{ DM } (1 + \frac{0{,}06 \cdot 149}{360}) = 20496{,}67 \text{ DM}$$

$$K_{n_1} = 20496{,}67 \text{ DM } (1 + \frac{0{,}06}{2})^6 = 24474{,}10 \text{ DM}$$

$$K_{T_{12}} = 24474{,}10 \text{ DM } (1 + \frac{0{,}06 \cdot 99}{360}) = \underline{\underline{24877{,}92 \text{ DM}}}$$

$$K_{T_{21}} = 20000 \text{ DM } (1 + \frac{0{,}059 \cdot 29}{360}) = 20095{,}06 \text{ DM}$$

$$K_{n_2} = 20095{,}06 \text{ DM } (1 + \frac{0{,}059}{12})^{43} = 24813{,}12 \text{ DM}$$

$$K_{T_{22}} = 24813{,}12 \text{ DM } (1 + \frac{0{,}059 \cdot 9}{360}) = \underline{\underline{24849{,}72 \text{ DM}}}$$

Bei gemischter Verzinsung ist der monatliche Zuschlag von 5,9% um 28,20 DM ungünstiger.

Aufgabe 23:

a) $K_0 = 18750$ DM ; $K_t = 39123{,}60$ DM ; $i = 0{,}04$

$$K_t = K_0 \cdot (1 + \frac{i \cdot T}{360})(1 + i)^n$$

Der Quotient aus End- und Anfangskapital ergibt den gemischten Zinsfaktor.

$$\frac{K_t}{K_0} = (1 + \frac{i \cdot T}{360})(1 + i)^n$$

$$\frac{39123{,}60}{18750} = (1 + \frac{0{,}04 \cdot T}{360})(1 + i)^n = 2{,}086592$$

Der nächstkleinere ganzzahlige Wert für n wird aufgesucht und bestimmt n.

$1{,}04^{18} < 2{,}086592 < 1{,}04^{19}$

$\rightarrow n = 18$

$\rightarrow q^n = 2{,}02582$

q^n wird in die Bestimmungsgleichung für den Zinsfaktor eingesetzt und diese nach T aufgelöst.

$$2{,}02582\,(1 + \frac{0{,}04 \cdot T}{360}) = 2{,}086592$$

$$\frac{2{,}02582 \cdot 0{,}04 \cdot T}{360} = 0{,}060772$$

$T = 270$

$t = n + T$

$\underline{\underline{= 18 \text{ Jahre } 270 \text{ Tage}}}$

Das Kapital ist 18 Jahre 270 Tage verzinst worden.

b) $K_0 = 5000$ DM ; $K_t = 8000$ DM ; $i = 0{,}08$

(Vorgehen wie bei Teil a))

$$\frac{K_t}{K_0} = 1{,}08^n \cdot (1 + \frac{0{,}08 \cdot T}{360}) = 1{,}6$$

$1{,}6 = 1{,}08^n \cdot (1 + 0{,}000\overline{2} \cdot T)$

$1{,}08^6 < 1{,}6 < 1{,}08^7 \rightarrow n = 6$

$1{,}6 = 1{,}586874 \cdot (1 + 0{,}000\overline{2} \cdot T)$

$$T = \frac{0{,}01313}{0{,}0002 \cdot 1{,}586874} = 37$$

$t = n + T$

$\underline{\underline{= 6 \text{ Jahre } 37 \text{ Tage}}}$

Es dauert 6 Jahre 37 Tage.

c) $K_0 = 12000$ DM ; $K_t = 18000$ DM ; $i = 0{,}06$; $m = 4$

Es ist vom 12.3 bis 30.3. vorab zu verzinsen:

$$K_{\bar{0}} = 12000 \text{ DM} \left(1 + \frac{0{,}06 \cdot 18}{360}\right) = 12036 \text{ DM}$$

$$K_t = K_{\bar{0}} \left(1 + \frac{i}{m}\right)^{m \cdot n} \cdot \left(1 + \frac{0{,}06 \cdot T}{360}\right)$$

$$\frac{K_t}{K_{\bar{0}}} = \left(1 + \frac{i}{m}\right)^{m \cdot n} \cdot \left(1 + \frac{0{,}06 \cdot T}{360}\right) = 1{,}495513459$$

$$1{,}015^{27} < \frac{K_t}{K_{\bar{0}}} < 1{,}015^{28} \rightarrow n \cdot m = 27$$

$$\frac{K_t}{K_{\bar{0}}} : 1{,}015^{27} = 1 + \frac{0{,}06 \cdot T}{360} \rightarrow T = \left(\frac{K_1}{K_{\bar{0}}} : 1{,}015^{27} - 1\right) \cdot \frac{360}{0{,}06}$$

$T = 2{,}86$

Am 3.1.77 ist der Wert von 18000 DM erreicht, wenn der Monat zu 30 Tagen gerechnet wird.

d) $K_0 = 2000$ DM ; $i = 0{,}08$; $T_1 = 197$; $n = 1$; $T_2 = 163$;
$n_2 = 2$

$$K_{T_1} = 2000 \text{ DM} \cdot \left(1 + \frac{0{,}08 \cdot 197}{360}\right) = 2087{,}56 \text{ DM}$$

$$K_{n_1} = 2087{,}56 \text{ DM} \cdot 1{,}08 = 2254{,}56 \text{ DM}$$

$$K_{T_2} = 2254{,}56 \text{ DM} \cdot \left(1 + \frac{0{,}08 \cdot 163}{360}\right) = \underline{\underline{2336{,}23 \text{ DM}}}$$

$$K_{n_2} = 2000 \text{ DM} (1 + 0{,}08)^2 = \underline{\underline{2332{,}80 \text{ DM}}}$$

Bei gemischter Verzinsung ergeben sich 3,43 DM mehr.

e) $K_0 = 1000$ DM ; $i = 0{,}05$; $T_1 = 288$; $n = 2$; $T_2 = 309$

$$K_{T_1} = 1000 \text{ DM} \left(1 + \frac{0{,}05 \cdot 288}{360}\right) = 1040 \text{ DM}$$

$$K_{n_1} = 1040 \text{ DM} (1 + 0{,}05)^2 = 1146{,}60 \text{ DM}$$

$$K_{T_2} = 1146{,}60 \text{ DM} \left(1 + \frac{0{,}05 \cdot 309}{360}\right) = \underline{\underline{1195{,}81 \text{ DM}}}$$

Der Kontostand beläuft sich am 9.1.87 auf 1195,81 DM.

Aufgabe 24:

a) $K_0 = 9000$ DM ; $i = 0{,}055$

Erste Lösung:
Zur Veranschaulichung wird der Verzinsungszeitraum auf einem Zeitstrahl dargestellt.

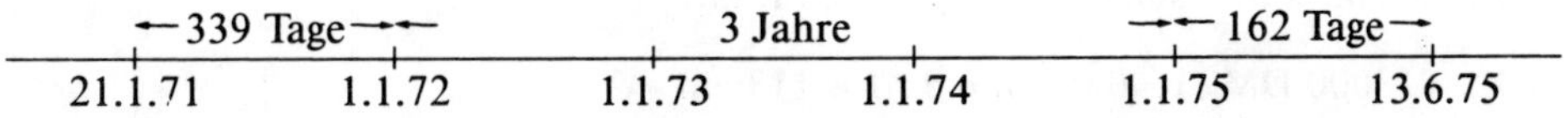

Die Gesamtdauer t setzt sich zusammen aus einer Zahl von Jahren und zwei Zeiträumen T_1. T_2 von Tagen, in denen einfach verzinst wird.

$$t = T_1 + n + T_2 = 3 \text{ Jahre} + 339 \text{ Tage} + 162 \text{ Tage}$$

$$K_t = K_0 \cdot q^3 \left(1 + \frac{T_1 \cdot i}{360}\right)\left(1 + \frac{T_2 \cdot i}{360}\right)$$

$$= 9000 \text{ DM} \cdot 1{,}17424 \cdot 1{,}05179 \cdot 1{,}02475 = \underline{\underline{11390{,}59 \text{ DM}}}$$

Der Endwert des Kapitals beträgt 11390,59 DM.

Zweite Lösung:
Läßt man die Zinseszinsberechnung am Tage der Einzahlung beginnen und berechnet nur den Rest der Tage mit einfachen Zinsen, so ergibt sich folgende Darstellung:

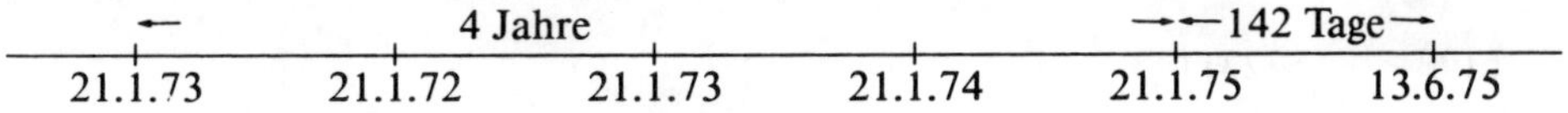

Hier setzt sich die Gesamtdauer t zusammen aus einer Zahl von n Jahren und einem Zeitraum von T Tagen.

$$t = n + T = 4 \text{ Jahre} + 142 \text{ Tage}$$

$$K_t = K_0 \cdot q^4 \left(1 + \frac{T \cdot i}{360}\right) = 9000 \text{ DM} \cdot 1{,}238825 \cdot 1{,}021694$$

$$\underline{\underline{= 11391{,}31 \text{ DM}}}$$

Das Endkapital beträgt 11391,31 DM.

Welche der Lösungen gewählt wird, hängt von den vereinbarten Zinskonditionen ab.

b) $n = 10$; $T = 200$; $i = 0{,}08$; $m = 4$; $K_t = 20000$ DM

Wegen des vierteljährlichen Zuschlags weicht die Zahl der Verzinsungsperioden M von $n \cdot m$ ab. In den 200 Tagen wird noch zweimal verzinst.

$$M = n \cdot m + 2 = 42$$

$$K_t = K_0 \left(1 + \frac{i}{m}\right)^M \left(1 + \frac{(T-180) \cdot i}{360}\right)$$

Die Auflösung nach K_0 ergibt:

$$K_0 = \frac{20000\text{ DM}}{1{,}02^{42} \cdot (1 + \frac{20 \cdot 0{,}08}{360})} = \underline{\underline{8667{,}56\text{ DM}}}$$

Zu Beginn waren 8667,56 DM auf dem Konto.

c) $K_0 = 13000\text{ DM}\;;\; i = 0{,}07\;;\; n = 6\;;\; T = 113\;;\; m = 2$

$$K_t = K_0 (1 + \frac{i}{m})^{n \cdot m} (1 + \frac{T \cdot i}{360})$$

$$= 13000\text{ DM} \cdot 1{,}035^{12} \cdot (1 + \frac{113 \cdot 0{,}07}{360}) \cdot$$

$$= 13000\text{ DM} \cdot 1{,}511069 \cdot 1{,}021972 = \underline{\underline{20075{,}51\text{ DM}}}$$

Das Endkapital beträgt 20075,51 DM.

d) $K_0 = 5000\text{ DM}\;;\; K_n = 8000\text{ DM}\;;\; i = 0{,}06\;;\; T_1 = 290$

$$K_{T1} = K_0 (1 + \frac{0{,}06 \cdot 290}{360}) = 5241{,}67\text{ DM}$$

$$\frac{K_n}{K_{T1}} = 1{,}562231143$$

$1{,}06^7 < 1{,}562231143 < 1{,}06^8$
$n = 7$

$$T_2 = (\frac{1{,}562231143}{1{,}067} - 1)\frac{360}{0{,}06} = \underline{\underline{90{,}3}}$$

Der Kontostand von 8000 DM ist am 1.4.1992 erreicht.

e) $K_{01} = 3000\text{ DM}\;;\; T_{11} = 325\;;\; n_1 = 2\;;\; T_{12} = 158\;;\; i = 0{,}035;$
$K_{02} = 4000\text{ DM}\;;\; T_{21} = 293\;;\; n_2 = 0\;;\; T_{22} = 158\;;$
$T_{31} = 202\;;\; n_3 = 0\;;\; T_{32} = 132$

$$K_{T_{11}} = 3000\text{ DM} (1 + \frac{0{,}035 \cdot 325}{360}) = 3094{,}79\text{ DM}$$

$$\left.\begin{aligned} K_{n_1} &= 3094{,}79\text{ DM} \cdot (1{,}035)^2 = 3315{,}22 \\ K_{T_{21}} &= 4000\text{ DM} (1 + \frac{0{,}035 \cdot 293}{360}) = 4113{,}94 \end{aligned}\right\} 7429{,}16\text{ DM}$$

$$K_{T_2} = 7429{,}16\text{ DM} (1 + \frac{0{,}035 \cdot 158}{360}) = 7543{,}28\text{ DM}$$

$$K_{03} = K_{T_2} - 2000\text{ DM}$$

$$K_{T_{31}} = 5543{,}28\text{ DM} (1 + \frac{0{,}035 \cdot 202}{360}) = 5652{,}14\text{ DM}$$

$$K_{T_{32}} = 5652{,}14 \text{ DM} \left(1 + \frac{0{,}035 \cdot 132}{360}\right) = \underline{\underline{5724{,}68 \text{ DM}}}$$

Der Kontostand am 12.5.85 beträgt 5724.68 DM.

2.6. Der mittlere Zinstermin

Aufgabe 25:

a) $K_1 = 2000$ DM ; $t_1 = 3$

$K_2 = 5000$ DM ; $t_2 = 5$

$K_3 = 3000$ DM ; $t_3 = 8$; $i = 0{,}06$

$$n = \frac{\lg \sum_{k=1}^{\bar{k}} K_k - \lg \sum_{k=1}^{\bar{k}} K_k \cdot q^{-t_k}}{\lg q}$$

Zuerst werden die beiden Summen berechnet (Tabelle II !)

$$\sum_{k=1}^{\bar{k}} K_k = 2000 \text{ DM} + 5000 \text{ DM} + 3000 \text{ DM} = 10000 \text{ DM}$$

$$\sum_{k=1}^{\bar{k}} K_k \cdot q^{-t_k} = 2000 \text{ DM} \cdot v^3 + 5000 \text{ DM} \cdot v^5 + 3000 \text{ DM} \cdot v^8$$

$$= 7297{,}77 \text{ DM}$$

$$n = \frac{\lg 10000 - \lg 7297{,}77}{\lg 1{,}06} = \underline{\underline{5{,}41}}$$

Der Gesamtbetrag müßte 5,41 Jahre ausgeliehen sein.

b) $\sum_{k=1}^{\bar{k}} K_k = 25000$ DM ; $i = 0{,}07$

$$K_1 = \frac{1}{2} K_2 = K_3 = K_4 = 5000 \text{ DM}$$

$t_1 = 5$; $t_2 = 15$; $t_3 = 20$; $t_4 = 30$

$$n = \frac{\lg \sum_{k=1}^{\bar{k}} K_k - \lg \sum_{k=1}^{\bar{k}} K_k \cdot q^{-t_k}}{\lg q}$$

$$\sum_{k=1}^{\bar{k}} K_k \cdot q^{-t_k} = 5000\text{ DM}\,(v^5 + 2 \cdot v^{15} + v^{20} + v^{30}) = 9138{,}31\text{ DM}$$

$$n = \frac{\lg 25000 - \lg 9138{,}31}{\lg 1{,}07} = \underline{\underline{14{,}87}}$$

Das Angebot des Schuldners ist wegen n < 16 anzunehmen.

c) $K_1 = \ldots = K_5 = 3000$ DM

$t_1 = 1$; $t_2 = 4$; $t_3 = 7$; $t_4 = 10$; $t_5 = 13$; $i = 0{,}055$

$$\sum_{k=1}^{\bar{k}} K_k = 15000\text{ DM}$$

$$n = \frac{\lg \sum_{k=1}^{\bar{k}} K_k - \lg \sum_{k=1}^{\bar{k}} K_k \cdot q^{-t_k}}{\lg q}$$

$$\sum_{k=1}^{\bar{k}} K_k \cdot q^{-t_k} = 3000\text{ DM}\,(v + v^4 + v^7 + v^{10} + v^{13})$$

$$= 10579{,}54\text{ DM}$$

$$n = \frac{\lg 15000 - \lg 10579{,}54}{\lg 1{,}055} = \underline{\underline{6{,}52}}$$

Der Schuldschein wäre in 6 Jahren und 188 Tagen fällig.

d) $K_1 = \frac{1}{2} \cdot K_2 = \frac{1}{3} \cdot K_3 = 4000$ DM

$t_1 = 4$; $t_2 = 9$; $t_3 = 15$; $i = 0{,}08$

$$\sum_{k=1}^{\bar{k}} K_k = 24000\text{ DM}$$

$$n = \frac{\lg \sum_{k=1}^{\bar{k}} K_k - \lg \sum_{k=1}^{\bar{k}} K_k \cdot q^{-t_k}}{\lg q}$$

$$\sum_{k=1}^{\bar{k}} K_k \cdot q^{-t_k} = 4000\text{ DM}\,(v^4 + 2 \cdot v^9 + 3 \cdot v^{15})$$

$$= 10725\text{ DM}$$

$$n = \frac{\lg 24000 - \lg 10725}{\lg 1{,}08} = \underline{\underline{10{,}467}}$$

Die Summe ist in 10 Jahren und 168 Tagen fällig.

e) $K_{n_1} = 30000\,DM; n_1 = 5; i = 0{,}06$

$K_{n_2} = 2000\,DM; n_2 = 0; K_{n_3} = 5000\,DM, n_2 = 3; n_4 = x.$

$K_{01} = K_{n_1} : (1+0{,}06)^5 = 22417{,}75\,DM$

$K_{02} = K_{n_2}$

$K_{03} = 5000\,DM : (1{,}06)^3 = 4198{,}10\,DM$

$K_{04} = K_{01} - K_{02} - K_{03}$

$= 16219{,}65\,DM$

$K_{n_4} = 23000\,DM$

$1{,}06^x = 23000 : 16219{,}65 = 1{,}418033064$

$x = 5{,}9984 \approx \underline{\underline{6}}$

Der Rest ist dann in 6 Jahren fällig.

f) $K_{n_1} = 10000\,DM; n_1 = 1; K_{n_2} = 12000\,DM; n_2 = 3; K_{n_3} = 15000\,DM;$

$n_3 = 9; K_{n_4} = 30000\,DM; n_4 = 6; K_{05} = x$

$K_{05} = K_{04} - K_{01} - K_{02} - K_{03}$

$K_{01} = 10000\,DM : 1{,}07 = 9345{,}79\,DM$

$K_{02} = 12000\,DM : 1{,}07^3 = 9795{,}57\,DM$

$K_{03} = 15000\,DM : 1{,}07^9 = 8159{,}01\,DM$

$K_{04} = 30000\,DM : 1{,}07^6 = 19990{,}27\,DM$

$\underline{\underline{K_{05} = -7310{,}10\,DM}}$

Es müßten am 1.1.86 7310,10 DM aufgebracht werden.

2.7. Stetige Verzinsung

Aufgabe 23:

a) $K_0 = 5000\,DM; n = 8; i = 0{,}05$

$K_n = K_0 \cdot e^{i \cdot n} = 5000\,DM \cdot 1{,}491825 \underline{\underline{= 7464{,}12\,DM}}$

b) $K_n = 4800\,DM; n = 7; i = 0{,}07$

$K_0 = K_n : e^{i \cdot n} = 4800\,DM : 1{,}632316 \underline{\underline{= 2940{,}61\,DM}}$

c) $j = 0{,}09$

Mit Tabelle VII ergibt sich der Nominalzins:

$i = \ln(1 + j) \underline{\underline{= 0{,}0861777}}$

d) $i = 0{,}02; n = 100$ (Tabelle VIII verwenden)

$B_{100} = B_0 \cdot e^{i \cdot n}$

$B_{100} : B_0 = e^{i \cdot n} = e^{0{,}02 \cdot 100} = e^{0{,}04 \cdot 50} \underline{\underline{= 7{,}389056}}$

Die Bevölkerung vermehrt sich um 638,9%.

e) $K_{01} = 50$ Mill.; $i_1 = 0{,}001$; $K_{02} = 30$ Mill. $i = 0{,}015$

$K_{01} \cdot e^{0.001n} = K_{02} \cdot e^{0.015n}$

$$\frac{K_{01}}{K_{02}} = \frac{e^{0.015n}}{e^{0.001n}}$$

$$n = \frac{\lg (K_{01} : K_{02})}{\lg e^{0.015-0.001}} = \frac{0{,}2041}{0{,}4343 \cdot 0{,}014} = \underline{\underline{33{,}56}}$$

Nach 33,56 Jahren haben beide Länder gleiche Einwohnerzahlen.

f) $K_0 = 4 \cdot 10^6$; $i = 0{,}05$; $K_n = 8 \cdot 10^6$

$K_n = K_0 \cdot e^{i \cdot n}$

$\rightarrow 8 \cdot 10^6 = 4 \cdot 10^6 \, e^{0.05 \cdot n}$

$2 = e^{0.05 \cdot n}$

$$n = \frac{\lg 2}{0{,}05 \cdot \lg e} = \underline{\underline{13{,}86}}$$

Nach knapp 14 Jahren (exakt 13,86) ist der Umsatz verdoppelt.

3. Die Rentenrechnung

3.1. Die nachschüssige endliche Rente

Aufgabe 1:

a) $r = 350$ DM ; $i = 0{,}04$; $n = 12$

(Tabelle III verwenden !)

$R_n = r \cdot s_n = 350 \text{ DM} \cdot 15{,}02581 = \underline{\underline{5259{,}03 \text{ DM}}}$

Der Rentenendwert lautet 5259,03 DM.

b) $r = 750$ DM ; $i = 0{,}06$; $n = 15$

$R_n = r \cdot s_n = 750 \text{ DM} \cdot 23{,}27597 = \underline{\underline{17456{,}98 \text{ DM}}}$

Er besitzt nach 15 Jahren 17456,98 DM.

c) $r = 22000$ DM ; $i = 0{,}055$; $n = 6$

$R_n = r \cdot s_n = 22000 \text{ DM} \cdot 6{,}888051 = \underline{\underline{151537{,}12 \text{ DM}}}$

Nach 6 Jahren hat sie 151537,12 DM eingebracht.

d) $r = 17500$ DM ; $i = 0{,}08$; $n = 20$

$R_n = r \cdot s_n = 17500 \text{ DM} \cdot 45{,}76196 = \underline{\underline{800834{,}30 \text{ DM}}}$

Es hat 800834,30 DM eingebracht.

e) $r = 500$ DM ; $i = 0{,}035$; $n = 25$

$R_n = 500 \text{ DM} \cdot 38{,}94986 = \underline{\underline{19474{,}93 \text{ DM}}}$

Es sind 19474,93 DM verfügbar.

f) $r = 2400$ DM ; $i = 0{,}03$; $n = 12$

$R_n = 2400 \text{ DM} \cdot 14{,}19203 = \underline{\underline{34060{,}87 \text{ DM}}}$

Nach 12 Jahren sind 34060,97 DM angespart.

g) $r = 4800$ DM ; $i = 0{,}05$; $n = 20$

$R_n = 4800 \text{ DM} \cdot 33{,}06595 = \underline{\underline{158716{,}56 \text{ DM}}}$

Nach 20 Jahren sind 158716,56 DM verfügbar.

Aufgabe 2:

aa) **Erster Lösungsweg** mit Tabelle II und Verwendung der Ergebnisse aus 1).

$R_0 = R_n \cdot v^n = 5259{,}03 \text{ DM} \cdot 0{,}624597 = \underline{\underline{3284{,}77 \text{ DM}}}$

Zweiter Lösungsweg mit Tabelle IV:

$R_0 = r \cdot a_n = 350 \text{ DM} \cdot 9{,}385074 = \underline{\underline{3284{,}78 \text{ DM}}}$

ab) **Erster Lösungsweg** mit Tabelle II:

$R_0 = R_n \cdot v^n = 17456{,}98 \text{ DM} \cdot 0{,}4172651 = \underline{\underline{7284{,}19 \text{ DM}}}$

Zweiter Lösungsweg mit Tabelle IV:

$R_0 = r \cdot a_n = 750 \text{ DM} \cdot 9{,}712249 = \underline{\underline{7284{,}19 \text{ DM}}}$

ac) **Erster Lösungsweg** mit Tabelle II:

$R_0 = R_n \cdot v^n = 151537{,}12 \text{ DM} \cdot 0{,}7252458 = \underline{\underline{109901{,}70 \text{ DM}}}$

Zweiter Lösungsweg mit Tabelle IV:

$R_0 = r \cdot a_n = 22000 \text{ DM} \cdot 4{,}995530 = \underline{\underline{109901{,}60 \text{ DM}}}$

ad) **Erster Lösungsweg** mit Tabelle II:

$R_0 = R_n \cdot v^n = 800834{,}30 \text{ DM} \cdot 0{,}2145482 = \underline{\underline{171817{,}56 \text{ DM}}}$

Zweiter Lösungsweg mit Tabelle IV:

$R_0 = r \cdot a_n = 17500 \text{ DM} \cdot 9{,}818147 = \underline{\underline{171817{,}57 \text{ DM}}}$

ae) **Erster Lösungsweg** mit Tabelle II:

$R_n = 19474{,}93$ DM ; $i = 0{,}035$; $n = 25$

$R_0 = 19474{,}93 \text{ DM} \cdot 0{,}4231470 = \underline{\underline{8240{,}76 \text{ DM}}}$

Zweiter Lösungsweg mit Tabelle IV:

$r = 500$ DM ; $n = 0{,}035$; $n = 25$

$R_0 = 500 \text{ DM} \cdot 16{,}48151 = \underline{\underline{8240{,}76 \text{ DM}}}$

af) **Erster Lösungsweg** mit Tabelle II:

$R_n = 34060{,}87$ DM ; $i = 0{,}03$; $n = 12$

$R_0 = 34060{,}87 \text{ DM} \cdot 0{,}7013799 = \underline{\underline{23889{,}61 \text{ DM}}}$

Zweiter Lösungsweg mit Tabelle IV:

$r = 2400$ DM ; $i = 0{,}03$; $n = 12$

$R_0 = 2400 \text{ DM} \cdot 9{,}954004 = \underline{\underline{23889{,}61 \text{ DM}}}$

ag) **Erster Lösungsweg** mit Tabelle II:

$R_n = 158716{,}56$ DM ; $i = 0{,}05$; $n = 20$

$R_0 = 158716{,}56 \text{ DM} \cdot 0{,}3768895 = \underline{\underline{59818{,}60 \text{ DM}}}$

Zweiter Lösungsweg mit Tabelle IV:

$r = 4800$ DM ; $i = 0{,}05$; $n = 20$

$R_0 = 4800 \text{ DM} \cdot 12{,}46221 = \underline{\underline{59818{,}61 \text{ DM}}}$

Bemerkung:
Da mit 7-stelligen Tafeln gerechnet wird, ist eine rundungsbedingte Differenz in der 7. Stelle des Ergebnisses möglich.

b) $R_n = 300000$ DM ; $i = 0{,}045$; $n = 10$

$r = R_n \cdot s_n = 300000 \text{ DM} : 12{,}28821 = \underline{\underline{24413{,}65 \text{ DM}}}$

Es müssen jährlich 24413,65 DM gespart werden.

c) $R_n = 120000$ DM ; $i = 0{,}07$; $n = 4$

$r = 120000 \text{ DM} : 4.439943 = \underline{\underline{27027{,}37 \text{ DM}}}$

Es müssen jährlich 27027,37 DM gespart werden.

d) $r = 10000$ DM ; $R_n = 100000$ DM ; $n = 8$

$i = \underline{\underline{0{,}705357}}$

e) $r = 2000$ DM ; $R_n = 60000$ DM ; $n = 20$

$i = \underline{\underline{0{,}040715}}$

3.2. Die vorschüssige endliche Rente

Aufgabe 3:

Die Anwendung der Beziehungen $R_{vn} = R_n \cdot q$ und $R_{v0} = R_0 \cdot q$ sollte nur zur Kontrolle beschritten werden!

a) Die Berechnung des **Endwertes** (Tabelle III):

$R_{vn} = r \cdot s'_n = r \cdot (s_{n+1} - 1) = 350 \text{ DM} \cdot 15{,}62684 = \underline{\underline{5469{,}39 \text{ DM}}}$

Die Berechnung des **Barwertes** (Tabelle IV):

$R_{v0} = r \cdot a'_n = r \cdot (a_{n-1} + 1) = 350 \text{ DM} \cdot 9{,}760477 = \underline{\underline{3416{,}17 \text{ DM}}}$

b) **Endwert** der vorschüssigen Rente (Tabelle III):

$R_{vn} = r \cdot (s_{n+1} - 1) = 750\ \text{DM} \cdot 24{,}67253 = \underline{\underline{18504{,}40\ \text{DM}}}$

Barwert der vorschüssigen Rente (Tabelle IV):

$R_{vo} = r \cdot (a_{n-1} + 1) = 750\ \text{DM} \cdot 10{,}29498 = \underline{\underline{7721{,}24\ \text{DM}}}$

c) **Endwert** der vorschüssigen Rente (Tabelle III):

$R_{vn} = r \cdot (s_{n+1} - 1) = 22000\ \text{DM} \cdot 7{,}266894 = \underline{\underline{159871{,}70\ \text{DM}}}$

Barwert der vorschüssigen Rente (Tabelle IV):

$R_{vo} = r \cdot (a_{n-1} + 1) = 22000\ \text{DM} \cdot 5{,}270284 = \underline{\underline{115946{,}20\ \text{DM}}}$

d) **Endwert** der vorschüssigen Rente (Tabelle III):

$R_{vn} = r \cdot (s_{n+1} - 1) = 17500\ \text{DM} \cdot 49{,}42292 = \underline{\underline{864900{,}90\ \text{DM}}}$

Barwert der vorschüssigen Rente (Tabelle IV):

$R_{vo} = r \cdot (a_{n-1} + 1) = 17500\ \text{DM} \cdot 10{,}603599 = \underline{\underline{185562{,}98\ \text{DM}}}$

e) $R_{vn} = \underline{\underline{20156{,}55\ \text{DM}}}$

$R_{vo} = \underline{\underline{8529{,}18\ \text{DM}}}$

f) $R_{vn} = \underline{\underline{35082{,}70\ \text{DM}}}$

$R_{vo} = \underline{\underline{24606{,}30\ \text{DM}}}$

g) $R_{vn} = \underline{\underline{166652{,}41\ \text{DM}}}$

$R_{vo} = \underline{\underline{62809{,}54\ \text{DM}}}$

Aufgabe 4:

a) $R_0 = 8000\ \text{DM}\ ;\ n = 6\ ;\ i = 0{,}08$

$$r = R_0 : a_n = R_0 \cdot \frac{1}{a_n} = 8000\ \text{DM} \cdot 0{,}21631539 = \underline{\underline{1730{,}52\ \text{DM}}}$$

b) (Tabelle IV)

$r_v = R_{v0} : a'_n = 8000\ \text{DM} : 4{,}992710 = \underline{\underline{1602{,}34\ \text{DM}}}$

(Probe : $r = r \cdot q$)

Aufgabe 5:

$n = 12\ ;\ i = 0{,}06$

a) $R_0 = 12000\ \text{DM}$

$$r = R_0 \cdot \frac{1}{a_n} = 12000\ \text{DM} \cdot 0{,}11927703 = \underline{\underline{1431{,}32\ \text{DM}}}$$

b) $R_{v0} = 12000\ \text{DM}$

$r_v = R_{v0} : a'_n = R_{v0} : (a_{n-1} + 1) = 12000\ \text{DM} : 8{,}886875$

$= \underline{\underline{1350{,}31\ \text{DM}}}$

Aufgabe 6:

$n = 10 \; ; \; i = 0{,}05$

a) $R_0 = 20000$ DM

$$r = R_0 \cdot \frac{1}{a_n} = 20000 \text{ DM} \cdot 0{,}12950457 = \underline{\underline{2590{,}09 \text{ DM}}}$$

b) $R_{v0} = 20000$ DM

$r_v = R_{v0} : (a_{n-1} + 1) = 20000 \text{ DM} : 8{,}107822 = \underline{\underline{2466{,}75 \text{ DM}}}$

Aufgabe 7:

$n = 5 \; ; \; i = 0{,}04$

a) $R_n = 25000$ DM (Verwendung von Tabelle III)

$r = R_n : s_n = 25000 \text{ DM} : 5{,}416323 = \underline{\underline{4615{,}68 \text{ DM}}}$

b) $R_{vn} = 25000$ DM (Verwendung von Tabelle III)

$r_v = R_{vn} : s'_n = R_{vn} : (s_{n+1} - 1) = 25000 \text{ DM} : 5{,}632975$

$= \underline{\underline{4438{,}15 \text{ DM}}}$

Bei Einzahlung am 31.12. sind 4615,68 DM erforderlich, bei Einzahlung am 1.1. 4438,15 DM.

Aufgabe 8:

a) $r_1 = 4000$ DM nachschüssig ; $n_1 = 16$; $i = 0{,}06$;

$n_2 = 10$; r_2 vorschüssig

$r_1 \cdot a_{n_1} = r_2 \cdot a'_{n_2}$

$$\rightarrow r_2 = r_1 \cdot a_{n_1} : a'_{n_2} = \frac{4000 \text{ DM} \cdot 10{,}10590}{7{,}801692} = \underline{\underline{5181{,}39 \text{ DM}}}$$

Die vorschüssige Jahresrente beträgt 5181,39 DM.

Bei Verwendung der EDV-Programme ist zuerst $R_0 = 40423{,}58$ DM zu bestimmen, das dann für R_{v0} eingesetzt wird.

b) $r_1 = 5000$ DM vorschüssig ; $n_1 = 20$; $i = 0{,}05$;

$n_2 = 7$; r_2 nachschüssig

$r_1 \cdot a'_{n_1} = r_2 \cdot a_{n_2}$

$\rightarrow r_2 = r_1 \cdot a'_{n_1} : a_{n_2} = 5000 \text{ DM} \cdot 13{,}08532 \cdot 0{,}17281982$

$= \underline{\underline{11307{,}01 \text{ DM}}}$

Die nachschüssige Jahresrente beträgt 11307,01 DM.

Bei Verwendung des EDV-Programms wird hier erst $R_{v0} = 65426{,}60$ DM bestimmt.

c) $r_1 = 2000$ DM nachschüssig ; $n_1 = n_2 = 8$; $i = 0{,}06$;

r_2 vorschüssig

Wegen $n_1 = n_2$ kann die Rechnung vereinfacht werden.

$R_0 = R_{vo}$

$\rightarrow r \cdot a_n = r_v \cdot q \cdot a_n$

$r = r_v \cdot q$

$r_2 = r_1 : q = 2000 \text{ DM} : 1{,}06 = \underline{\underline{1886{,}79 \text{ DM}}}$

Die jährliche Zahlung beträgt jetzt 1886,79 DM.

3.3. Ewige Renten

Aufgabe 9:

a) $r = 200$ DM ; $i = 0{,}04$

$$R_{0\infty} = \frac{r}{i} = 200 \text{ DM} : 0{,}04 = \underline{\underline{5000 \text{ DM}}}$$

Der Kaufpreis beträgt 5000 DM.

b) $r = 5000$ DM ; $i = 0{,}08$

$$R_{0\infty} = \frac{r}{i} = 5000 \text{ DM} : 0{,}08 = \underline{\underline{62500 \text{ DM}}}$$

Der Barwert beläuft sich auf 62500 DM.

c) $r_v = 1200$ DM ; $i = 0{,}06$

$$R_{v0\infty} = \frac{r \cdot q}{i} = 1200 \text{ DM} \cdot 1{,}06 : 0{,}06 = \underline{\underline{21200 \text{ DM}}}$$

Das Grundstück ist heute 21200 DM wert.

d) $r_v = 3000$ DM ; $i = 0{,}055$

$$R_{v0\infty} = \frac{r \cdot q}{i} = 3000 \text{ DM} \cdot 1{,}055 : 0{,}055 = \underline{\underline{57545{,}45 \text{ DM}}}$$

Es sollten 57545,45 DM als Gegenleistung angenommen werden.

e) $r_1 = 3000$ DM nachschüssig ; $n_1 \rightarrow \infty$; $i = 0{,}03$;
$n_2 = 10$; r_2 nachsüssig
Aus der Gleichung der Barwerte ist r_2 zu ermitteln.

$$r_1 \cdot \frac{1}{i} = r_2 \cdot a_{n_2}$$

$$\rightarrow r_2 = r_1 \cdot \frac{1}{i} \cdot \frac{1}{a_{n_2}} = 3000 \text{ DM} \cdot \frac{1}{0{,}03} \cdot 0{,}11723051 = \underline{\underline{11723{,}05 \text{ DM}}}$$

Die jährliche Zahlung lautet jetzt 11723,05 DM.

Aufgabe 10:

$K_0 = 80000$ DM ; $i = 0{,}08$; $n = 99$

$$r = K_0 \cdot \frac{1}{a_n} = 80000 \text{ DM} \cdot \frac{1{,}08^{99} \cdot 0{,}08}{1{,}08^{99} - 1}$$

$$= \underline{\underline{6403{,}14 \text{ DM}}}$$

Als ewige Rente:

$r = K_0 \cdot i = 80000\,DM \cdot 0{,}08 = \underline{\underline{6400\,DM}}$

Aufgabe 11:

$r_1 = 1200$ DM ; $i = 0{,}05$; $K_{02} = 30000$ DM

a) $K_{01} = \frac{r_1}{i} = \frac{1200\,DM}{0{,}05} = 24000\,DM$

$K_{01} < K_{02}$: Das Angebot sollte nicht genutzt werden.

b) $\hat{i} = \frac{r_1}{K_{02}} = \underline{\underline{0{,}04}}$

Bei einem Zinssatz von 4% oder weniger wäre das Angebot interessant.

c) $r_2 = K_{02} \cdot i = 1500$ DM.

Bei einer Erbpacht von 1500 DM oder mehr wäre das Angebot interessant.

3.4. Spezielle Probleme der Rentenrechnung

Aufgabe 12:

Die verschiedenen Lösungswege werden jeweils an einer Aufgabe gezeigt.

a) Verwendung von Tabelle IV

$R_0 = r \cdot (a_{n+g} - a_g) = 3500\,DM\,(8{,}559479 - 3{,}992710)$

$= \underline{\underline{15983{,}69\,DM}}$

b) Verwendung von Tabelle IV und II

$R_0 = r \cdot a_n \cdot v^g = 7000\,DM \cdot 9{,}385074 \cdot 0{,}6755642 = \underline{\underline{44381{,}54\,DM}}$

c) Verwendung von Tabelle III und II

$R_0 = r \cdot s_n \cdot v^{n+g} = 5000\,DM \cdot 23{,}27597 \cdot 0{,}1301052 = \underline{\underline{15141{,}62\,DM}}$

d) Verwendung von Tabelle IV

$R_0 = r \cdot (a_{n+g} - a_g) = 10000\,DM \cdot (9{,}393573 - 6{,}463213)$

$= \underline{\underline{29303{,}60\,DM}}$

Aufgabe 13:

a) Verwendung von Tabelle III und I

$R_n = r \cdot s_{n-g} \cdot q^g = 800\,DM \cdot 16{,}86994 \cdot 1{,}790848 = \underline{\underline{24169{,}20\,DM}}$

b) Verwendung von Tabelle III und I

$R_n = r \cdot s_{n-g} \cdot q^g = 1500\,DM \cdot 30{,}84022 \cdot 1{,}718186 = \underline{\underline{79483{,}85\,DM}}$

c) Zur Demonstration wird hier ein anderes Verfahren angewendet (Tabelle I).

$$R_n = r \cdot \frac{q^n - q^g}{q - 1} = 4800\,DM \cdot \frac{1{,}628895 - 1{,}157625}{0{,}05}$$

$= \underline{\underline{45241{,}92\,DM}}$

d) Verwendung von Tabelle III und I

$R_n = r \cdot s_{n-g} \cdot q^g = 3600 \text{ DM} \cdot 41{,}64591 \cdot 1{,}216653 = \underline{\underline{182407{,}04 \text{ DM}}}$

e) $R_{vn} = 800 \text{ DM} \cdot (18{,}88214 - 1) \cdot 1{,}790848$

$= \underline{\underline{25619{,}36 \text{ DM}}}$

$R_{vn} = 1500 \text{ DM} \cdot (33{,}99903 - 1) \cdot 1{,}718186$

$= \underline{\underline{85047{,}70 \text{ DM}}}$

Aufgabe 14:

a) $r_1 = 2400$ DM nachschüssig ; $n_1 = 10$; $g_1 = 5$; $i = 0{,}06$;

$n_2 = 12$; $g_2 = 0$; r_2 vorschüssig

Aus der Gleichsetzung der Barwerte wird r_2 abgeleitet.
(Verwendung der Tabellen IV, II, V)

$r_1 \cdot a_{10} \cdot v^5 = r_2 \cdot a_{12} \cdot q$

$$\rightarrow r_2 = r_1 \cdot a_{10} \cdot v^5 \cdot \frac{1}{q} \cdot \frac{1}{a_{12}} = r_1 \cdot a_{10} \cdot v^6 \cdot \frac{1}{a_{12}}$$

$$= 2400 \text{ DM} \cdot 7{,}360082 \cdot 0{,}7049605 \cdot 0{,}11927703 = \underline{\underline{1485{,}30 \text{ DM}}}$$

Die neue Rente beträgt 1485,30 DM

Bei Rechnung mit dem EDV-Programm ist zuerst $R_o = 13199{,}72$ DM zu bestimmen und von da aus die neue Rente zu berechnen.

b) $r_1 = 6000$ DM nachschüssig ; $n_1 = 12$; $g_1 = 13$;

$n_2 = 15$; $g_2 = 5$; r_2 nachschüssig

Aus der Gleichsetzung der Barwerte wird r_2 abgeleitet.
(Verwendung der Tabellen IV, II, V)

$r_1 \cdot a_{12} \cdot v^{13} = r_2 \cdot a_{15} \cdot v^5$

$$\rightarrow r_2 = r_1 \cdot a_{12} \cdot v^8 \cdot \frac{1}{a_{15}}$$

$$= 6000 \text{ DM} \cdot 8{,}863252 \cdot 0{,}6768394 \cdot 0{,}09634229 = \underline{\underline{3467{,}74 \text{ DM}}}$$

Die neue Rente beträgt 3467,74 DM.

Bei Rechnung mit dem EDV-Programm ist zuerst $R_o = 28202{,}23$ DM zu berechnen und dann r_2 iterativ zu bestimmen.

c) $r_1 = 10000$ DM

$$\left.\begin{array}{l} n_1 = 14 \\ g_1 = 4 \end{array}\right\} \rightarrow n_1 - g_1 = 10$$

$i = 0{,}08$

$R_{n_1} = r \cdot s_{n_1 - g_1} \cdot q^{g_1}$

$= 10000 \text{ DM} \cdot 14{,}48656 \cdot 1{,}360489 = \underline{\underline{197088{,}05 \text{ DM}}}$

Der Wert der Rente in 14 Jahren beträgt 197088,05 DM.

Die äquivalente Rente:

$\left.\begin{array}{l} n_2 = 14 \\ g_2 = 8 \end{array}\right\} \rightarrow n_2 - g_2 = 6$

Der Endwert beider Renten muß gleich sein.

$r_2 \cdot s_{n_2 - g_2} \cdot q^{g_2} = R_{n_1}$

$\rightarrow r_2 = R_{n_1} : (s_{n_2 - g_2} \cdot v^{g_2})$

$= 197088{,}05 \text{ DM} : (7{,}335929 \cdot 0{,}5402689) = \underline{\underline{14514{,}94 \text{ DM}}}$

Eine Rente von 14514,94 DM kann 6 Jahre lang gezahlt werden.

d) $r_1 = 6000$ DM nachschüssig ; $n_1 \rightarrow \infty$;
$i = 0{,}04$;

$n_2 = 15$; $g_2 = 6$; r_2 nachschüssig

Aus der Gleichsetzung der Barwerte wird r_2 ermittelt.

$r_1 \cdot \frac{1}{i} = r_2 \cdot a_{15} \cdot v^6$

$\rightarrow r_2 = r_1 \cdot \frac{1}{i} \cdot \frac{1}{a_{15}} \cdot q^6$

$= 6000 \text{ DM} \cdot \frac{1}{0{,}04} \cdot 0{,}08994110 \cdot 1{,}265319 = \underline{\underline{17070{,}63 \text{ DM}}}$

Die zu leistenden Zahlungen belaufen sich auf 17070,63 DM.

Aufgabe 15:

$r_1 = r_2 = r_3 = r = 300$ DM ; $n_1 = n_2 = n_3 = 5$; $i = 0{,}06$

a) $g_1 = 40$; $g_2 = 25$; $g_3 = 10$

$R_n = R_{1.n} + R_{2.n} + R_{3.n}$

Wegen $n_1 = n_2 = n_3$ kann die Formel vereinfacht werden; die Rentenendwerte sind zu ihren Bezugsterminen gleich und müssen nur aufgezinst werden (Tabellen III, I).

$R_n = r \cdot s_n (q^{g_1} + q^{g_2} + q^{g_3})$

$= 300 \text{ DM} \cdot 5{,}637093 \cdot (10{,}28572 + 4{,}291871 + 1{,}790848)$

$= \underline{\underline{27681{,}12 \text{ DM}}}$

Der Wert der Versicherungsbeiträge ergibt sich zu 27681,12 DM.

b) Der Rentenendwert (siehe vorangegangene Aufgabe 15 a) muß um 60 Jahre abgezinst werden.

$n = 60$

$$R_0 = R_n \cdot v^n = R_n \cdot v^{\frac{n}{2}} \cdot v^{\frac{n}{2}}$$

$$= 27681{,}12 \text{ DM} \cdot 0{,}1741101 \cdot 0{,}1741101 = \underline{\underline{839{,}13 \text{ DM}}}$$

Eine Zahlung von 839,13 DM bei der Geburt sichert den gleichen Rentenanspruch.

c) (Diese Teilaufgabe gehört zu Kapitel 3.5.) (EDV-Programm NR.3)

$r = 3000 \text{ DM}\ ;\ R_0 = 27681{,}12 \text{ DM}\ ;\ i = 0{,}06$

$$n = -\frac{\lg(1 - a_n \cdot (q-1))}{\lg q} = -\frac{\lg(1 - 9{,}22704 \cdot 0{,}06)}{\lg 1{,}06}$$

$$= \underline{\underline{13{,}84}}$$

Die gebrochene Lösung (n nicht ganzzahlig) bedarf einer Interpretation.

1. Möglichkeit: Es werden 13 Renten gezahlt, der verbleibende Rest wird vorab ausgezahlt.

$R_{0.1}$ für $l = 13$:

$R_{0.1} = r \cdot a_{13} = 3000 \text{ DM} \cdot 8{,}852683 = \underline{\underline{26558{,}05 \text{ DM}}}$

Die Differenz von R_0 und $R_{0.1}$ wird zu Beginn der Rente gezahlt.

$R_0 - R_{0.1} = 27681{,}12 \text{ DM} - 26558{,}05 \text{ DM} = \underline{\underline{1123{,}07 \text{ DM}}}$

2. Möglichkeit: Der nach 13 Renten verbleibende Rest wird in $l = 13$ mit ausgezahlt. Er beträgt:

$(R_0 - R_{0.1}) \cdot q^{13} = 1123{,}07 \text{ DM} \cdot 2{,}132928 = \underline{\underline{2395{,}43 \text{ DM}}}$

3. Möglichkeit: Der Rest wird in $l+1 = 14$ ausgezahlt; es entsteht eine verkürzte Rente .

$(R_0 - R_{0.1}) \cdot q^{14} = 1123{,}07 \text{ DM} \cdot 2{,}260904 = \underline{\underline{2539{,}15 \text{ DM}}}$

4. Möglichkeit: Für die Verzinsung wäre die Überlegung anzustellen, daß eine Zahlung bis $1 + y = n$ dem Anspruch aus dem Barwert entspräche und weitergehende Zahlungen nicht gedeckt wären. Es wäre in $1 + y$ ein letzter Betrag $\bar{r}$ fällig.

$(R_0 - R_{0.1}) \cdot q^{13.84} = 2395{,}43 \text{ DM} \cdot q^{0.84} = \bar{r}$

$\rightarrow \bar{r} = \underline{\underline{2515{,}97 \text{ DM}}}$

Aufgabe 16:

$r_1 = 500$ DM ; $n_1 = 9$; $r_2 = 700$ DM ; $n_2 = 10$
$r_3 = 800$ DM ; $n_3 = 15$; $r_4 = 600$ DM ; $n_4 = 10$
$i = 0{,}05$

a) $g_1 = 40$; $g_2 = 30$; $g_3 = 10$; $g_4 = 0$

Der Gesamtendwert ergibt sich aus der Summe der einzelnen – quasi abgebrochenen – Rentenendwerte (Tabellen III, I).

$$
\begin{aligned}
R_n &= R_{1.n} + R_{2.n} + R_{3.n} + R_{4.n} \\
&= r_1 \cdot s_9 \cdot q^{40} + r_2 \cdot s_{10} \cdot q^{30} + r_3 \cdot s_{15} \cdot q^{10} + r_4 \cdot s_{10} \\
&= 500 \text{ DM} \cdot 11{,}02656 \cdot 7{,}039989 + 700 \text{ DM} \cdot 12{,}57789 \cdot 4{,}321942 \\
&\quad + 800 \text{ DM} \cdot 21{,}57856 \cdot 1{,}628895 + 600 \text{ DM} \cdot 12{,}57789 \\
&= \underline{\underline{112532{,}17 \text{ DM}}}
\end{aligned}
$$

Der Wert der Beträge zu Beginn des Rentenalters beläuft sich auf 112532,17 DM.

b) $n = 50$

$$R_0 = R_n \cdot v^n = 112532{,}17 \text{ DM} \cdot 0{,}0872037 \underline{\underline{= 9813{,}22 \text{ DM}}}$$

Der Wert beläuft sich auf 9813,22 DM.

c) Die Dauer $\bar{n}$ der äquivalenten Beiträge lautet: $\bar{n} = 65-17=48$.

Erster Lösungsweg (mit Tabelle III):

$$
\begin{aligned}
R_n &= r_{a'} \cdot s_{\bar{n}} \\
\rightarrow r_{a'} &= R_n : s_{\bar{n}} \\
&= 112532{,}17 \text{ DM} : 188{,}025 \underline{\underline{= 598{,}49 \text{ DM}}}
\end{aligned}
$$

Der konstante Einzahlungsbeitrag lautet 598,49 DM.

Zweiter Lösungsweg:

$$R_0 = r_{a'} \cdot a_{\bar{n}} \cdot v^2$$

Die zusätzliche Abzinsung ist notwendig, da $\bar{n}$ für R_r mit 50 angegeben war. (Tabellen V, I)

$$r_{a'} = R_0 \cdot \frac{1}{a_{\bar{n}}} \cdot q^2$$

$$= 9813{,}22 \text{ DM} \cdot 0{,}0553184 \cdot 1{,}102500 \underline{\underline{= 598{,}49 \text{ DM}}}$$

d) $R_n = R_{\bar{0}} = 112532{,}17$ DM ; $\bar{n} = 15$

$$\bar{r} = R_0 \cdot \frac{1}{a_{\bar{n}}} = 112532{,}17 \text{ DM} \cdot 0{,}09634229 \underline{\underline{= 10841{,}61 \text{ DM}}}$$

Der Arbeitnehmer kann jährlich 10841,61 DM beziehen.

Aufgabe 17:

$r = 2000$ DM ; $n_1 = 3$; $g_1 = 7$;

$n_2 = 3$; $i = 0{,}07$

Wegen $n_1 = n_2$ kann man die Berechnung vereinfachen.
(Tabellen III, I)

$$R_n = r \cdot s_{n_1} \cdot q^{g_1} + r \cdot s_{n_2} = r \cdot s_n (1 + q^{g_1})$$
$$= 2000 \text{ DM} \cdot 3{,}214900 (1 + 1{,}605781) = \underline{\underline{16754{,}65 \text{ DM}}}$$

Der Ansparbetrag nach 10 Jahren beträgt 16754,65 DM.

Aufgabe 18:

a) $K_0 = 10000$ DM ; $r = 1500$ DM ; $i = 0{,}06$; $n = 10$

$$R_n = K_0 \cdot q^n + r \cdot s_n$$
$$= 10000 \text{ DM} \cdot 1{,}790848 + 1500 \text{ DM} \cdot 13{,}18079 = \underline{\underline{37679{,}67 \text{ DM}}}$$

Nach 10 Jahren besitzt Herr Müller 37679,67 DM.

b) $\bar{n} = 5$; $\hat{i} = 0{,}08$

Erste Lösung: $\bar{n} = 5$

Das Gesamtkonto zu Ende der Laufzeit wird auf das 5. Jahr abgezinst (Tabelle II).

$$R_{\bar{n}} = R_{\bar{n}} \cdot \hat{q}^{-(n-\bar{n})} = R_n \cdot \hat{v}^5$$
$$= 37679{,}67 \text{ DM} \cdot 0{,}6805832 = \underline{\underline{25644{,}15 \text{ DM}}}$$

Die Erben erhalten sofort 25644,15 DM.

Zweite Lösung: Es wird unterstellt, daß die geleisteten Zahlungen (kündbar sind und) sofort zur Verfügung stehen, und nur die noch ausstehenden dem Zins $\hat{i}$ unterliegen.
(Tabellen III ,I, II)

$$R_{\bar{n}} = r \cdot s_5 + K_0 \cdot q^5 + r \cdot s_5 \cdot \hat{v}^5$$
$$= 1500 \text{ DM} \cdot 5{,}637093 + 10000 \text{ DM} \cdot 1{,}338226$$
$$+ 1500 \text{ DM} \cdot 5{,}637093 \cdot 0{,}6805832$$
$$\underline{\underline{R_n = 27592{,}67 \text{ DM}}}$$

Durch die Kündbarkeit der geleisteten Zahlung würden fast 2000 DM, etwa 7% des Gesamtwertes gewonnen.

Aufgabe 19:

$r_1 = 3000$ DM ; $n_1 = 20$; $i = 0{,}04$; $r_2 = 2000$ DM ; $n_2 = 15$

$K_{03} = 300000$ DM ; $n_3 = 25$; $i_3 = 0{,}07$

$$K_n = K_{n_1} + K_{n_2} = 3000 \text{ DM} \cdot 29{,}77808 + 2000 \text{ DM} \cdot 20{,}02359$$
$$= 129381{,}42 \text{ DM}$$

$$K_{03} - K_n = 170618{,}58 \text{ DM}$$

$$r_3 = (K_{03} - K_n) \cdot \frac{1}{a_{n_3}} = 170618{,}58\,\text{DM} \cdot 0{,}08581052$$
$$= \underline{\underline{14640{,}86\,\text{DM}}}$$

Pro Jahr müßten 14640,86 DM aufgebracht werden, um das Haus schuldenfrei zu machen.

Aufgabe 20:

$r_1 = 10000$ DM ; $n_1 = 6$; $r_2 = 8000$ DM ; $n_2 = 7$; $g_2 = 6$; $r_3 = 6000$ DM

$n_3 = 11$; $g_3 = 13$; $n_4 = 34$; $i = 0{,}05$

r_2, r_3 : aufgeschobene Renten

$$R_0 = R_{01} + R_{02} + R_{03} = R_{04}$$

$$R_0 = 10000\,\text{DM} \cdot 5{,}075692 + 8000\,\text{DM} \cdot 5{,}786373 \cdot 0{,}7462154 +$$
$$+ 6000\,\text{DM} \cdot 8{,}306414 \cdot 0{,}5303214$$
$$= 111730{,}38\,\text{DM}$$

$$r_4 = R_0 \cdot \frac{1}{a_{n_4}} = 111730{,}38\,\text{DM} \cdot 0{,}06175545$$
$$= \underline{\underline{6899{,}96\,\text{DM}}}$$

Die gleichbleibende jährliche Belastung bis zum Jahre 2013 zur Abdeckung der Verpflichtung beträgt 6899,96 DM.

3.5. Die Rentendauer

Aufgabe 21:

$r = 2785$ DM ; $R_0 = 32555{,}50$ DM ; $i = 0{,}05$

Erster Lösungsweg tabellarisch mit Tabelle IV:

$$a_n = R_0 : r$$
$$= 32555{,}50 : 2785{,}0 = 11{,}68959$$
$$\rightarrow \underline{\underline{n = 18}}$$

Die Rente kann 18 Jahre gezahlt werden.

Zweiter Lösungsweg: Logarithmische Berechnung

$$n = \frac{\lg(1 - a_n(q-1))}{\lg q} = - \frac{\lg(1 - 11{,}68959 \cdot 0{,}05)}{\lg 1{,}05}$$

$$\underline{\underline{= 18}}$$

Aufgabe 22:

$R_0 = 84364{,}50$ DM ; $r = 8000$ DM ; $i = 0{,}04$

$a_n = R_0 : r = 84364{,}50 : 8000 = 10{,}54556$

$\rightarrow 13 < n < 14$

Die Zahl der Ratenzahlungen ist gebrochen; sie wird in einen ganzzahligen Teil l und einen Wert y mit $0 \leq y < 1$ zerlegt.

$n = l + y \; ; \; l = 13$

Für die Behandlung des Rentenwertes, der für y anfällt, gibt es vier Möglichkeiten (vgl. Aufg. 15 c)).

1. Möglichkeit: Der Wert der für y anfallenden Zahlung wird in t = 0 ausgezahlt (Tabelle IV).

$$r_{y,0} = R_0 - r \cdot a_{13} = 84364{,}50 \text{ DM} - 8000 \text{ DM} \cdot 9{,}985648$$
$$= \underline{\underline{4479{,}32 \text{ DM}}}$$

2. Möglichkeit: Der Rest wird mit der letzten vollen Rente in l = 13 gezahlt (Tabelle I).

$$r_{y,l} = r_{y,0} \cdot q^{13} = 4479{,}32 \text{ DM} \cdot 1{,}665074$$
$$= \underline{\underline{7458{,}40 \text{ DM}}}$$

Fällig in l sind 15458,40 DM.

3. Möglichkeit: Es wird eine verkürzte Zahlung ($r^{y,l+1} < r$) in l+1 = 14 geleistet (Tabelle I).

$$r_{y,l+1} = r_{y,0} \cdot q^{14} = 4479{,}32 \text{ DM} \cdot 1{,}731676$$
$$= \underline{\underline{7756{,}73 \text{ DM}}}$$

4. Möglichkeit: Der Restwert wird im errechneten Zeitpunkt n = l + y ausbezahlt (Tabellen IV, I).

$$n = -\frac{\lg(1 - a_n(q-1))}{\lg q} = -\frac{\lg(1 - 10{,}54556 \cdot 0{,}04)}{\lg 1{,}04}$$
$$= 13{,}969$$
$$r_{y,n} = r_{y,0} \cdot q^{13,969}$$
$$\rightarrow r_{y,n} = \underline{\underline{7747{,}31 \text{ DM}}}$$

Aufgabe 23:

$r = 2700 \text{ DM} \; ; \; i = 0{,}03$

a) $R_n = 30000 \text{ DM} \; ; \; s_n = R_n : r$

$$n = \frac{\lg(1 + s_n(q-1))}{\lg q} = \frac{\lg\left(1 + \frac{100}{9} \cdot \frac{3}{100}\right)}{\lg 1{,}03} = \underline{\underline{9{,}73}}$$

Am Ende des 10. Jahres sind die 30000 DM überschritten.

b) $r = 3000 \text{ DM} \; ; \; R_n = 30000 \text{ DM} \rightarrow s_n = 10$

$$n = \frac{\lg(1 + 10 \cdot 0{,}03)}{\lg 1{,}03} = \underline{\underline{8{,}88}}$$

Durch die Prämiengewährung wird der Termin unter a) um ca. ein Jahr vorverlegt.

c) $r_2 = 5400$ DM ; $i_2 = 0{,}05$

(R_n : Bausparsumme, $R_{1.0}$: Prämien)

$R_{2.0} = R_n - R_{1.0} = 90000 \text{ DM} - 3000 \text{ DM} \cdot 10{,}15911 = 59522{,}67 \text{ DM}$

Zur Berechnung von n wird benutzt:

$$R_0 = r \cdot a_n \rightarrow a_{n_2} = \frac{R_{2.0}}{r_2}$$

$$n = -\frac{\lg(1 - a_{n_2} \cdot (q_2 - 1))}{\lg q_2} = -\frac{\lg\left(1 - \frac{59522{,}67}{5400} \cdot 0{,}05\right)}{\lg 1{,}05}$$

$$= \underline{\underline{16{,}42}}$$

Die letzte volle Zahlung erfolgt nach 16 Jahren. Danach verbleibt ein Rest, für den es die vier Möglichkeiten wie in Aufgabe 22 gibt.

Aufgabe 24:

$r_1 = 5000$ DM ; $n_1 = 10$; $i = 0{,}05$; $R_{n_2} = 25000$ DM ;
$r_3 = 12000$ DM ; $r_4 = 10000$ DM

a) $R_{n_1} = 5000 \text{ DM} \cdot 12{,}57789 = 62889{,}45 \text{ DM}$

$R_{03} = R_{n_2} - R_{n_1} = 187110{,}55 \text{ DM}$

$R_{03} : r_3 = a_{n_3} = 15{,}592546 \rightarrow$

$n_3 \approx 31$ (denn $a_{31} = 15{,}59281$)

Er muß noch 31 Jahre abbezahlen.

b) $R_{04} = r_4 \cdot a_n$; $n = 31$

$R_{04} = 10000 \text{ DM} \cdot 15{,}59281 = 155928{,}10 \text{ DM}$

$R_{n_2} - R_{04} = 94071{,}90$ DM erforderliche Ansparsumme

$s_{\overline{n1}} = (R_{n_2} - R_{04}) : r_1 = 18{,}81438$

$17{,}71298 < 18{,}81438 < 19{,}59863$

$n = 13{,}59$

Der Sparer müßte 3,59, d.h. bei ganzzahliger Betrachtung 4 Jahre länger sparen, um das Ergebnis zu erreichen. Dabei ist zu beachten, daß sich die Schlußtilgung auch um diesen Wert verschiebt.

Aufgabe 25:

$R_{v0} = 100000$ DM, $r_1 = 12000$ DM, $r_2 = 8000$ DM, $i = 0{,}06$

$R_{v0} : r_1 = a'_n = a_{n-1} + 1 = 8{,}3\overline{3}$

$$n = -\frac{\lg\left(1 - a'_n \frac{q-1}{q}\right)}{\lg q} \rightarrow n_1 = 10{,}951 \approx \underline{\underline{11}}$$

$R_{v0} : r_2 = a_{n-1} + 1 = 12{,}5$

$n_2 = 21{,}1 \approx \underline{\underline{21}}$

Bei der um $\frac{1}{3}$ geringeren Abhebung reicht der Betrag fast doppelt so lange.

Aufgabe 26:

$R_{v0} = 50000$ DM ; $r = 7200$ DM ; $i = 0{,}04$; Rechnung analog Aufgabe 25

$R_{v0} : r = a_{n-1} + 1 = 6{,}944444$

$\underline{\underline{n = 7{,}923}}$

Der Enkel kann knapp 8 Jahre studieren.

3.6. Unterjährige Zins- und Rentenzahlung

Aufgabe 27:

a) $r = 5000$ DM ; $n = 10$; $i = 0{,}06$; $m = 2$

$$r_k = r \cdot \frac{i_{rel}}{j} = 5000\,\text{DM} \cdot \frac{0{,}03}{0{,}0609} = 2463{,}05\,\text{DM}$$

$$R_0 = r_k \cdot a_{rel;m\cdot n} = 2463{,}05\,\text{DM} \cdot 14{,}87747 = \underline{\underline{36644{,}03\,\text{DM}}}$$

b) $r = 3000$ DM ; $n = 12$; $m = 4$; $i = 0{,}05$

$$r_k = 3000\,\text{DM} \cdot \frac{0{,}0125}{0{,}050945} = 736{,}08\,\text{DM}$$

$$R_0 = 736{,}08\,\text{DM} \cdot 35{,}93162 = \underline{\underline{26448{,}55\,\text{DM}}}$$

c) $r = 1000$ DM ; $m = 4$; $n = 15$; $i = 0{,}04$

$$r_k = 1000\,\text{DM} \cdot \frac{0{,}01}{0{,}040604} = 246{,}28\,\text{DM}$$

$$R_0 = 246{,}28\,\text{DM} \cdot a_{1;60}$$
$$= 246{,}28\,\text{DM} \cdot 44{,}95503 = \underline{\underline{11071{,}58\,\text{DM}}}$$

d) $r = 2000$ DM ; $n = 8$; $m = 12$; $i = 0{,}08$

Hier wird mit der effektiven Verzinsung gerechnet.

$$R_0 = \frac{r\,((1+j)^n - 1)}{j \cdot (1+j)^n}$$

$$j = (1 + \frac{i}{m})^m - 1 = (1 + \frac{0{,}08}{12})^{12} - 1 = 0{,}0829995$$

$$R_0 = \frac{2000\,\text{DM} \cdot 0{,}8924571}{0{,}0829995 \cdot 1{,}892457} = \underline{\underline{11363{,}60\,\text{DM}}}$$

Aufgabe 28:

a) $r_k = 400$ DM ; $n = 6$; $m = 12$; $i = 0{,}05$

Der Rentenendwert wird mit Hilfe der fiktiven Jahresrente r ermittelt.

$$r = r_k \cdot (m + \frac{m-1}{2} i)$$

$$= 400\,(12 + 5{,}5 \cdot 0{,}05)$$

$$= 4910 \text{ DM}$$

$$R_n = r \cdot s_n = 4910 \text{ DM} \cdot 6{,}801913 = \underline{\underline{33397{,}39 \text{ DM}}}$$

b) $r_k = 800$ DM ; $n = 10$; $m = 4$; $i = 0{,}06$

$$R_n = r_k \cdot (m + \frac{m-1}{2} i) \cdot s_n = 800\,(4 + 1{,}5 \cdot 0{,}06) \cdot 13{,}18079$$

$$= \underline{\underline{43127{,}54 \text{ DM}}}$$

c) $r_k = 350$ DM vorschüssig ; $n = 5$; $m = 12$; $i = 0{,}04$

$$r = r_k (m + \frac{m+1}{2} i) \cdot \frac{1}{q} = 350 \cdot (12 + 6{,}5 \cdot 0{,}04 : 1{,}04) = 4125{,}96 \text{ DM}$$

$$R_n = 4125{,}96 \cdot 5{,}416323 = \underline{\underline{22347{,}53 \text{ DM}}}$$

d) $r_k = 500$ DM ; $n = 8$; $m = 12$; $i = 0{,}07$

$$r = r_k (m + \frac{m-1}{2} i) = 500\,(12 + 5{,}5 \cdot 0{,}07) = 6192{,}50 \text{ DM}$$

$$R_n = r \cdot s_n = 6192{,}50 \text{ DM} \cdot 10{,}25980 = \underline{\underline{63533{,}81 \text{ DM}}}$$

Aufgabe 29:

$r_{k,1} = 1800$ DM ; $n_1 = 20$; $m_1 = 12$

$i = 0{,}06$

$r_2 = 15000$ DM ; $n_2 = 5$

$r_3 = 30000$ DM ; $n_3 = 15$; $g_3 = 5$

Die Differenz D zwischen dem Barwert der ersten Reihe $R_{0,1}$ und den Barwerten der 2. und 3. Reihe $R_{0,2}$, $R_{0,3}$ abzüglich 10000 DM ist zu suchen (Tabellen VI,IV,II).

$$D = R_{0,2} + R_{0,3} - 10000 \text{ DM} - R_{0,1}$$

$$R_{0,1} = r_1 \cdot a_{n_1}$$

$$r_1 = r_k \cdot (m + \frac{m-1}{2} i) = 1800 \text{ DM} \cdot (12 + 5{,}5 \cdot 0{,}06)$$

$$= 22194 \text{ DM}$$

$R_{0.1} = r_1 \cdot a_{n_1} = 22194 \text{ DM} \cdot 11{,}46992 = 254563{,}40 \text{ DM}$

$R_{0.2} = r_2 \cdot a_{n_2} = 15000 \text{ DM} \cdot 4{,}212364 = 63185{,}46 \text{ DM}$

$R_{0.3} = r_3 \cdot a_{n_3} \cdot v^{g_3} = 30000 \text{ DM} \cdot 9{,}712249 \cdot 0{,}7472582$

$= 217726{,}70 \text{ DM}$

$D \approx 63185{,}46 \text{ DM} + 217726{,}70 \text{ DM} - 10000 \text{ DM} - 254563{,}40 \text{ DM}$

$\underline{\underline{\approx 16348{,}76 \text{ DM}}}$

Bei Selbständigkeit ist der Barwert des Netto-Einkommens um 16348,76 DM günstiger, das sind etwa 5,6% mehr als bei unselbständiger Tätigkeit.

Aufgabe 30:

$r_k = 200 \text{ DM} \; ; \; i = 0{,}035 \; ; \; n = 7$

$$r = r_k \left(m + \frac{m-1}{2} \, i\right) = 200 \text{ DM } (12 + 5{,}5 \cdot 0{,}035)$$

$$= 2438{,}50 \text{ DM}$$

$R_n = r \cdot s_n = 2438{,}50 \text{ DM} \cdot 7{,}779408 \underline{\underline{= 18970{,}09 \text{ DM}}}$

Nach 7 Jahren sind 18970,09 DM angespart.

Aufgabe 31:

$R_0 = 140000 \text{ DM} \; ; \; i = 0{,}045 \; ; \; n = 12 \; ; \; m = 12$

$r = R_0 : a_n = 140000 \text{ DM} : 9{,}118581 = 15353{,}27 \text{ DM}$

$$r_k = r : \left(m + \frac{m-1}{2} \, i\right) = 15353{,}27 \cdot 12{,}247$$

$$\underline{\underline{= 1253{,}58 \text{ DM}}}$$

Die monatliche Belastung beträgt 1253,58 DM.
Mit EDV-Programm ist die Lösung iterativ zu bestimmen.

Aufgabe 32:

$r_k = 360 \text{ DM} \; ; \; i = 0{,}04 \; ; \; n = 4$

$r = 360 \text{ DM} \cdot (12 + 5{,}5 \cdot 0{,}04) = 4399{,}20 \text{ DM}$

$R_n = r \cdot s_n = 4399{,}20 \text{ DM} \cdot 4{,}246464 \underline{\underline{= 18681{,}04 \text{ DM}}}$

Der Betrag am Ende des Studiums beläuft sich auf 18681,04 DM.

4. Die Tilgungsrechnung

4.1. Die Ratentilgung

Aufgabe 1:

$K_0 = 60000$ DM ; $n = 5$; $i = 0{,}05$

Tilgungsplan (Beträge in DM)				
Jahr	Schuldrest	Zinsen	Tilgung	Annuität
1	60 000	3 000	12 000	15 000
2	48 000	2 400	12 000	14 400
3	36 000	1 800	12 000	13 800
4	24 000	1 200	12 000	13 200
5	12 000	600	12 000	12 600
		9 000	60 000	69 000

Aufgabe 2:

$K_0 = 90000$ DM ; $n = 9$; $i = 0{,}07$

Tilgungsplan (Beträge in DM)				
Jahr	Schuldrest	Zinsen	Tilgung	Annuität
1	90 000	6 300	10 000	16 300
2	80 000	5 600	10 000	15 600
3	70 000	4 900	10 000	14 900
4	60 000	4 200	10 000	14 200
5	50 000	3 500	10 000	13 500
6	40 000	2 800	10 000	12 800
7	30 000	2 100	10 000	12 100
8	20 000	1 400	10 000	11 400
9	10 000	700	10 000	10 700
		31 500	90 000	121 500

Aufgabe 3:

$K_0 = 180000$ DM; $n = 12$; $i = 0{,}055$

$$Z_0 = K_0 - T \cdot a_n = T \cdot (n - a_n)$$

$$= 15000 \text{ DM} \cdot (12 - 8{,}618518) \underline{\underline{= 50772{,}23 \text{ DM}}}$$

Die Ratenzahlung kostet den Schuldner 50722,23 DM.

Aufgabe 4:

$K_0 = 250000$ DM ; $n = 10$; $i = 0{,}08$

$$Z_0 = K_0 - T \cdot a_n = T \cdot (n - a_n)$$

$$= 250000 \text{ DM} \cdot (10 - 6{,}710081) \underline{\underline{= 82247{,}98 \text{ DM}}}$$

Der Ratenkauf kostet 82247,98 DM.

4.2. Die Annuitätentilgung

Aufgabe 5:

$K_0 = 2400000$ DM ; $n = 8$; $i = 0{,}06$

$$A = K_0 \cdot \frac{1}{a_n} = 2400000 \text{ DM} \cdot 0{,}16103594 = 386486{,}26 \text{ DM}$$

Im folgenden wird auf 0,50 DM der Annuität aufgerundet.

Tilgungsplan (Beträge in DM)				
Jahr	Schuldrest	Zinsen	Tilgung	Annuität
1	2 400 000,00	144 000,00	242 486,50	386 486,50
2	2 157 513,50	129 450,81	257 035,69	386 486,50
3	1 900 477,81	114 028,67	272 457,83	386 486,50
4	1 628 019,98	97 681,20	288 805,30	386 486,50
5	1 339 214,68	80 352,88	306 133,62	386 486,50
6	1 033 081,06	61 984,86	324 501,64	386 486,50
7	708 579,42	42 514,77	343 971,73	386 486,50
8	364 607,69	21 876,46	364 607,69	386 486,15
		691 889,65	2 400 000,00	3 091 889,65

Aufgabe 6:

$K_k = 186798{,}30$ DM ; $k = 19$; $n = 40$; $i = 0{,}05$

$$K_k = K_0 \cdot (1 - \frac{s_k}{s_n})$$

$$\rightarrow K_0 = K_k : (1 - \frac{s_k}{s_n}) = 186798{,}30 \text{ DM} : (1 - \frac{30{,}53900}{120{,}7998})$$

$$= 249999{,}97 \text{ DM}$$

Es wird aufgerundet : $K_0 = 250000$ DM.

Zur Bestimmung der übrigen Werte ist zuerst T_1, dann K_{24}, A und T_{25} zu ermitteln.

$T_1 = K_0 : s_n = 250000 \text{ DM} : 120{,}7998 = 2069{,}54 \text{ DM}$

$K_{24} = K_0 - T_1 \cdot s_{24} = 250000 \text{ DM} - 2069{,}54 \text{ DM} \cdot 44{,}50200$
$= 157901{,}33 \text{ DM}$

$$A = K_0 \cdot \frac{1}{a_n} = 250000 \text{ DM} \cdot 0{,}05827816 = 14569{,}54 \text{ DM}$$

$T_{25} = T_1 \cdot q^{24} = 2069{,}54 \text{ DM} \cdot 3{,}225100 = 6674{,}47 \text{ DM}$

Die Zinsen Z_{25} können entweder aus $K_{24} \cdot i$ oder aus $A - T_{25}$ ermittelt werden.

$Z_{25} = A - T_{25} = 14569{,}54 \text{ DM} - 6674{,}47 \text{ DM} = 7895{,}07 \text{ DM}$

Mit den ermittelten Werten kann über die Beziehungen

$T_k = T_{k-1} + T_{k-1} \cdot i$ und $Z_k = Z_{k-1} - T_{k-1} \cdot i$ ein Tilgungs- und Zinsschema erstellt werden.

Tilgungs-	und (Beträge in DM)	Zinsschema
$T_{25} = 6\,674{,}47$ $+\ T_{25} \cdot i = 333{,}73$		$Z_{25} = 7\,895{,}07$ $-\ T_{25} \cdot i = 333{,}73$
$T_{26} = 7\,008{,}20$ $+\ T_{26} \cdot i = 350{,}41$		$Z_{26} = 7\,561{,}34$ $-\ T_{26} \cdot i = 350{,}41$
$T_{27} = 7\,358{,}61$ $+\ T_{27} \cdot i = 367{,}93$		$Z_{27} = 7\,210{,}93$ $-\ T_{27} \cdot i = 367{,}93$
$T_{28} = 7\,726{,}54$ $+\ T_{28} \cdot i = 386{,}33$		$Z_{28} = 6\,843{,}00$ $-\ T_{28} \cdot i = 386{,}33$
$T_{29} = 8\,112{,}87$ $+\ T_{29} \cdot i = 405{,}64$		$Z_{29} = 6\,456{,}67$ $-\ T_{29} \cdot i = 405{,}64$
$T_{30} = 8\,518{,}51$		$Z_{30} = 6\,051{,}03$

Mit den Werten aus den beiden Schemata wird der Tilgungsplan erstellt.

Tilgungsplan (Beträge in DM)				
Jahr	Schuldrest	Zinsen	Tilgung	Annuität
25	157 901,33	7 895,07	6 674,47	14 569,54
26	151 226,86	7 561,34	7 008,20	14 569,54
27	144 218,66	7 210,93	7 358,61	14 569,54
28	136 860,05	6 843,00	7 726,54	14 569,54
29	129 133,51	6 456,67	8 112,87	14 569,54
30	121 020,59	6 051,03	8 518,51	14 569,54
		42 018,04	45 399,20	87 417,24

Aufgabe 7:

$T_k = 19942{,}78$ DM ; $k = 3$; $n = 5$; $i = 0{,}055$

$T_1 = T_k : q^{k-1} = T_k \cdot v^{k-1} = 19942{,}78 \text{ DM} \cdot 0{,}8984524$

$= 17917{,}64$ DM

$A = T_1 \cdot q^n = 17917{,}64 \text{ DM} \cdot 1{,}306960 = 23417{,}64$ DM

$Z_1 = A - T_1 = 23417{,}64 \text{ DM} - 17917{,}64 \text{ DM} = 5500$ DM

$$K_0 = \frac{Z_1}{i} = \frac{5500 \text{ DM}}{0{,}055} = 100000 \text{ DM}$$

Mit Ermittlung von A, T_1, K_0 und Z_1 sind alle Werte gegeben, die zur Erstellung von Tilgungs- und Zinsschema benötigt werden.

Tilgungs- und (Beträge in DM)	Zinsschema
$A = 23\,417{,}64$ $-\quad Z_1 = 5\,500{,}00$	$Z_1 = 5\,500{,}00$
$T_1 = 17\,917{,}64$ $+\quad T_1 \cdot i = 985{,}47$	$-\quad T_1 \cdot i = 985{,}47$
$T_2 = 18\,903{,}11$ $+\quad T_2 \cdot i = 1\,039{,}67$	$Z_2 = 4\,514{,}53$ $-\quad T_2 \cdot i = 1\,039{,}67$
$T_3 = 19\,942{,}78$ $+\quad T_3 \cdot i = 1\,096{,}85$	$Z_3 = 3\,474{,}86$ $-\quad T_3 \cdot i = 1\,096{,}85$
$T_4 = 21\,039{,}63$ $+\quad T_4 \cdot i = 1\,157{,}18$	$Z_4 = 2\,378{,}01$ $-\quad T_4 \cdot i = 1\,157{,}18$
$T_5 = 22\,196{,}81$ $+T_5 \cdot i = Z_5 = 1\,220{,}83$	$Z_5 = 1\,220{,}83$
$A = 23\,417{,}64$	

Tilgungsplan (Beträge in DM)				
Jahr	Schuldrest	Zinsen	Tilgung	Annuität
1	100 000,00	5 500,00	17 917,64	23 417,64
2	82 082,36	4 514,53	18 903,11	23 417,64
3	63 179,25	3 474,86	**19 942,78**	23 417,64
4	43 236,47	2 378,01	21 039,63	23 417,64
5	22 196,84	1 220,83	22 196,84	23 417,67
		17 088,23	100 000,00	117 088,23

Aufgabe 8:

$K_k = 519{,}60$ DM ; $i = 0{,}04$; $n = 4$; $k = 2$

$A = K_k : a_{n-k} = 519{,}60 \text{ DM} : 1{,}886095 = 275{,}49 \text{ DM}$

$K_0 = A \cdot a_n = 275{,}49 \text{ DM} \cdot 3{,}629895 = 1000 \text{ DM}$

$Z_1 = K_0 \cdot i = 1000 \text{ DM} \cdot 0{,}04 = 40 \text{ DM}$

Mit diesen Werten können Tilgungs- und Zinsschema erstellt werden.

Tilgungs- und Zinsschema (Beträge in DM)	
$A = 275{,}49$ $- \; Z_1 = 40{,}00$	$Z_1 = 40{,}00$
$T_1 = 235{,}49$ $+ \; T_1 \cdot i = 9{,}42$	$- \; T_1 \cdot i = 9{,}42$
$T_2 = 244{,}91$ $+ \; T_2 \cdot i = 9{,}80$	$Z_2 = 30{,}58$ $- \; T_2 \cdot i = 9{,}80$
$T_3 = 254{,}71$ $+ \; T_3 \cdot i = 10{,}19$	$Z_3 = 20{,}78$ $- \; T_3 \cdot i = 10{,}19$
$T_4 = 264{,}90$ $+ \; T_4 \cdot i = 10{,}59$	$Z_4 = 10{,}59 = T_4 \cdot i$
$A = 275{,}49$	

Tilgungsplan (Beträge in DM)				
Jahr	Schuldrest	Zinsen	Tilgung	Annuität
1	1 000,00	40,00	235,49	275,49
2	764,51	30,58	244,91	275,49
3	**519,60**	20,78	254,71	275,49
4	264,89	10,60	264,89	275,49
		101,96	1 000,00	1.101,96

Aufgabe 9:

$K_k = 99089{,}78$ DM ; $k = 4$; $n = 9$; $i = 0{,}06$

$$A = K_k : a_{n-k} = K_k \cdot \frac{1}{a_{n-k}}$$

$$= 99089{,}78 \text{ DM} \cdot 0{,}23739640 = 23523{,}56 \text{ DM}$$

$$K_0 = A \cdot a_n = 23523{,}56 \text{ DM} \cdot 6{,}801692 = 160000 \text{ DM}$$

Tilgungs- und Zinsschema werden weggelassen, zum Vorgehen siehe oben.

Tilgungsplan (Beträge in DM)				
Jahr	Schuldrest	Zinsen	Tilgung	Annuität
1	160 000,00	9 600,00	13 923,56	23 523,56
2	146 076,44	8 764,59	14 758,97	23 523,56
3	131 317,47	7 879,05	15 644,51	23 523,56
4	115 672,96	6 940,38	16 583,18	23 523,56
5	**99 089,78**	5 945,39	17 578,17	23 523,56
6	81 511,61	4 890,70	18 632,86	23 523,56
7	62 878,75	3 772,73	19 750,83	23 523,56
8	43 127,92	2 587,68	20 935,88	23 523,56
9	22 192,04	1 331,52	22 192,04	23 523,56
		51 712,04	160 000,00	211 712,04

Aufgabe 10:

$T_k = 24520$ DM ; $k = 5$; $n = 11$; $i = 0{,}08$

$A = T_1 \cdot q^n = T_k \cdot q^{-(k-1)} \cdot q^n = T_k \cdot q^{n-k+1}$

$= 24520 \text{ DM} \cdot 1{,}713824 = 42023 \text{ DM}$

$K_0 = A \cdot a_n = 42023 \text{ DM} \cdot 7{,}138964 = 300000 \text{ DM}$

(Bei K_0 wurde entgegen der DIN-Norm abgerundet, weil bei dem verwendeten A aufgerundet worden war. Diese Differenz wird sich in gleicher Höhe bei der letzten Tilgungsrate bemerkbar machen.)

Tilgungsplan (Beträge in DM)				
Jahr	Schuldrest	Zinsen	Tilgung	Annuität
1	300 000	24 000	18 023	42 023
2	281 977	22 558	19 465	42 023
3	262 512	21 001	21 022	42 023
4	241 490	19 319	22 704	42 023
5	218 786	17 503	**24 520**	42 023
6	194 266	15 541	26 482	42 023
7	167 784	13 423	28 600	42 023
8	139 184	11 135	30 888	42 023
9	108 296	8 664	33 359	42 023
10	74 937	5 995	36 028	42 023
11	38 909	3 113	38 909	42 022
		162 252	300 000	462 252

Aufgabe 11:

a) $K_k = 327808$ DM ; $k = 7$; $n = 15$; $i = 0{,}07$

$$A = K_k \cdot \frac{1}{a_{n-k}} = 327808 \text{ DM} \cdot 0{,}16746776 \approx 54897 \text{ DM}$$

$$K_0 = A \cdot a_n = 54897{,}27 \text{ DM} \cdot 9{,}107914 \approx 500000 \text{ DM}$$

$$T_1 = A - K_0 \cdot i \approx 54897 \text{ DM} - 35000 \text{ DM} \approx 19897 \text{ DM}$$

Bemerkung zum folgenden Tilgungsplan:
Die Abweichung der eingerahmten Zahl von der vorgegebenen (327808) ist rundungsbedingt. Ein Vorgeben von 327810 DM hätte bei gleichen Tabellen einen Wert von 327802 im Tilgungsplan ergeben.

Tilgungsplan (Beträge in DM)				
Jahr	Schuldrest	Zinsen	Tilgung	Annuität
1	500 000	35 000	19 897	54 897
2	480 103	33 607	21 290	54 897
3	458 813	32 117	22 780	54 897
4	436 033	30 522	24 375	54 897
5	411 658	28 816	26 081	54 897
6	385 577	26 990	27 907	54 897
7	357 670	25 037	29 860	54 897
8	**327 810**	22 947	31 950	54 897
9	295 860	20 710	34 187	54 897
10	261 673	18 317	36 580	54 897
11	225 093	15 757	39 140	54 897
12	185 953	13 017	41 880	54 897
13	144 073	10 885	44 812	54 897
14	99 261	6 948	47 949	54 897
15	51 312	3 592	51 312	54 904
		323 462	500 000	823 462

b) $K_0 = 160000$ DM ; $i = 0{,}07$; $i_T = 0{,}01$

$$n = \frac{\lg\left(\frac{0{,}07}{0{,}01} + 1\right)}{\lg 1{,}07} = \underline{\underline{30{,}73}}$$

Die Hypothek wird im 31. Jahr getilgt sein.

c) $K_0 = 160000$ DM ; $i = 0{,}07$; $n = 25$

$T_1 = K_0 : s_n$

$= 160000 : 63{,}24904$

$= 2529{,}68$ DM

Das sind 1,58105% ; d.h. $i_T = \underline{\underline{0{,}0158105.}}$

d) $K_0 = 200000$ DM ; $i = 0{,}06$; $A = 20000$ DM

Aus $A = T_1 + K_0 \cdot i$ berechnet man zunächst

$T_1 = 8000$ DM, d.h. $i_T = 0{,}04$.

$$n = \frac{\lg\left(\frac{i}{i_T} + 1\right)}{\lg q} = \underline{\underline{15{,}73}} \quad \text{(vgl. auch Tabelle IX)}$$

e) $K_0 = 300000$ DM ; $i = 0{,}08$; $i_T = 0{,}015$

Tabelle X: $\underline{\underline{n = 23{,}30}}$

4.3. Tilgung und Stückelung

Aufgabe 12:

$S_1 = 600$ à 1000 DM
$S_2 = 2400$ à 500 DM
$S_3 = 6000$ à 100 DM

Laufzeit (in Jahren) = 8
Anfangsschuld = 600000
Zinssatz in % = 6
Stückwert = 1000

Tilgungsplan					
Jahr	Restschuld zum Jahresbeginn	Zinsen	Tilgung	Stücke	Annuität
		«««......... zu zahlen am	Jahresende	.........»»»	
1	600 000,00	36 000,00	61 000,00	61	97 000,00
2	539 000,00	32 340,00	64 000,00	64	96 340,00
3	475 000,00	28 500,00	68 000,00	68	96 500,00
4	407 000,00	24 420,00	72 000,00	72	96 420,00
5	335 000,00	20 100,00	77 000,00	77	97 100,00
6	258 000,00	15 480,00	81 000,00	81	96 480,00
7	177 000,00	10 620,00	86 000,00	86	96 620,00
8	91 000,00	5 460,00	91 000,00	91	96 460,00
	Summen:	172 920,00	600 000,00	600	772 920,00
	Barwerte:	142 438,08	457 561,92	---	600 000,00

Laufzeit (in Jahren) = 8
Anfangsschuld = 1200000
Zinssatz in % = 6
Stückwert = 500

Tilgungsplan					
Jahr	Restschuld zum Jahresbeginn	Zinsen	Tilgung	Stücke	Annuität
		«««.........	zu zahlen am	Jahresende	.........»»»
1	1 200 000,00	72 000,00	121 000,00	242	193 000,00
2	1 079 000,00	64 740,00	129 000,00	258	193 740,00
3	950 000,00	57 000,00	136 000,00	272	193 000,00
4	814 000,00	48 840,00	144 500,00	289	193 340,00
5	669 500,00	40 170,00	153 000,00	306	193 170,00
6	516 500,00	30 990,00	162 000,00	324	192 990,00
7	354 500,00	21 270,00	172 000,00	344	193 270,00
8	182 500,00	10 950,00	182 500,00	365	193 450,00
	Summen:	345 960,00	1 200 000,00	2 400	1 545 960,00
	Barwerte:	284 967,07	915 032,93	---	1 200 000,00

Laufzeit (in Jahren) = 8
Anfangsschuld = 600000
Zinssatz in % = 6
Stückwert = 100

Tilgungsplan					
Jahr	Restschuld zum Jahresbeginn	Zinsen	Tilgung	Stücke	Annuität
		«««.........	zu zahlen am	Jahresende	.........»»»
1	600 000,00	36 000,00	60 600,00	606	96 600,00
2	539 400,00	32 364,00	64 300,00	643	96 664,00
3	475 100,00	28 506,00	68 100,00	681	96 606,00
4	407 000,00	24 420,00	72 200,00	722	96 620,00
5	334 800,00	20 088,00	76 500,00	765	96 588,00
6	258 300,00	15 498,00	81 200,00	812	96 698,00
7	177 100,00	10 626,00	85 900,00	859	96 526,00
8	91 200,00	5 472,00	91 200,00	912	96 672,00
	Summen:	172 974,00	600 000,00	6 000	772 974,00
	Barwerte:	142 479,72	457 520,28	---	600 000,00

Aufgabe 13:

Anfangsschuld = 250000
Laufzeit = 40 Jahre
Zinssatz in % = 5
Stückwert = 100

Tilgungsplan für die Jahre 35-40					
Jahr	Restschuld zum Jahresbeginn	Zinsen «««.........	Tilgung zu zahlen am	Stücke Jahresende	Annuität ....»»»
35	74 000,00	3 700,00	10 900,00	109	14 600,00
36	63 100,00	3 155,00	11 400,00	114	14 555,00
37	51 700,00	2 585,00	12 000,00	120	14 585,00
38	39 700,00	1 985,00	12 600,00	126	14 585,00
39	27 100,00	1 355,00	13 200,00	132	14 555,00
40	13 900,00	695,00	13 900,00	139	14 595,00

Aufgabe 14:

Laufzeit (in Jahren) = 5
Anfangsschuld = 100000
Zinssatz in % = 5.5
Stückwert = 1000

Tilgungsplan					
Jahr	Restschuld zum Jahresbeginn	Zinsen «««.........	Tilgung zu zahlen am	Stücke Jahresende	Annuität ....»»»
1	100 000,00	5 500,00	18 000,00	18	23 500,00
2	82 000,00	4 510,00	19 000,00	19	23 510,00
3	63 000,00	3 465,00	20 000,00	20	23 465,00
4	43 000,00	2 365,00	21 000,00	21	23 365,00
5	22 000,00	1 210,00	22 000,00	22	23 210,00
	Summen:	17 050,00	100 000,00	100	117 050,00
	Barwerte:	15 051,01	84 948,99	---	100 000,00

Aufgabe 15:

Die Schuld wird in drei Stückarten getrennt gerechnet. Teilaufgaben a) und b) werden zusammengefaßt dargestellt.

Laufzeit (in Jahren) = 9
Anfangsschuld = 40000
Zinssatz in % = 6
Stückwert = 1000

Tilgungsplan					
Jahr	Restschuld zum Jahresbeginn	Zinsen «««.........	Tilgung zu zahlen am	Stücke Jahresende	Annuität ....»»»
1	40 000,00	2 400,00	3 000,00	3	5 400,00
2	37 000,00	2 220,00	4 000,00	4	6 220,00
3	33 000,00	1 980,00	4 000,00	4	5 980,00
4	29 000,00	1 740,00	4 000,00	4	5 740,00
5	25 000,00	1 500,00	5 000,00	5	6 500,00
6	20 000,00	1 200,00	4 000,00	4	5 200,00
7	16 000,00	960,00	5 000,00	5	5 960,00
8	11 000,00	660,00	5 000,00	5	5 660,00
9	6 000,00	360,00	6 000,00	6	6 360,00
	Summen:	13 020,00	40 000,00	40	53 020,00
	Barwerte:	10 513,10	29 486,90	---	40 000,00

Laufzeit (in Jahren) = 9
Anfangsschuld = 80000
Zinssatz in % = 6
Stückwert = 500

Tilgungsplan					
Jahr	Restschuld zum Jahresbeginn	Zinsen	Tilgung	Stücke	Annuität
		«««......... zu zahlen am Jahresende ....»»»			
1	80 000,00	4 800,00	7 000,00	14	11 800,00
2	73 000,00	4 380,00	7 500,00	15	11 880,00
3	65 500,00	3 930,00	7 500,00	15	11 430,00
4	58 000,00	3 480,00	8 500,00	17	11 980,00
5	49 500,00	2 970,00	8 500,00	17	11 470,00
6	41 000,00	2 460,00	9 500,00	19	11 960,00
7	31 500,00	1 890,00	10 000,00	20	11 890,00
8	21 500,00	1 290,00	10 500,00	21	11 790,00
9	11 000,00	660,00	11 000,00	22	11 660,00
	Summen:	25 860,00	80 000,00	160	105 860,00
	Barwerte:	20 893,21	59 106,79	—	80 000,00

Laufzeit (in Jahren) = 9
Anfangsschuld = 40000
Zinssatz in % = 6
Stückwert = 100

Tilgungsplan					
Jahr	Restschuld zum Jahresbeginn	Zinsen	Tilgung	Stücke	Annuität
		«««......... zu zahlen am Jahresende ....»»»			
1	40 000,00	2 400,00	3 500,00	35	5 900,00
2	36 500,00	2 190,00	3 700,00	37	5 890,00
3	32 800,00	1 968,00	3 900,00	39	5 868,00
4	28 900,00	1 734,00	4 100,00	41	5 834,00
5	24 800,00	1 488,00	4 400,00	44	5 888,00
6	20 400,00	1 224,00	4 700,00	47	5 924,00
7	15 700,00	942,00	4 900,00	49	5 842,00
8	10 800,00	648,00	5 300,00	53	5 948,00
9	5 500,00	330,00	5 500,00	55	5 830,00
	Summen:	12 924,00	40 000,00	400	52 924,00
	Barwerte:	10 442,27	29 557,73	—	40 000,00

Aufgabe 16:

Die Anleihe wird in den jeweiligen Stückarten gesondert abgerechnet.

Anfangsschuld = 1000000
Laufzeit in Jahren = 11
Zinssatz in % = 8
Stückwert = 1000

Tilgungsplan					
Jahr	Restschuld zum Jahresbeginn	Zinsen	Tilgung	Stücke	Annuität
		«««......... zu zahlen am Jahresende ....»»»			
1	1 000 000,00	80 000,00	60 000,00	60	140 000,00
2	940 000,00	75 200,00	65 000,00	65	140 200,00
3	875 000,00	70 000,00	70 000,00	70	140 000,00
4	805 000,00	64 400,00	76 000,00	76	140 400,00
5	729 000,00	58 320,00	81 000,00	81	139 320,00
6	648 000,00	51 840,00	89 000,00	89	140 840,00
7	559 000,00	44 720,00	95 000,00	95	139 720,00
8	464 000,00	37 120,00	103 000,00	103	140 120,00
9	361 000,00	28 880,00	111 000,00	111	139 880,00
10	250 000,00	20 000,00	120 000,00	120	140 000,00
11	130 000,00	10 400,00	130 000,00	130	140 400,00
	Summen:	540 880,00	1 000 000,00	1 000	1 540 880,00
	Barwerte:	388 129,65	611 870,35	–––	1 000 000,00

Anfangsschuld = 1000000
Laufzeit in Jahren = 11
Zinssatz in % = 8
Stückwert = 500

Tilgungsplan					
Jahr	Restschuld zum Jahresbeginn	Zinsen	Tilgung	Stücke	Annuität
		«««......... zu zahlen am Jahresende ....»»»			
1	1 000 000,00	80 000,00	60 000,00	120	140 000,00
2	940 000,00	75 200,00	65 000,00	130	140 200,00
3	875 000,00	70 000,00	70 000,00	140	140 000,00
4	805 000,00	64 400,00	75 500,00	151	139 900,00
5	729 500,00	58 360,00	82 000,00	164	140 360,00
6	647 500,00	51 800,00	88 000,00	176	139 800,00
7	559 500,00	44 760,00	95 500,00	191	140 260,00
8	464 000,00	37 120,00	103 000,00	206	140 120,00
9	361 000,00	28 880,00	111 000,00	222	139 880,00
10	250 000,00	20 000,00	120 500,00	241	140 500,00
11	129 500,00	10 360,00	129 500,00	259	139 860,00
	Summen:	540 880,00	1 000 000,00	2 000	1 540 880,00
	Barwerte:	388 137,85	611 862,15	–––	1 000 000,00

Anfangsschuld = 1000000
Laufzeit in Jahren = 11
Zinssatz in % = 8
Stückwert = 100

Tilgungsplan					
Jahr	Restschuld zum Jahresbeginn	Zinsen	Tilgung	Stücke	Annuität
		«««......... zu zahlen am Jahresende ....»»»			
1	1 000 000,00	80 000,00	60 100,00	601	140 100,00
2	939 900,00	75 192,00	64 900,00	649	140 092,00
3	875 000,00	70 000,00	70 000,00	700	140 000,00
4	805 000,00	64 400,00	75 700,00	757	140 100,00
5	729 300,00	58 344,00	81 700,00	817	140 044,00
6	647 600,00	51 808,00	88 300,00	883	140 108,00
7	559 300,00	44 744,00	95 300,00	953	140 044,00
8	464 000,00	37 120,00	103 000,00	1 030	140 120,00
9	361 000,00	28 880,00	111 200,00	1 112	140 080,00
10	249 800,00	19 984,00	120 100,00	1 201	140 084,00
11	129 700,00	10 376,00	129 700,00	1 297	140 076,00
	Summen:	540 848,00	1 000 000,00	10 000	1 540 848,00
	Barwerte:	388 115,26	611 884,74	---	1 000 000,00

4.4. Tilgung mit tilgungsfreier Zeit

Aufgabe 17:

a) Anfangsschuld = 220000
Zinssatz in % = 6,5
Tilgungszeit n in Jahren = 15
Tilgungsfreie Zeit g in Jahren = 5

Tilgungsplan				
Jahr	Restschuld zum Jahresbeginn	Zinsen	Tilgung	Annuität
		«««......... zu zahlen am Jahresende ....»»»		
1	220 000,00	14 300,00	0,00	14 300,00
2	220 000,00	14 300,00	0,00	14 300,00
3	220 000,00	14 300,00	0,00	14 300,00
4	220 000,00	14 300,00	0,00	14 300,00
5	220 000,00	14 300,00	0,00	14 300,00
6	220 000,00	14 300,00	9 097,61	23 397,61
7	210 902,39	13 708,66	9 688,95	23 397,61
8	201 213,44	13 078,87	10 318,74	23 397,61
9	190 894,70	12 408,16	10 989,45	23 397,61
10	179 905,25	11 693,84	11 703,77	23 397,61
11	168 201,48	10 933,10	12 464,51	23 397,61
12	155 736,97	10 122,90	13 274,71	23 397,61
13	142 462,26	9 260,05	14 137,56	23 397,61
14	128 324,70	8 341,11	15 056,50	23 397,61
15	113 268,20	7 362,43	16 035,18	23 397,61
16	97 233,02	6 320,15	17 077,46	23 397,61
17	80 155,56	5 210,11	18 187,50	23 397,61
18	61 968,06	4 027,92	19 369,69	23 397,61
19	42 598,37	2 768,89	20 628,72	23 397,61
20	21 969,65	1 428,03	21 969,65	23 397,68
	Summen:	202 464,22	220 000,00	422 464,22
	Barwerte:	126 476,45	93 523,55	220 000,00

b) $Z_1 = 10500 \rightarrow K_0 = Z_1 : i = 150000$

$p = 7\%$ p.a.

$n = 16$

$g = 4$

Tilgungsplan				
Jahr	Restschuld zum Jahresbeginn	Zinsen	Tilgung	Annuität
		«««........ zu zahlen am Jahresende ....»»»		
1	150 000,00	10 500,00	0,00	10 500,00
2	150 000,00	10 500,00	0,00	10 500,00
3	150 000,00	10 500,00	0,00	10 500,00
3	150 000,00	10 500,00	0,00	10 500,00
5	150 000,00	10 500,00	5 378,65	15 878,65
6	144 621,35	10 123,49	5 755,16	15 878,65
7	138 866,19	9 720,63	6 158,02	15 878,65
8	132 708,17	9 289,57	6 589,08	15 878,65
9	126 119,09	8 828,34	7 050,31	15 878,65
10	119 068,78	8 334,81	7 543,84	15 878,65
11	111 524,94	7 806,75	8 071,90	15 878,65
12	103 453,04	7 241,71	8 636,94	15 878,65
13	94 816,10	6 637,13	9 241,52	15 878,65
14	85 574,58	5 990,22	9 888,43	15 879,65
15	75 686,15	5 298,03	10 580,62	15 878,65
16	65 105,53	4 557,39	11 321,26	15 878,65
17	53 784,27	3 764,90	12 113,75	15 878,65
18	41 670,52	2 916,94	12 961,71	15 878,65
19	28 708,81	2 009,62	13 869,03	15 878,65
20	14 839,78	1 038,78	14 839,78	15 878,56
	Summen:	146 058,31	150 000,00	296 058,31
	Barwerte:	88 641,56	61 358,44	150 000,00

4.5. Tilgung mit Aufgeld

Aufgabe 18:

Anfangsschuld = 10000
Laufzeit in Jahren = 2
Zinssatz in % = 5,5
Aufgeld = 10%

Tilgungsplan					
Jahr	Restschuld zum Jahresbeginn	Zinsen	Tilgung	Aufgeld	Annuität
		«««........ zu zahlen am Jahresende ....»»»			
1	10 000,00	550,00	4 878,05	487,80	5 915,80
2	5 121,95	281,71	5 121,95	512,20	5 915,80
	Summen:	831,71	10 000,00	1 000,00	11 831,70
	Barwerte:	774,43	9 225,57	922,56	10 000,00

Aufgabe 19:

Anfangsschuld	= 15000	
Laufzeit in Jahren	= 13	
Tilgungsfreie Zeit	= 6	d.h.: n = 7
Zinssatz in %	= 8	
Aufgeld in %	= 2	

Tilgungsplan					
Jahr	Restschuld zum Jahresbeginn	Zinsen	Tilgung	Aufgeld	Annuität
		«««......... zu zahlen am Jahresende ....»»»			
1	15 000,00	1 200,00	0,00	0,00	1 200,00
2	15 000,00	1 200,00	0,00	0,00	1 200,00
3	15 000,00	1 200,00	0,00	0,00	1 200,00
4	15 000,00	1 200,00	0,00	0,00	1 200,00
5	15 000,00	1 200,00	0,00	0,00	1 200,00
6	15 000,00	1 200,00	0,00	0,00	1 200,00
7	15 000,00	1 200,00	1 689,18	33,78	2 922,96
8	13 310,82	1 064,87	1 821,66	36,43	2 922,96
9	11 489,16	919,13	1 964,54	39,29	2 922,96
10	9 524,62	761,97	2 118,62	42,37	2 922,96
11	7 406,00	592,48	2 284,78	45,70	2 922,96
12	5 121,22	409,70	2 463,98	49,28	2 922,96
13	2 657,24	212,58	2 657,24	53,15	2 922,97
	Summen:	12 360,73	15 000,00	300,00	27 660,73
	Barwerte:	7 941,15	6 869,34	137,38	15 000,00

Aufgabe 20:

Anfangsschuld	= 200000
Laufzeit in Jahren	= 7
Zinssatz in %	= 5
Aufgeld in %	= 5

Tilgungsplan					
Jahr	Restschuld zum Jahresbeginn	Zinsen	Tilgung	Aufgeld	Annuität
		«««......... zu zahlen am Jahresende ....»»»			
1	200 000,00	10 000,00	24 742,51	1 237,13	35 979,64
2	175 257,49	8 762,87	25 920,73	1 296,04	35 979,64
3	149 336,76	7 466,84	27 155,05	1 357,75	35 979,64
4	122 181,71	6 109,09	28 448,14	1 422,41	35 979,64
5	93 733,57	4 686,68	29 802,82	1 490,14	35 979,64
6	63 930,75	3 196,54	31 222,00	1 561,10	35 979,64
7	32 708,75	1 635,44	32 708,75	1 635,43	35 979,62
	Summen:	41 857,46	200 000,00	10 000,00	251 857,46
	Barwerte:	36 167,81	163 832,19	8 191,61	200 000,00

Aufgabe 21:

Anfangsschuld = 1500000
Laufzeit in Jahren = 6
Zinssatz in % = 7
Aufgeld in % = 4

Tilgungsplan					
Jahr	Restschuld zum Jahresbeginn	Zinsen	Tilgung	Aufgeld	Annuität
		«««......... zu zahlen am Jahresende ....»»»			
1	1 500 000,00	105 000,00	211 121,30	8 444,85	324 566,15
2	1 288 878,70	90 221,51	225 331,38	9 013,26	324 566,15
3	1 063 547,32	74 448,31	240 497,92	9 619,92	324 566,15
4	823 049,40	57 613,46	256 685,28	10 267,41	324 566,15
5	566 364,12	39 645,49	273 962,17	10 958,49	324 566,15
6	292 401,95	20 468,14	292 401,95	11 696,07	324 566,16
	Summen:	387 396,91	1 500 000,00	60 000,00	1 947 396,91
	Barwerte:	323 564,30	1 176 435,70	47 057,43	1 500 000,00

Aufgabe 22:

Anfangsschuld = 10000000
Laufzeit = 10 Jahre
Tilgungsfreie Zeit = 5 Jahre, d.h.: n = 5
Zinssatz in % = 6
Aufgeld in % = 3

Vorgehensweise wie Aufgabe 19:

Tilgungsplan					
Jahr	Restschuld zum Jahresbeginn	Zinsen	Tilgung	Aufgeld	Annuität
		«««......... zu zahlen am Jahresende ....»»»			
1	10 000 000,00	600 000,00	–	–	600 000,00
2	10 000 000,00	600 000,00	–	–	600 000,00
3	10 000 000,00	600 000,00	–	–	600 000,00
4	10 000 000,00	600 000,00	–	–	600 000,00
5	10 000 000,00	600 000,00	–	–	600 000,00
6	10 000 000,00	600 000,00	1 780 164,75	53 404,94	2 433 569,69
7	8 219 835,25	493 190,12	1 883 863,66	56 515,91	2 433 569,69
8	6 335 971,59	380 158,30	1 993 603,29	59 808,10	2 433 569,69
9	4 342 368,30	260 542,10	2 109 735,52	63 292,07	2 433 569,69
10	2 232 632,78	133 957,97	2 232 632,78	66 978,98	2 433 569,73
	Summen:	4 867 848,49	10 000 000,00	300 000,00	15 167 849,49
	Barwerte:	3 745 926,28	6 254 074,11	187 622,22	10 000 000,00

5. Die Kursrechnung

5.2. Der Kurs einer Zinsschuld und einer ewigen Rente

Aufgabe 1:

$i = 0{,}04 \; ; \; n = 3$

a) $i'' = 0{,}06$

$$C = 100 \cdot (i \cdot a''_n + v''^n)$$

$$= 100 \cdot (0{,}04 \cdot 2{,}673012 + 0{,}8396193) = \underline{\underline{94{,}65}}$$

b) $i'' = 0{,}05$

$$C = 100 \cdot (i \cdot a''_n + v''^n)$$

$$= 100 \cdot (0{,}04 \cdot 2{,}723248 + 0{,}8638376) = \underline{\underline{97{,}28}}$$

Aufgabe 2:

$i = 0{,}08 \; ; \; n = 6 \; ; \; i'' = 0{,}04$

$$C = 100 \cdot (i \cdot a''_n + v''^n)$$

$$= 100 \cdot (0{,}08 \cdot 5{,}242137 + 0{,}7903145) = \underline{\underline{120{,}97}}$$

Aufgabe 3:

a) $i = 0{,}06 \; ; \; n = 5 \; ; \; i'' = 0{,}07$

$$C = 100 \cdot (i \cdot a''_n + v''^n)$$

$$= 100 \cdot (0{,}06 \cdot 4{,}100197 + 0{,}7129862) = \underline{\underline{95{,}90}}$$

b) $i'' = 0{,}05$

$$C = 100 \cdot (i \cdot a''_n + v''^n)$$

$$= 100 \cdot (0{,}06 \cdot 4{,}329477 + 0{,}7835262) = \underline{\underline{104{,}33}}$$

Aufgabe 4:

$i = 0{,}045 \; ; \; n = 8 \; ; \; a = 5$

a) $i'' = 0{,}06$

$$C = 100 \cdot (i \cdot a''_n + (1 + \frac{a}{100}) \cdot v''^n)$$

$$= 100 \cdot (0{,}045 \cdot 6{,}209794 + 1{,}05 \cdot 0{,}6274124) = \underline{\underline{93{,}82}}$$

b) $i'' = 0{,}04$

$$C = 100 \cdot (i \cdot a''_n + (1 + \frac{a}{100}) \cdot v''^n)$$

$$= 100 \cdot (0{,}045 \cdot 6{,}732745 + 1{,}05 \cdot 0{,}7306902) = \underline{\underline{107{,}02}}$$

Aufgabe 5:

$i = 0{,}07$; $n = 3$; $a = 10$; $i'' = 0{,}05$

$$C = 100 \cdot \left(i \cdot a''_{\overline{n}} + \left(1 + \frac{a}{100}\right) \cdot v''^{n}\right)$$

$$= 100 \cdot (0{,}07 \cdot 2{,}723248 + 1{,}1 \cdot 0{,}8638376) \underline{\underline{= 114{,}08}}$$

Aufgabe 6:

$i = 0{,}06$

a) $i'' = 0{,}05$

$$C_{\infty} = 100 \cdot \frac{i}{i''} = 100 \cdot \frac{0{,}06}{0{,}05} \underline{\underline{= 120}}$$

Man würde 20% mehr erhalten.

b) $i'' = 0{,}08$

$$C_{\infty} = 100 \cdot \frac{i}{i''} = 100 \cdot \frac{0{,}06}{0{,}08} \underline{\underline{= 75}}$$

Man würde 3/4 des bisherigen Wertes erhalten.

Aufgabe 7:

$i = 0{,}04$; $i'' = 0{,}06$

$$C_{\infty} = 100 \cdot \frac{i}{i''} = 100 \cdot \frac{0{,}04}{0{,}06} \underline{\underline{= 66{,}67}}$$

5.3. Der Kurs einer Annuitätsschuld

Aufgabe 8:

$i = 0{,}07$; $n = 5$

a) $i'' = 0{,}05$

$$C = 100 \cdot a''_{\overline{n}} \cdot \frac{1}{a_{\overline{n}}} = 100 \cdot 4{,}329477 \cdot 0{,}24389069 \underline{\underline{= 105{,}59}}$$

b) $i'' = 0{,}08$

$$C = 100 \cdot a''_{\overline{n}} \cdot \frac{1}{a_{\overline{n}}} = 100 \cdot 3{,}992710 \cdot 0{,}24389069 \underline{\underline{= 97{,}38}}$$

c) $i'' = 0{,}05 \; ; \; a = 5$

$$i^* = \frac{i}{1 + \frac{a}{100}} = \frac{0{,}07}{1{,}05} = 0{,}0\overline{6}$$

$$a_n^* = \frac{(1 + i^*)^n - 1}{(1 + i^*)^n \cdot i^*} = 4{,}13705$$

$$C = \frac{(100 + a) \cdot a_n''}{a_n^*} = \frac{105 \cdot 4{,}329477}{4{,}13705} = \underline{\underline{109{,}88}}$$

d) $i'' = 0{,}05 \; ; \; g = 4$ (Tabellen II, IV, V, III)

$$C = 100 \, v''^g \cdot (a_n'' \cdot \frac{1}{a_n} + i \cdot s_g'')$$

$$= 100 \cdot 0{,}8227025 \cdot (4{,}329477 \cdot 0{,}24389069 + 0{,}07 \cdot 4{,}310125)$$

$$\underline{\underline{= 111{,}69}}$$

e) $i'' = 0{,}05 \; ; \; a = 5 \; ; \; g = 4$

$i^* = 0{,}0\overline{6} \; ; \; a_n^* = 4{,}13705$ (Vgl. Teilaufgabe c))

$$C = 100 \, v''^g \cdot \left(\frac{(1 + \frac{a}{100}) \cdot a_n''}{a_n^*} + i \cdot s_g'' \right)$$

$$= 100 \cdot 0{,}822705 \left(\frac{1{,}05 \cdot 4{,}329477}{4{,}13705} + 0{,}07 \cdot 4{,}310125 \right)$$

$$\underline{\underline{= 115{,}22}}$$

Aufgabe 9:

$i = 0{,}05 \; ; \; n = 7$

a) $i'' = 0{,}04$

$$C = 100 \cdot a_n'' \cdot \frac{1}{a_n} = 100 \cdot 6{,}002055 \cdot 0{,}17281982$$

$$\underline{\underline{= 103{,}73}}$$

b) $i'' = 0{,}07$

$$C = 100 \cdot a_n'' \, \frac{1}{a_n} = 100 \cdot 5{,}389289 \cdot 0{,}17281982$$

$$\underline{\underline{= 93{,}14}}$$

c) i" = 0,06 ; a = 10

$$i^* = \frac{i}{1 + \frac{a}{100}} = \frac{0{,}05}{1{,}1} = 0{,}4\overline{5}$$

$$a_n^* = \frac{(1 + i^*)^n - 1}{(1 + i^*)^n \cdot i^*} = 5{,}88291$$

$$C = \frac{(100 + a)}{a_n^*} \cdot a_n'' = \frac{110 \cdot 5{,}582381}{5{,}88291}$$

$$\underline{\underline{= 104{,}38}}$$

d) g = 6 ; i" = 0,07

$$C = 100 \cdot v''^g \cdot (a_n'' \frac{1}{a_n} + i \cdot s_g'')$$

$$= 100 \cdot 0{,}6663422\,(5{,}389289 \cdot 0{,}172281982 + 0{,}05 \cdot 7{,}153291)$$
$$\underline{\underline{= 85{,}89}}$$

e) a = 10 ; g = 6 ; i" = 0,04
$i^* = 0{,}0\overline{45}$; $a_n^* = 5{,}88291$ (Vgl. Teilaufgabe c))

$$C = 100\, v''^g \cdot ((1 + \frac{a}{100}) \frac{a_n''}{a_n^*} + i \cdot s_g'')$$

$$= 100 \cdot 0{,}7903145 \cdot (\frac{1{,}1 \cdot 6{,}002055}{5{,}88291} + 0{,}05 \cdot 6{,}632975)$$

$$\underline{\underline{= 114{,}91}}$$

Aufgabe 10:

i = 0,04 ; n = 8

a) i" = 0,06

$$C = 100 \cdot a_n'' \frac{1}{a_n} = 100 \cdot 6{,}209794 \cdot 0{,}14852783 \underline{\underline{= 92{,}23}}$$

b) i" = 0,08

$$C = 100 \cdot a_n'' \frac{1}{a_n} = 100 \cdot 5{,}746639 \cdot 0{,}14852783 \underline{\underline{= 85{,}35}}$$

c) $i'' = 0{,}06 \; ; \; a = 2$

$$i^* = \frac{i}{1 + \frac{a}{100}} = \frac{0{,}04}{1{,}02} = 0{,}03922$$

$$a_n^* = \frac{(1+i^*)^n - 1}{(1+i^*)^n \cdot i^*} = 6{,}75460$$

$$C = \frac{(100+a)}{a_n^*} \, \ddot{a}_n = \frac{102 \cdot 6{,}209794}{6{,}75460} = \underline{\underline{93{,}77}}$$

d) $a = 2 \; ; \; g = 3 \; ; \; i'' = 0{,}06 \; ;$
$i^* = 0{,}03922 \; ; \; a_n^* = 6{,}75460$

$$C = 100 \cdot v''^g \cdot \left(\frac{(1 + \frac{a}{100}) \cdot a_n''}{a_n^*} + i \cdot s_g'' \right)$$

$$= 100 \cdot 0{,}8396193 \left(\frac{102 \cdot 6{,}209794}{6{,}75460} + 0{,}04 \cdot 3{,}183600 \right)$$

$$= \underline{\underline{89{,}43}}$$

e) $g = 3 \; ; \; i'' = 0{,}06$

$$C = 100 \cdot v''^g \, (a_n'' \frac{1}{a_n} + i \cdot s_g'')$$

$$= 100 \cdot 0{,}8396193 \, (6{,}209794 \cdot 0{,}14852783 + 0{,}04 \cdot 3{,}183600)$$
$$= \underline{\underline{88{,}13}}$$

5.4. Der Kurs einer Ratenschuld

Aufgabe 11:

$i = 0{,}04 \; ; \; n = 5 \; ; \; i'' = 0{,}06$

$$C = 100 \left(1 - (i''-i) \frac{n - a_n''}{n \cdot i''}\right) = 100 \left(1 - (0{,}06 - 0{,}04) \frac{5 - 4{,}212364}{5 \cdot 0{,}06}\right) = \underline{\underline{94{,}75}}$$

Aufgabe 12:

$i = 0{,}05 \; ; \; n = 7$

a) $i'' = 0{,}04$

$$C = 100 \left(1 - (i''-i) \frac{n - a_n''}{n \cdot i''}\right) = 100 \left(1 - (0{,}04 - 0{,}05) \frac{7 - 6{,}002055}{7 \cdot 0{,}04}\right) = \underline{\underline{103{,}56}}$$

b) $i'' = 0{,}07$

$$C = 100\,(1 - (i''-i)\,\frac{n - a_n''}{n \cdot i''}) = 100\,(1 - (0{,}07 - 0{,}05)\,\frac{7 - 5{,}389289}{7 \cdot 0{,}07}) = \underline{\underline{93{,}43}}$$

Aufgabe 13:

$i = 0{,}055\ ;\ n = 4$

a) $i'' = 0{,}06$

$$C = 100\,(1 - (i''-i)\,\frac{n - a_n''}{n \cdot i''}) = 100\,(1 - (0{,}06 - 0{,}055)\,\frac{4 - 3{,}465106}{4 \cdot 0{,}06}) = \underline{\underline{98{,}89}}$$

b) $i'' = 0{,}08$

$$C = 100\,(1 - (i''-i)\,\frac{n - a_n''}{n \cdot i''}) = 100\,(1 - (0{,}08 - 0{,}055)\,\frac{4 - 3{,}312127}{4 \cdot 0{,}08}) = \underline{\underline{94{,}63}}$$

Aufgabe 14:

$i = 0{,}08\ ;\ n = 8$

a) $i'' = 0{,}06$

$$C = 100\,(1 - (i''-i)\,\frac{n - a_n''}{n \cdot i''}) = 100\,(1 - (0{,}06 - 0{,}08)\,\frac{8 - 6{,}209794}{8 \cdot 0{,}06}) = \underline{\underline{107{,}46}}$$

b) $i'' = 0{,}04$

$$C = 100\,(1 - (i''-i)\,\frac{n - a_n''}{n \cdot i''}) = 100\,(1 - (0{,}04 - 0{,}08)\,\frac{8 - 6{,}732745}{8 \cdot 0{,}04}) = \underline{\underline{115{,}84}}$$

6. Abschreibungen

Bemerkung: Die Ergebnisse der Aufgaben dieses Abschnittes wurden i.a. mit den EDV-Programmen berechnet.

Aufgabe 1:

Anschaffungswert: 35000 DM
Nutzungsdauer in Jahren: 7

a) Abschreibungsbetrag bei linearer Abschreibung ohne Restwert: 5000,- DM.

b) Abschreibungsprozentsatz p_b bei geometrisch-degressiver Abschreibung und Restwert von 3000 DM:

$p_b = \underline{\underline{29{,}599\%}}$.

c) Abschreibungsbetrag bei linearer Abschreibung und Restwert von 3000 DM:

d_{la} = 4571,43 DM

p_a = 13,0612% (Abschreibungsprozentsatz).

d) Abschreibungsbetrag im 3. Jahr bei arithmetisch-degressiver Abschreibung und jahrlichem Unterschiedsbetrag von 1000 DM und einem Restwert 0:

d_{3c} = 6000 DM

e) Zuschreibungsbetrag bei einem Restwert von 3000 DM und $d_{1b} \leq 2d_{1a} = 2 \cdot 4571{,}43$ DM

Zuschreibung mindestens: 1368,30 DM

f) Jährliche Gesamtbelastung bei 8% Zinsen ohne Restwert:

Annuität: 6722,53 DM

g) Veränderung der jährlichen Gesamtbelastung bei 8% Zinsen mit 3000 DM Restwert.

Alte Belastung	6722,53 DM
Neue Belastung	6386,32 DM
Veränderung:	336,21 DM weniger

Aufgabe 2

Anschaffungswert 120 000 DM

Nutzungsdauer in Jahren: 8

a) Abschreibungsprozentsatz bei linearer Abschreibung und 24 000 DM Restwert:

$p_a = (100 - 20) : 8 = 10$

b) Abschreibungsbetrag bei geometrisch-degressiver Abschreibung und 24000 DM Restwert:

d_{1b} = 21 868,15 DM

c) Veränderung von d_{1b} bei einem Restwert von 400 DM:

d_{1b}, alt	21868,15 DM
d_{1b}, neu	61177,82 DM
Veränderung:	39309,67 DM mehr

d) Zuschreibungsbetrag bei geometrisch-degressiver Abschreibung, Restwert von 1000 DM und Abschreibungsprozentsatz < 25%:

Zuschreibung mindestens 12238,81 DM.

e) Wertentwicklung bei einem Restwert von 12000 DM und 8000 DM Abschreibungsbetrag im letzten Jahr (arithmetisch-degressiv):

Jahr	Abschreibungs-prozentsatz	Abschreibungsbetrag am Jahresende	Buchwert des Objektes am Jahresanfang
1	15.83333	19 000,00	120 000,00
2	14.52381	17 428,57	101 000,00
3	13.21429	15 857,14	83 571,43
4	11.90476	14 285,71	67 714,29
5	10.59524	12 714,29	53 428,58
6	9.28571	11 142,86	40 714,29
7	7.97619	9 571,43	29 571,43
8	6.66667	8 000,00	20 000,00
		Restwert =	12 000,00

f) Abschreibung des ersten Jahres bei gleichmäßiger Belastung, 10% Zinsen und Restwert gleich Null:

$d_{1z} = \underline{\underline{10493{,}28 \text{ DM}}}$

Aufgabe 3

Anschaffungswert 9000 DM

Nutzungsdauer in Jahren: 4

a) Lineare Abschreibung bei einem Restwert von 1000 DM:

$d_{ta} = \underline{\underline{2000 \text{ DM}}}$

b) Abschreibungsprozentsatz bei geometrisch-degressiver Abschreibung und einem Restwert von 450 DM:

$p_b = \underline{\underline{52{,}7129 \%}}$

c) Der Restwert ergibt sich aus:

$$R_n = w_1 \left(1 - \frac{p_b}{100}\right)^4 = 9000 \left(1 - \frac{44}{100}\right)^4$$
$$= \underline{\underline{885{,}10 \text{ DM}}}$$

Der Restwert müßte mindestens 885,10 DM betragen.

Mit dem EDV-Programm ist der Wert iterativ zu erarbeiten.

d) Die Zuschreibung ergibt sich bei 40% Abschreibungsprozentsatz und einem Restwert von 1 (ein Restwert von 0 ist bei geometrisch-degressiver Abschreibung unzulässig) zu:

Zuschreibung mindestens : $\underline{\underline{1338{,}92 \text{ DM}}}$

e) Der Abschreibungsbetrag d_{3c} bei arithmetisch-degressiver Abschreibung, einem Restwert von 1000 DM und einem Unterschiedsbetrag von 500 DM beträgt im 3. Jahr:

$d_{3c} = \underline{\underline{1750 \text{ DM}}}$

f) Bei gleichmäßiger Belastung mit 7% Zinsen und Abschreibung ohne Restwert ergibt sich:

$A = \underline{\underline{2657{,}05 \text{ DM}}}$

10. Liste der BASIC-Programme

Die nachfolgende Liste zeigt die im Lehrtext erwähnten BASIC-Programme der gesonderten Programmdiskette. (Verkaufspreis inclusive Versandkosten z.Zt. 48,00 DM).

Diese Programmdiskette mit Beispielausdrucken können Sie beim Verlag bestellen oder direkt bei:

Dr. Dieter Lohse, Postfach 2022, 3016 Seelze 2

zu 2. Die Zinsrechnung

KN.2	Berechnung eines Endkapitals bei nachschüssiger Verzinsung
KO.2	Barwertberechnung eines Kapitals bei nachschüssiger Verzinsung
N.2	Laufzeitberechnung eines Kapitals bei nachschüssiger Verzinsung
I.2	Zinssatzberechnung einer Anlage bei nachschüssiger Verzinsung
KNV.2	Berechnung eines Endkapitals bei vorschüssiger Verzinsung
KOV.2	Barwertberechnung eines Kapitals bei vorschüssiger Verzinsung
KUJ.2	Endkapital und Barwert bei unterjähriger nachschüssiger Verzinsung
ZIS.2	nomineller, relativer, effektiver und konformer Zinssatz
GV.2	gemischte Verzinsung
MZT.2	Berechnung des mittleren Zinstermins (nachschüssige Verzinsung)
STV.2	stetige Verzinsung

zu 3. Die Rentenrechnung

RNACH.3	die nachschüssige endliche Rente (jährliche Zahlung)
RVOR.3	die vorschüssige endliche Rente (jährliche Zahlung)
REWIG.3	Barwert ewiger Renten (jährliche Zahlung)
RAUF.3	Bar- und Endwert aufgeschobener Renten
RAB.3	Bar- und Endwert abgebrochener Renten
RUB.3	unterbrochene Renten (nachschüssige)
NR.3	die Rentendauer (nachschüssige Verzinsung)
RJU.3	jährliche Rentenzahlung und unterjährige Verzinsung (nachschüssige Rentenzahlung und nachschüssige Verzinsung)
RUJ.3	unterjährige Rentenzahlung und ganzjährige Verzinsung (nach/vorschüssige Rentenzahlung und nachschüssige Verzinsung)

zu 4. Die Tilgungsrechnung

AT.4	Annuitätentilgung (jährliche nachschüssige Zahlung und Verzinsung)
TS1.4	Annuitätenschuld und gestückelte Tilgung (1 Stücksorte) (jährliche nachschüssige Zahlung und Verzinsung)
TTF.4	Annuitätsschuld mit tilgungsfreier Zeit und gestückelter Tilgung (jährliche nachschüssige Zahlung und Verzinsung, 1 Stücksorte)
ATA.4	Annuitätentilgung mit Aufgeld (jährliche nachschüssige Zahlung und Verzinsung)